新金融风向标

李伟 周立◎主编
杨燕◎执行主编

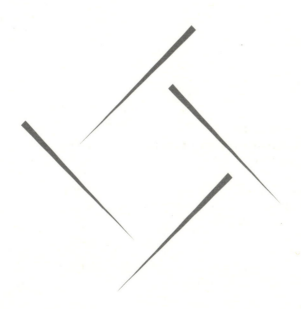

中信出版集团 · 北京

图书在版编目（CIP）数据

新金融风向标/ 李伟，周立主编 . —北京：中信
出版社，2017. 5

ISBN 978-7-5086-7024-9

Ⅰ. ①新… Ⅱ. ①李… ②周… Ⅲ. ①金融市场—研
究—中国 Ⅳ. ①F832. 5

中国版本图书馆 CIP 数据核字（2016）第 285419 号

新金融风向标

主　　编：李伟　　周立
出版发行：中信出版集团股份有限公司
　　　　　（北京市朝阳区惠新东街甲 4 号富盛大厦 2 座　邮编　100029）
承 印 者：北京通州皇家印刷厂

开　　本：787mm ×1092mm　1/16　　　印　张：22. 5　　　字　数：280 千字
版　　次：2017 年 5 月第 1 版　　　　　印　次：2017 年 5 月第 1 次印刷
广告经营许可证：京朝工商广字第 8087 号
书　　号：ISBN 978-7-5086-7024-9
定　　价：58. 00 元

编委会

主　　编　李　伟　周　立

执行主编　杨　燕

编委会　陈　龙　黄春燕　李　伟　李学楠
　　　　　欧阳辉　王砚波　张维宁

研究员　邓　迪　何　珊　谷重庆　刘晓婷
　　　　　杨　燕

金融演化的脚印

　　长江商学院的学员们在学习过程中，在教授们的指导下研究和讨论了近些年中国金融创新与演化的十多个案例，并编纂成册，付梓之际，邀我做序。我通览全书，发现这些案例选取精当，资料齐备，讨论深入，从不同的角度，以有血有肉的现实金融创新活动为基础，全面丰富地刻画了正在快速演化中的中国金融体系和市场的一个个进步的脚印，对于从事金融研究、商业管理和对这些领域感兴趣的读者都很有价值，因此很高兴写上几句话。

　　一个有趣的问题是：金融到底是什么？从词语的表面来看，金融的含义似乎是资金与融通，应该说这样的构词有一定的道理。在实践中，金融就是将借方和贷方联系在一起的一种机制。举个简单的例子，以目前中国市场份额占比最大的叫车软件滴滴出行（下文简称滴滴）的融资和成长过程来讨论问题。

　　滴滴的创始人程维曾在阿里巴巴公司工作多年。2012年程维从阿里巴巴辞职，并开始创业。当时在程维看来，中国城市交通正面临困境，现有的出租运力无法满足日益增长的庞大需求，而通过移动互联网的技术和模式，将人与人、人与车的信息快速连接，可以大大提高出租车等交通工具的运行效率，解决城市交通之困。从事后的结果来看，程维当时的判断非常准确，他敏锐地捕捉到了智能手机将给出租运力所带来的革命性的变化。随后程维开始带领团队研发相关应用软件，并进行推广。

很明显，程维具有一个企业家的特点，发现机会，制定战略，坚持行动以实现目标。但程维缺乏一个最基本的东西——资本，也就是金钱。没有钱，程维无法租办公室，无法给员工开工资，无法推广相关的应用软件。也就是说，程维的想法再好，也只是一个空想。

另一方面，有些人有多余的钱，但缺乏好的投资机会，无法让这些资本增值。于是就出现了一批人专门拿着资本去市场中寻找像程维这样的人，向他的公司注入资本，帮助他的公司成功，同时也分享企业家创业成功后所带来的回报，从而实现资本的增值。

程维凭借其创业理念很快就找到了投资人，而且融资金额不断扩大。从 2012 年 5 月至 2016 年 6 月 13 日，滴滴经过了 6 轮融资，共获得了超过 68 亿美元的资金。

在资本的支持下，滴滴为争夺市场份额而对司机和乘客进行了大规模的补贴，结果这造成了公司的巨额亏损，仅 2015 年，公司的亏损额就超过 100 亿元人民币。但随着市场份额的扩大，滴滴的估值不但没有下降，反而在不断上升。根据媒体报道，滴滴拟于 2018 年在美国上市，届时估值将达 870 亿美元。

滴滴的案例生动地表明了金融对新创企业的关键作用。随着滴滴的崛起，出租运力紧张的局面获得了大幅缓解，人们的出行更加方便，司机空跑的现象减少，节约了时间和油耗。从根本上说，滴滴提升了资源配置的效率，改善了人们的生活，创造出了新的价值。在这个过程中，滴滴的估值不断上升，企业家和投资者都将获得不菲的回报。

实际上，无数的研究表明，在现代经济中，金融扮演着核心的角色。假如将经济体比喻为人体，那么金融就是大脑。有效的金融市场将资本配置到回报率更高的项目上，从而促进生产率的提高。从长远来看，经济发展和民众生活水平的提高只能来自生产率的不断提高。

当然，从哲学的观点来看，世界上凡兴一利，必生一弊，金融也不例外。例如，股市有时会发生严重的泡沫，随着估值的上升，人们陷入狂热，一路追高，股价完全脱离基本面，最后股价崩盘导致惨重损失，泡沫带来的兴奋最后以眼泪收场。无论是几百年前的"南海泡沫"，还是2000年的美国科技股泡沫，都在重复着这个过程。

金融市场偶尔还会给经济带来系统性风险。例如在1997年之前，泰国实行了固定汇率政策，在这种政策下，泰国企业忽略了汇率变动可能造成的风险，借入了大量以外币计价的资金（主要是美元）。这造成了一个问题，就是企业的资产负债表上存在严重的货币错配。对一个持有外币债务的泰国企业来说，其收入是以泰铢计价，其债务却是以外币计价。1997年7月2日之前，美元兑泰铢的汇率长期维持在1:25左右，但此后泰铢开始大幅贬值，到1998年1月，汇率已贬值至1:55左右。对泰国企业来说，这相当于负债增加了一倍多，这造成了大量企业的破产，经济陷入了严重的危机。

尽管存在这些问题，历史的经验表明，发达便捷的金融体系对于人类经济的发展和生活水平的持续提高而言是不可或缺的。一般而言，金融所创造的价值远大于它产生的问题和损害。

有些金融活动的直接目标是套利，这是否创造了价值，许多人似乎存有怀疑，认为这种金融投机活动浪费了社会的资源，带来了市场的无序波动。但套利活动改善了市场的定价效率，提升了市场的流动性，减轻了市场存在的扭曲，这些都是很重要的影响。中概股的回归就是一个典型的、存在争议的套利案例。

众所周知，很多中国的新兴企业都是在国外资本的哺育下长大的。当企业规模发展到一定程度后，出于让早期投资者获利退出等因素的考虑，公司一般都会选择上市，但去哪里上市，公司的上市结构如何设计，这都是一些具体而重要的问题。

比如说去哪里上市，很多中国的新兴企业采取了赴美上市的道路。美国资本市场是一个相对自由的市场，只要公司详细披露其经营状况，不存在欺诈，那么能否上市成功以及估值如何就主要是由投资者和公司的博弈来决定。这种特征带来的一个结果就是只要投资者认可，亏损的企业也可以上市。例如在纳斯达克上市的京东商城，按照美国通用会计准则，其 2013 年、2014 年和 2015 年都是亏损的，亏损额分别为 0.5 亿元人民币、50 亿元人民币和 94 亿元人民币。但由于京东商城的营收增长很快，因此其股价在两年多的时间里一直较为坚挺。

相对来说，中国 A 股市场则是一个非常不同的资本市场。首先，A 股实行的是核准制，公司能否上市需要得到监管部门的批准；其次，A 股的上市条件远远比美股高。根据上海证券交易所的规定，公司发行上市前近 3 个会计年度的净利润均为正数且累计超过 3 000

万元人民币。仅此一条，京东商城就无法在 A 股上市。

也许监管部门是出于好心，怕投资者上当受骗，但这样的规定实际上并不符合成长型公司发展的规律。净利润稳定的公司一般都是较为成熟的公司，成熟的公司经常是发展潜力有限的公司。反之，很多亏损的公司却是前程似锦的公司，比如很多科技类企业发展迅速，为了争夺市场份额，扩大营收，这种公司发生亏损是较为常见的事情，前述的滴滴和京东都属此类。然而，这样的公司一旦盈利，其带给投资者的回报是非常惊人的。

除此以外，A 股企业上市很难，退市也很难。根据媒体报道，自 A 股成立至 2011 年末，因监管规则而退市的公司只有 42 家，占当时上市公司总数的 1.82%，年均退市两家。而纳斯达克每年有大约 8% 的公司退市，纽交所的退市率大约为 6%。资本市场和其他市场是一样的，要搞好就必须有进有出，优胜劣汰，从而提高上市公司的整体素质，为投资者创造盈利机会。

A 股的这些特点造成了几个后果：第一，由于监管部门设置了较高的上市门槛，亏损的新兴企业难以上市；第二，由于上市难、退市也难，因此上市公司的数目有限，很多半死不活的公司长期赖在股市；第三，上市过程受到行政控制，投资者选择少，上市公司的估值普遍较高；第四，上市资格属于稀缺资源，因此 A 股公司的上市资格价值不菲，这种上市资格也被称为"壳"，无法通过 IPO 上市的公司经常会借壳上市，这相当于让壳公司坐地收钱；第五，由于想上市的公司很多，而监管层却经常因各种原因暂停 IPO，因此即使是符合条件的公司，想上市也非常困难，从提交上市申请到上市成功，经常要等待数年之久。在这种等待过程中，拟上市公司经常要不断更新上市文件，这给拟上市公司增加了额外的成本。

中概股近年来的回归就是中美资本市场不同特点所带来的结果。对公司来说，估值越高，资金成本越低，企业的总市值越高，企业所有者的财富就越多。例如，截至 2016 年 4 月底，中概股平均市盈率仅为 13 倍，而国内的中小板和创业板市盈率高达 45 倍和 67 倍。

为了实现更高的估值，一批中概股开始从美国退市，并谋求在国内上市。据 Dealogic 数据显示，2015 年以来已有超过 30 家中概股公司宣布了私有化计划，总交易额为创纪录的 310 亿美元，高于之前六年的总和。

中概股的回归显然存在套利的特征。批评者通常认为，从美国退市需要钱，在国内上市也需要钱，但企业追求的只是国内股市的高估值，这不会带来经营业绩的增长，并不创造价值，完全是一种资源的浪费和错配。

然而，需要注意到的是：A 股市场对中概股的高估值不外乎两个部分，一个是本土偏好的优势；二是壳价值。

相对于美国投资者，中国本土投资人应该更了解中概股的商业模式、客户、市场地位、盈利能力和发展前景，从而认可其更高的估值。这样中概股公司的资金成本降低，可以发展得更快，从而创造了更多的价值。

从壳价值的角度来看，其本质是一种在二级市场股权融资的特权。壳资源本来存在于半死不活的公司手里，由于公司资质方面的原因，也无法融资；现在它被转移到正常经营、甚至高速增长的公司手里，后者可以利用这个资源便利地融资，加速发展。在这个意义上，"壳"这种稀缺的通道和资源被转移到了最有生产力、最需要它的人手里，从而实现了资源配置的优化。此外，这也为投资者带来了更丰富的选择。

在这些以及更多的方面，套利活动都创造了非常重要的价值。

最后我们回到金融的本质。金融是一种资源配置的机制，对经济增长起着至关重要的作用，但有效的金融市场需要适当的制度在背后支撑。这种制度非常微妙，它的适当区间非常狭窄，"增之一分则太长，减之一分则太短"。然而，也正是因为如此，我们在考虑设计相关制度时需要慎之又慎，从长远考虑，而非为了一时之需。

中国的金融市场仍然处在快速发展和演化的过程中，许多基础性的制度也正在不断地改革和完善，这也许是一个没有止境的过程，但建立一个可以与美国等发达国家比肩的强大的金融体系和金融市场既是大国崛起的应有之义，也是中国经济和金融发展的内在要求。长江商学院这本关于金融和资本市场的案例集从金融与产业的互动、中概股的回归、互联网金融的创新到金融改革，涵盖了目前大部分重要的金融课题，既有前沿的新金融现象，又有宏观上的金融改革；既有阅读上的趣味性，又有学理上的思辨性，它是我们这个充满活力、快速变化时代的一面镜子，足为对金融工作感兴趣的人所垂鉴。

是为序。

高善文

2016 年 10 月 24 日于北京

序二

新金融风向标

货币是人类一项了不起的发明：它活跃了交易，发达了经济，改善了人类生活。有句俗话说得极好：钱不是万能，没有钱却是万万不能。

钱，这个亘古常新的话题，不妨从2000多年前战国时代一段浪漫的恋爱故事谈起。当时的民歌《诗经》借助了一位女郎的口娓娓道来：一位看起来老老实实的年轻汉子，抱了"布"要来换取我的丝绸；他根本不是来买丝绸的，他是明目张胆来追求我的。

"氓之蚩蚩，抱布贸丝，匪来贸丝，来即我谋。"

——《国风·魏风·氓》

这里也许要特别加以批注的，战国时代的经济活动已经脱离了早期的物物交换模式、渐渐进入货币化社会。这里所提到的"布"，可不是一般物品的"布匹"而是"布币"：一种在魏国也就是这段恋爱故事发生地所通行的主要货币。

布币是当时中原地区、两周和三晋通行的货币；北方燕、东方齐使用的刀币，南方楚国使用贝币金属化后的蚁鼻钱，和西方秦国使用的圜币为当时所通行的主要货币。

秦统一了全国，书同文、车同轨、行同轮；圜自自然然地就成了全国通行的货币。在圜的基础上有了后代所谓"孔方兄"的铜钱，从秦惠文王二年（公元前336年）发行的秦半两开始，铁打的江山，流水的王朝，孔方的铜钱却一直延用到民国2年（公元1914年），2250年未曾间断，不能不算是一项奇迹。

铜钱是一种实体货币，以币材铜的价值为它的购买力标准。北宋初期严重缺铜，四川等地不得已使用铁币为替代。铁较铜价廉，购买力低，一匹绸罗要20 000铁币，重130斤，使用极为不便，于是催生了交子。

交子是历史上的第一张纸币，早于西方世界约600年。

支撑纸币购买力的当然不再是那一张薄薄的纸，而是信用。什么是信用？信用是一种信赖、一种信息，是一种人格权，进而更衍生成为具有经济价值的财产权。

信用是货币购买力的支撑，是现代金融发展中最最重要的梁柱。唯其重要，它已经发展成一系列完整而周延的制度：从个别的授信规范到企业的信用评级，甚至有专业国际性的信评公司来职司其事。

钱多钱少，永远不可能正好；不同时空之间金钱的交换遂成为必要：于是有了金融、金融业、金融市场。

金融业随着时间、空间的变动而不停地进化、创新：可以简单地从它和顾客间柜台的变化看出端倪。

柜台是金融业和客户之间交易的平台，几乎所有的服务或交易都是经由柜台来完成的。我们看到了柜台的变化：柜台的高度渐渐地降低了，客户在柜台之前不仅仅是添了座位，有时还会奉上一杯热腾腾的茶或咖啡。由于互联网技术的开发，柜台无形化了。客户不必从远地冲入车阵、奔向柜台，客户可以通过无形的网络完成以前必须面对面才能完成的交易。

金融市场也从最初的店头市场模式（Over – the – Counter）渐次发展成了网络交易（Over – the – Computer），有了 24 小时不断地以计算机联系竞价的交易所。

为了反映市场的需求（consumerism），现代金融因科技（computer）、信用（credit）、竞争（competition）而不断地创新（changes）。新金融在历史的轨道上一点一滴、一丝一缕地在延伸、扩散，从颠簸、冲撞中拔地而起，开创出了另一番天地。《新金融风向标》是长江商学院案例研究中心精心粹选的 11 个案例，可以作为风向球、问路石、敲门砖，用来探索中国式金融的创新和突围。

案例法的好处是它拥有各个不同的层面，可以让读者依自己的选择从不同的角度去剖析、解读和探寻。路是人走出来的：前人踩出的道路，未尝不是后人努力的方向和超越的目标。凡事都是在尝试、错误中寻求进步与成功。

细节是魔鬼。唯有在案例研究里才能发现、发掘一些微小、非有心人往往会忽略的细节；而这些细节每每正是决定存亡得失的关键所在。过去的经验，成功或许很难复制，但失败却绝对值得警惕；每一个成功失败的例子其实都值得珍惜。

作为一个曾经服务于金融各个层面（从业者到监理者又回归到业者；又愧为人师教了相关科目近 40 年）的老兵，仔细阅读了本书 4 组 11 个案例，不禁颇多感怀和期盼。发展中的中国金融何以为继、何去何从？或许可以从这些案例中窥视到一些痕迹、领受到一些启示。长江商学院邀序于我，固乐而为之。

戴立宁

2016 年 10 月 16 日于台北

目 录

第一部分

中概股十年

奇虎360：私有化的抉择

指导教授：李伟　案例作者：刘晓婷　案例截稿：2016 年 5 月

【案例主旨】　自 2015 年以来，海外上市的中概股掀起了一股私有化浪潮。奇虎 360 因在中概股中市值较高、私有化规模最大，而备受市场关注。五年前，创始人周鸿祎成功将这家公司带入了纽交所，实现在美上市；上市后，随着业绩的释放，360 的股价也一路走高，甚至一度突破了 100 美元大关的高点，成为当时中国第三大互联网公司。然而，2015 年前后，公司内部业务的转型叠加外部环境的变化，特别是国内资本市场政策不断释放利好，A 股也迎来了一波大牛市，使得奇虎 360 不得不重新审视在资本市场的战略，开始考虑私有化，回归 A 股。

【案例正文】

2015 年 6 月中旬，奇虎 360 董事长周鸿祎刚处理完与酷派手机的合作事宜，从深圳赶回北京，一下飞机，就收到了多年搭档、360 总裁齐向东发来的微信："老周，究竟要不要私有化退市，该做个决定了。"

自登陆纽交所以来，360 近一年的股价表现让周鸿祎颇为不解。每个季度公司都拿出了亮眼的业绩单，股价却持续下滑。甚至 360 在智能硬件方面动作频频，如投资酷派、入股磊科等，但市场对这些都无动于衷，股价下跌的颓势依然没有被遏制住。美国资本市场的反应让周鸿祎感受到了阵阵寒意。

与之形成鲜明对比的是，国内资本市场的热潮涌动：A 股迎来了自 2007 年以来的大牛市，进入 6 月，股价更不断创下新高，直奔 5 000 点而去。互联网概念股更是受到市场的追捧，如暴风科技自 IPO（Inital Public Offerings，首次公开募股）以来已经拉出三十多个涨停，让一众流浪在外的中概股羡煞不已。

与此同时，政策层面也不断释放利好。6 月初，国务院总理李克强在常务会议上明确表示，推动特殊股权结构类创业企业在境内上市。中概股掀起了回归浪潮，中国手游、世纪互联、人人、易居中国等多家公司相继宣布接到私有化提议。

老搭档发来的消息让周鸿祎烦躁不安。过去几个月，两人和投资顾问华兴资本的包凡已经多次会面，反复讨论公司下一步的选择，但依然没有定论。坐在回公司的车里，他不禁陷入了回忆。

赴美上市

"市场决定奇虎 360 的股价，市场决定怎样，奇虎 360 就接受它。"

——周鸿祎

周鸿祎永远记得那个阳光灿烂的日子：2011 年 3 月 30 日，奇虎

360 登陆美国纽交所。一向只着便装的他，破例穿起了西装，站在悬挂着奇虎 360 公司 logo（徽标）和五星红旗的纽交所大楼前，笑意盈盈地和团队合影留念。

那时，创建于 2005 年 9 月的奇虎 360 才不过五周岁。短短几年内，周鸿祎及团队带领奇虎 360，从早期 360 安全卫士的问世，以免费模式颠覆传统的安全市场，到其他安全产品如软件管家等的推出，继续拓展网络安全用户量，再到后来借助"网络安全平台"拓展业务线，进入浏览器、网站导航、软件下载等领域，迅速完成了用户规模的积累。

在招股说明书中，奇虎 360 这样描述自己：以用户基础来说，360 是中国排名第三的互联网公司；以终端装机量来计算，排第二位；360 还是排名第二的浏览器公司，仅次于微软；排名第一的安全方案提供商，每月有效用户超过 3.39 亿，占中国网民的渗透率为 85%。[①]

上市前，曾有美国投资者对奇虎 360 的商业模式提出质疑：作为一家杀毒软件提供商，它大多数收入来自广告，这在全球都没有先例；每股盈利只有 5 美分，必须向投资者证明其盈利潜能巨大。此外，2010 年下半年的"3Q 大战"也给公司的声誉及业绩蒙上阴影。[②]

但周鸿祎讲出了一个华尔街爱听的故事，在路演时将奇虎 360 自比为"中国版的 Facebook（脸书）"，并给投资人讲公司"如何先

---

① 《奇虎 360 成功上市的背后》，中国经营报，2011 年 4 月 3 日，参见 http：//tech. sina. com. cn/i/2011 - 04 - 03/08175366866. shtml。

② 《奇虎 360 赴美上市》，第一财经周刊，2011 年 3 月 28 日，参见 http：//tech. si-na. com. cn/i/2011 - 03 - 28/15035339920. shtml。

做安全、满足用户安全需求，然后通过浏览器搭建上网平台、通过桌面管家等提供增值服务"。结果出乎他的意料，"很多国外投资者听明白了这个公司，并且认为是一个非常创新的公司"。①

结果，奇虎360成功发行1 210万股美国的存托凭证，实现融资1.75亿美元，在IPO中获得了40倍的超额认购，并于上市首日收报34美元，较14.50美元的发行价大涨134.5%，被称为"华尔街奇迹"。其市值达到39.56亿美元，超过搜狐、盛大，位列所有中概股第6位。按照IPO后的股权结构，董事长兼CEO（首席执行官）周鸿祎的股权比例18.46%，另一位创始人兼总裁齐向东持股比例为10.67%。

面对上市首日股价的大涨，周鸿祎表示很淡定，称自己并不关心奇虎360的股价，上市只是刚刚起步，未来5～10年仍要努力工作。"市场决定奇虎360的股价，市场决定怎样，奇虎360就接受它。"② 同时，他认为："上市对于奇虎来说，融资是其次，主要希望能提升品牌，招募更多优秀人才。"

鼎辉创投合伙人王功权则激动地在微博分享，"按今天股价，我们的投资赚回2亿美元"，5年投资回报达到40倍。③ 2006年3月，奇虎曾进行A轮融资，周鸿祎本人、红杉、IDG及鼎辉创投出资2 000万美元。2006年11月，奇虎完成由高原资本领投，红点参与

① 《奇虎360纽交所上市十大引爆点》，艾瑞网，2011年4月1日，参见 http：//column. iresearch. cn/b/201104/339236. shtml。

② 《周鸿祎谈股价表现：接受资本市场决定》，新浪科技，2011年3月30日，参见http：//tech. sina. com. cn/i/2011－03－30/23195351359. shtml。

③ 《奇虎高管及投资人通过新浪微博分享感受》，新浪科技，2011年3月31日，参见 http：//tech. sina. com. cn/i/2011－03－31/00115351434. shtml。

的规模为 2 500 万美元的 B 轮融资。A 轮投资机构红杉、美国国际数据集团（CDH）、Matrix 和 IDGVC 也参与第二轮融资。

此外，有市场人士对此进行了评论，将 360 的成功上市归为三大原因。一是大环境的因素。由于当时全球经济的走势不是很好，国外公司对中国"互联网＋企业"这种模式很感兴趣。从 2010 年开始，各种国内互联网企业都出现了海外的上市潮，而纽交所和纳斯达克都非常注重企业成长性。二是行业的创新性给投资者对于未来有了一些遐想的空间，对于这个行业的业绩和盈利预期有所期待。三是奇虎 360 本身做到了五年盈利，有自己独到的模式，尤其是作为互联网平台拥有巨大的用户基数。[①]

迎来转折

"对中概股私有化现象不理解。上市公司有较大透明度，在享受国外资本市场和股民巨大回报之外，就应该接受资本市场的考核，也应该承担市值的上下波动。"

——周鸿祎

让周鸿祎印象深刻的是上市后的几年，360 可谓享尽了无限风光：随着用户规模的巩固，广告收入和增值服务的盈利逐步释放，2011—2013 年公司营收和利润一直保持近 100% 的增速，股价也一路上涨，一度甚至冲破了 100 美元的高点，成为当时中国第三大互联网公司。

---

① 《奇虎 360 美国上市颠覆模式的融资神话》，央广经济之声，2011 年 3 月 31 日，参见 http://news.xinhuanet.com/2011–03/31/c_121253263.html。

其间，尽管出现了中概股做空危机，不少中概股受到影响纷纷启动私有化战略，360也遭遇了做空机构香橼的六次攻击，但周鸿祎并未动摇在美上市。他曾在公开场合表示，"对中概股私有化现象不理解"，他认为，"上市公司有较大透明度，在享受国外资本市场和股民巨大回报之外，就应该接受资本市场的考核，也应该承担市值的上下波动"。他甚至强调，"奇虎360将会坚持上市之路"。①

然而，转折发生在2014年。2014年第一季度财报发布后，360的业绩与股价似乎陷入了一种怪圈：每个季度公司都拿出了亮丽的财报，但股价在冲起来后却呈现出下跌的趋势（见图1-1）。进入2015年，360股价依旧没有摆脱颓势，继2014年年报公布后，当天即下跌5%。截至2015年5月底，奇虎360的市值缩水至64亿美元，还不到过去市值高点的一半。

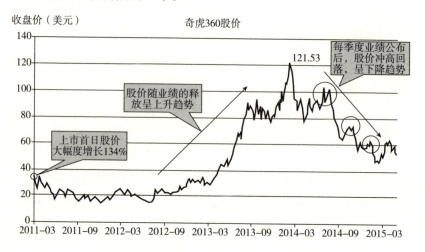

图1-1　奇虎360上市以来的股价表现

资料来源：长江商学院案例中心

① 《市值仅为高峰时一半　奇虎360不满被低估启动私有化》，一财网，2015年6月17日，参见http://www.yicai.com/news/4633655.html。

周鸿祎不得不重新审视奇虎 360 面临的内外环境变化。

公司业务转型

伴随着移动互联网的浪潮，有着"TABLE"[①] 之称的互联网巨头腾讯、阿里、百度以及小米都在原有的业务基础上，不断扩大业务边界，布局生态链，其市值也节节攀升；相比之下，奇虎 360 却略显落后，估值不断下滑，存在出局风险。

尽管传统业务流量不断变现，但在其 PC（个人计算机）端的人口红利日益减弱，且在移动领域受到竞争对手威胁的背景下，仍难以获得资本市场认可。有数据显示，360 基于 PC 的产品和服务的月度活跃用户总人数增长趋缓，而在移动安全和搜索引擎等领域，猎豹、百度、腾讯、搜狗等竞争对手纷纷发力。

内外压力下，360 谋求业务转型，进行几大方向的探索：

一是企业安全。早在 2013 年 9 月，360 就开始进军企业级安全业务，并公布了"360 天擎、360 天眼、360 天机"三款企业级产品。有数据显示，相比个人安全 20 亿元的市场，企业级安全市场超过 200 亿元，360 在这一领域面临的发展空间巨大。[②] 然而，由于个人用户和企业用户是完全不同的两个市场，在免费策略难以直接复制到企业用户的情况下，如何拓展企业用户成为市场颇为关注的焦点。

二是智能硬件。过去一年，360 不仅宣布与酷派成立战略联盟，

---

① T 是腾讯（Tencent），A 是阿里巴巴（Alibaba），B 是百度（Baidu），L 是雷军系（即金山小米系），E 是周鸿祎系（即 360 系）。

② 《企业安全：奇虎 360 的业绩增长点》，中国日报网，2014 年 9 月 1 日，参见 http：//www.rmlt.com.cn/2014/0901/313359.shtml。

成立奇酷科技进军手机业，向市场推出奇酷和大神两个手机品牌，还推出了儿童智能手表、路由器、智能摄像机、行车记录仪等一系列创新智能硬件产品，成为相关市场的领军者。虽然周鸿祎对这块业务寄予厚望，但市场却并不看好，特别是智能手机，在国内已然一片红海之际，360作为后来者，在大家看来，并没有显著优势。

三是互联网服务。为了寻找新的业务增长点，同BAT［中国互联网公司百度公司（Baidu）、阿里巴巴集团（Alibaba）、腾讯公司（Tencent）三大互联网公司英文名的首字母缩写］一样，360也在游戏、影视、医疗、传媒等多领域布局，推出相关的互联网服务。

周鸿祎希望，面对万物互联时代，围绕"安全"，把360打造为一个集"硬件＋软件＋互联网（核心应用）"于一体的公司。

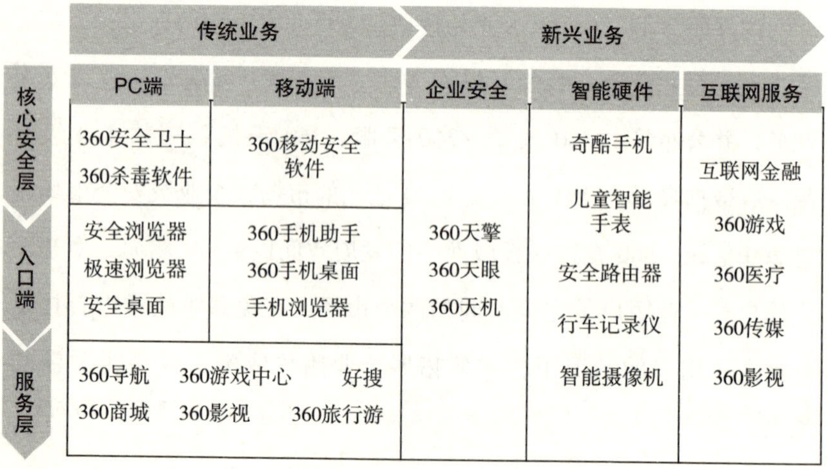

传统业务			新兴业务	
PC端	移动端	企业安全	智能硬件	互联网服务
360安全卫士 360杀毒软件	360移动安全软件		奇酷手机 儿童智能手表	互联网金融
安全浏览器 极速浏览器 安全桌面	360手机助手 360手机桌面 手机浏览器	360天擎 360天眼 360天机	安全路由器 行车记录仪	360游戏 360医疗 360传媒
360导航 360游戏中心 好搜 360商城 360影视 360旅行游			智能摄像机	360影视

（核心安全层 → 入口端 → 服务层）

图1-2 奇虎360业务布局

资料来源：由长江商学院案例中心制作

中美估值差异

自 2014 年下半年以来，A 股与美股的涨幅形成了鲜明对比。到 2015 年 5 月底，A 股上证综指、中小板指和创业板指涨幅分别达到了 125%、150% 和 176%，而美股纳斯达克指数的涨幅仅为 13.7%，代表中概股的 HXC 金龙指数涨幅也只有 8.3%，大幅跑输 A 股中小板和创业板指数。与此同时，两个市场的估值差距也越发显著。A 股主板、中小板和创业板的市盈率分别达到了 20 倍、82 倍和 141 倍，而纽交所和纳斯达克的市盈率分别只有 7 倍和 21 倍，在美中概股的市盈率也仅为 21 倍。

这种差异也体现在个股上。作为国内网络安全行业龙头，奇虎 360 近两年都交出了亮丽的业绩单，但市盈率基本停留在 30～40 倍。而在 A 股，同样以信息安全为主营业务的公司启明星辰，过去几个月，股价从 20 元直接蹿到了上市以来的最高点 73.1 元，市盈率高达 200 多倍。此外，奇虎 360 的估值与 A 股较为纯正的互联网公司、创业板龙头亦不可同日而语。2015 年 5 月底，乐视网市盈率达到 335 倍；暴风科技更是刷新了纪录，高达近 900 倍。

事实上，不只是奇虎 360，中概股各行业在美国的估值均普遍低于 A 股，其中最典型的是游戏行业。根据易观统计的数据，截至 2014 年第四季度，中国手游占国内手游市场份额的 20.1%，位列第一，昆仑游戏以 10.3% 的市场占有率位居第四。但是，国内上市的昆仑万维市值达到了 437 亿元（约 67 亿美元），而海外上市的中国手游估值仅约为 6.2 亿美元。[①] 盛大网络 CEO 陈天桥直言，"华尔街

---

① 数据截至 2015 年 5 月底。

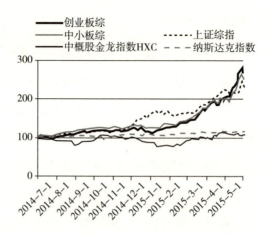

图 1 – 3　2014 年以来 A 股与美股市场表现
注：2014.7.1 = 100　数据截至 2015.5.31。
资料来源：Wind、Bloomberg

不懂中国游戏"。①

再如影视行业。作为中国民营电影行业五强之一，博纳影业在美国市场的估值为 7.77 亿美元（约 50 亿元），而 A 股同类企业华谊兄弟和光线传媒的估值分别在 524 亿元人民币和 478 亿元人民币。②选择私有化退市后，博纳影业董事长于冬曾发出这样的疑问："我问过王长田，也问过王中磊，博纳和华谊、光线的差距真的能有十几倍吗？"③

同样，在周鸿祎看来，与 A 股互联网公司（如暴风科技、乐视）相比，奇虎 360 的股价被打了双重折扣：第一重折扣是美国资

---

① 《"华尔街不懂中国游戏"，完美世界只好退而求 A 股》，钛媒体，2015 年 4 月 28 日，参见 http://money.163.com/15/0428/09/AO9DOMFR00253B0H.html。

② 数据截至 2015 年 5 月底。

③ 《博纳私有化背后的"海归路"》，国际金融报，2016 年 4 月 18 日，参见 http://finance.sina.com.cn/roll/2016 – 04 – 18/doc – ifxriqqv6107845.shtml。

市盈率（倍）

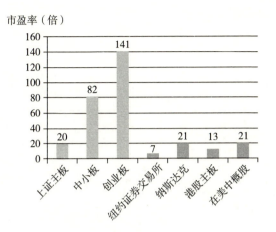

图1-4 中美市场估值对比

注：市盈率取2015年5月底数据。

资料来源：Wind

本市场对中国互联网的不了解，特别是对奇虎360这种"入口"生意的不了解；第二重折扣是中国资本市场与美国资本市场的估值差异。①

资本市场变化

迄今为止，中国互联网企业曾出现过几次大的境外上市浪潮：第一轮是1999—2000年，新浪、搜狐、网易等门户掀起上市高峰；第二轮是2003—2004年，携程、腾讯、盛大、金融界、前程无忧等纷纷上市；第三轮是2007年，以阿里巴巴（港交所）、巨人等为上市代表；第四轮是2010—2011年，由当当网、优酷、奇虎360、人人网、网秦、世纪佳缘引领；第五轮则以2014年互联网巨头京东、阿里巴巴

---

① 《中概股谋归》，21世纪经济报道，2015年6月19日，参见http：//m.21jingji.com/article/20150619/031983eeef0feb79aa849ba76ecac83d_ baidunews.html。

为代表，达到了海外上市高潮。

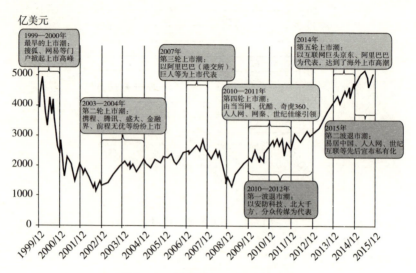

图1－5　中概股的上市潮和退市潮

资料来源：长江商学院案例中心

对于国内互联网企业上市为何涌向美国这一问题，普遍认为是由当时的历史原因造成的。20世纪90年代，中国的资本市场以核准制为主导，具有硬性的上市门槛和审核标准，而互联网企业基本没有盈利，很难在国内实现上市。而美国市场则不同，不仅上市门槛低、没有营利性要求，而且资本市场制度完善，上市速度快，为国内互联网企业打开了上市的便捷之门。

与此同时，纽交所和纳斯达克对于互联网高科技类公司有着较好的扶持，能给出较高的定价，也吸引着众多中国互联网公司前赴后继。以至于多年来，国内不少创始人都将美国资本市场视为中国互联网最向往的地方，产生了海外上市情结。此外，很多中国的互联网企业在创立早期就有海外资本背景，所以它们自身的管理结构，就已经在为海外上市做准备。

然而，自 2010 年以来，随着做空危机的爆发，中概股在美国的处境开始恶化。以浑水和香橼为代表的做空机构，先是针对中概股的财务造假，展开了一系列猎杀，部分公司如东方纸业、绿诺科技、中国高速频道等频频遭到狙击；之后，由支付宝引发的 VIE（Viable Interest Entity，可变利益实体）事件，又引起了美国投资者对 VIE 结构风险的担忧，做空机构借此又对新东方等公司展开第二轮狙击。不少中概股因此损失严重，市值缩水，盛大网络、分众传媒、北大千方等公司纷纷选择私有化方式从美国市场退出，掀起了中概股第一波私有化退市浪潮。

而与此同时，国内的资本市场环境却逐渐向好，多层次资本市场体系的建立，市场制度尤其是针对新兴产业的相关制度进一步优化，为中概股的回归创造了有利条件。近几年，新三板推出后，较低的门槛吸纳了大量国内企业挂牌，对转板制度的预期也强化了企业在国内的上市选择。同时，上交所和深交所也做出了积极变革，分别提出建立战略新兴板和创业板放松条件的方案，支持未盈利的互联网企业在 A 股市场发行上市。尤其是战略新兴板，根据上交所副总经理刘世安的阐述："战略新兴板上市门槛降低，为海外中国上市企业打开了回归通道，这对于资本市场承接中概股提供了制度安排。"[①] 此外，注册制的临近，无疑也是重大利好。2015 年两会期间，中国证监会主席肖钢明确表示，推进注册制改革条件已具备，新《证券法》

---

① 《战略新兴板提速　中概股回归或将加快》，中国经营网，2015 年 8 月 24 日，参见 http://www.cb.com.cn/finance/2015_0824/1147673.html。

正式实施之日起，注册制即可开始推行。

特别要指出的是，针对中概股回归所涉及的 VIE 问题，中国政府在政策层面也不断释放利好，为其开启便利之门。2015 年 4 月上会的《证券法》修订草案中，有 4 个条款专门对境外企业在境内上市做出相关规定，这被视为监管层为境外企业境内上市所预留的"顶层设计"。6 月初，国务院总理李克强在国务院常务会议上，明确表示要推动特殊股权结构类创业企业在境内上市。此外，各部委也在酝酿政策变革，工信部即将放开外资持股比例限制，为 VIE 模式回归 A 股清除部分障碍。上交所和深交所也都在研究，酝酿直接接纳特殊股权结构企业的方案。

分拆上市

"在 A 股上市？请尽情地帮我们畅想。"

——齐向东对企业安全回 A 股上市可能性的回答

面对市场环境的变化，周鸿祎开始酝酿新的资本市场布局，并进行了相应的部署。

2014 年年底，投资 4 亿美元与酷派成立合资公司奇酷之后，他趁机进行了一次大规模的架构调整，主要是将安全业务和新兴业务（智能手机、智能硬件等）从组织架构上划清界限，安全业务都归齐向东负责，新兴业务归他负责。

这次的调整被市场解读为 360 有分拆上市的想法，即重新梳理现有的三个核心业务：安全、商业化（搜索、浏览器、分发平台等流量变现产品）和硬件，然后谋求各个业务的独立上市。

市场揣测，360分拆上市的逻辑在于：

一是传统业务和新兴业务的估值模型完全不同。如果延续之前做法，全部业务都打包混合在一起，上市公司整体的估值会受到影响；而如果采用分拆上市，不同业务就可参照可比公司获得相应的估值，有利于提高公司整体的溢价水平。

二是不同业务可充分利用中美两国资本市场特点。传统的安全业务，特别是未来要重点发力的企业安全业务，涉及国家信息安全，回归国内可能更有利于业务的顺畅开展。而新兴业务，过去一年来，360除对酷派大神和磊科的投资外，还投资了几十家极具潜质的新硬件公司，但似乎并没有得到华尔街的认可。因此，市场认为，常规的逻辑是360会将企业安全和硬件这两块新业务单独在国内上市，而以商业化为主体的公司继续在纽交所挂牌。

但也有人对"分拆上市"提出了不同看法。在他们看来，360的做法有点类似于搜狐的布局——门户、视频、搜狗各自发展，谋求独立上市。虽然已有先例，但其似乎并没有那么成功。他们认为，单兵作战的模式已经过时，在中国互联网巨头纷纷寻求打通、关联，企图建立一个平台型生态、共同抵御威胁的当下，"大军团作战"才是趋势所在。这样的好处在于不仅有更多的容错空间，而且还能够及时地扬长避短，优劣互补，整体进步。

就在市场各种猜测之际，2015年5月，360将旗下的企业安全业务独立，正式成立了企业安全集团，一定程度上被认为印证了市场的猜测。有媒体问及企业安全集团回国内上市的可能性，齐向东做出了开放式回应："在 A 股上市？请尽情地帮我们畅想。"①

整体私有化

"所以说互联网公司回归 A 股是一个不可逆的过程"，建议他们"打死都要回来，99% 去美国和（中国）香港上市的公司都亏了"。

——暴风科技 CEO 冯鑫

然而，市场形势变化难以预料。自 5 月以来，A 股延续上涨行情，具有互联网的概念股更是受到疯狂追捧。作为第一个拆解 VIE 结构回归 A 股的互联网公司，暴风科技连续拉出的三十多个涨停，刺激了一大批有着 VIE 架构的企业。世纪佳缘、中国手游、淘米等公司纷纷宣布接到私有化提议，从而掀起了第二波中概股回归浪潮。暴风科技 CEO 冯鑫甚至放言"互联网公司回归 A 股是一个不可逆的过程"，建议他们"打死都要回来，99% 去美国和（中国）香港上市的公司都亏了"。②

在此背景下，周鸿祎将 360 整体私有化纳入考虑，多次与包凡探讨私有化回归的可行性。

据介绍，中概股回归需经历"私有化退市—解除 VIE 架构—重启 A 股上市"三重历练。第一步，私有化退市。目前主要采用"要约收购＋简易合并"方式，即大股东通过要约收购使其控制股份达

---

① 《360 美股退市或以安全公司为主体回 A 股上市》，财经网，2015 年 6 月 18 日，参见 http://stock.sohu.com/20150618/n415235852.shtml。

② 《暴风冯鑫：去美国香港的 99% 都亏，互联网公司打死都要回 A 股》，虎嗅网，2015 年 5 月 19 日，参见 http://www.huxiu.com/article/115467/1.html? f = article_ related_ article。

到目标公司总股份的90%以上，然后再进行简易合并。私有化具体执行流程复杂，因此耗时较长，通常需6～12个月，但不同公司差异较大，如巨人网络、完美世界在6～7个月，而盛大、分众传媒则耗时12个月左右。

第二步，解除VIE架构。由于在美上市的中概公司，多数是外资控股，特别是互联网和教育企业，退市后直接回归A股将受到《外商投资产业指导目录》的限制，因此通常需要先解除VIE架构，将外商投资企业变更为内资企业，并对外资持有的股票进行回购。这一过程同样复杂，还涉及各主体之间的利益协调问题，因此时间花费较长，一般与私有化同时进行。

第三步，重启上市。目前中概股回归A股上市的路径有三种。（1）创业板或上交所战略新兴板IPO。暴风科技是拆除VIE架构回归A股的首家互联网公司。（2）借壳上市。国内已有两家公司完成，安防科技借壳飞乐股份（更名为中安消）、北方科技借壳联信永益（更名为千方科技）。除此之外，分众传媒、巨人网络也在借壳运作过程中。（3）新三板。对于尚不具备直接IPO的公司，新三板门槛低、流程短，可以先挂牌，未来再寻求转板机会。

一般认为，私有化的好处在于：公司可以重新对战略和架构进行调整，如阿里巴巴B2B（Business－to－Business的缩写，指企业间的电子商务）从港交所退市就是为了重新打包赴美上市；对于那些估值较低，融资功能丧失的公司，退市还能减少维护上市的运营成本（包括法律成本、合规以及财务成本）；最重要的是，如果能成功回归A股，还可以有效提升估值，并通过再融资获取更大发展。如中安消、千方科技回归后，上市公司估值均出现了大幅提升。

　　然而，华兴资本包凡提到，回归过程难点重重。第一，退市方面，私有化如何定价，如何避免和投资者的官司、纠纷，如何把股权结构调整做得干净，以免给未来国内上市留下障碍，是个非常复杂的过程。第二，在解除 VIE 架构过程里，也不是把协议终止这么简单，而是需要把资产重新归置到一个未来准备在国内上市的实体里面。这里面有大量的工作，需要跟工商、税务、外管有一系列的对接。另外还有一个复杂点，当初投资的美元基金，有些愿意回来，有些不愿意回来。即使愿意回来，人民币基金接盘美元基金，这两个基金之间怎样做价。这些错综复杂的关系都需要处理。第三，解除 VIE 后还会面临新的问题：应该选择哪个板块？去新三板还是战略新兴板？[①]

　　正是因为各个环节的复杂性，回归过程也充满风险。第一个风险是时间问题。中概股回归时间可能会很漫长，美国退市通常要 6 ～ 12 个月完成；而退市后，重新登陆国内资本市场，时间的不确定性很大。如果按照传统的方式排队等待 IPO，目前的进度可能需要两年以上。即使注册制真正下来了，等到完全实施，也是一两年以后的事情。当然企业也可以直接到新三板去挂牌，时间会缩短一点，但是新三板目前来说整体的融资能力，以及流动性还是有一定的挑战。还有一个节约时间的选择就是去借壳，但是目前 A 股市场主板的壳最少是 30 亿，分众买壳花了 40 个亿。[②]

---

　　① 《华兴资本包凡：中概股私有化必须要注意这几点》，腾讯科技，2015 年 6 月 26 日，参见 http：//tech. qq. com/a/20150626/040731. htm。
　　② 《华兴资本包凡：中概股私有化必须要注意这几点》，腾讯科技，2015 年 6 月 26 日，参见 http：//tech. qq. com/a/20150626/040731. htm。

　　而从退市到再上市的这个漫长时间内，还有第二个风险即融资成本的考量。根据美国 SEC（美国证券交易委员会）的要求，提出私有化的股东收购流通股需全部用现金。由于收购方必须向中小股东提供基于一段时间内股价的溢价，才可能达到回购股权的目的，这意味着股东的财务压力将倍增。进行私有化的中概股公司往往需要各类财团提供资金，或者直接向银行贷款。而这一过程中，一旦有环节出现延误或推迟，由杠杆收购带来的融资成本问题都将使得私有化的风险放大。如分众传媒私有化交易总额 37 亿美元，其中 15 亿美元是从多家金融机构获得的贷款，被认为是迄今为止中概股中最大的一笔杠杆收购。而从 2012 年 8 月，提出私有化要约开始，分众传媒的私有化回归之路跌宕起伏，已耗时近三年，至今尚未尘埃落定。此外，在回归的过程中，企业还要继续发展，因此必须要想明白如何解决这段时间内的融资问题。考虑到退市时企业都会大量借债，这种情况下融资能力也会受限。

　　时间过长带来的另一个风险是：可能会错过 A 股的窗口期。自 2015 年以来，大批中概股纷纷选择私有化，很大程度上是看到 A 股大涨，带来的跨境估值套利空间。如果时间拉得太长，A 股的火爆行情能否延续尚不得而知，能否搭得上这趟牛市的"风口"是一个挑战。

　　除此之外，企业还要考虑到回归过程当中员工的心态问题。员工好不容易等到企业上市，期权可以兑现了，现在又要回来，是否还愿意重新跟企业再走过这个万里长征。

　　"究竟是分拆上市？整体私有化，还是原地不动？"周鸿祎深知，这次抉择对 360 至关重要。一到办公室，他就迫不及待召集齐向东，同时拨响包凡的电话。

教授启示

作为中概股的典型，奇虎360的上市和退市，背后实际上反映的是中美资本市场的差异。美国的股票市场经过长时间的发育，已较为成熟，长期以来实行的是注册制，上市门槛低，且灵活度高；而相对美国，中国的股票市场历史较短，目前实行的还是审批制，对企业的盈利有较为严格的要求，造成部分企业，特别是互联网以及高科技企业，上市难度较大。因此，从市场监管来看，国内应继续推进资本市场改革，加快注册制的落地；同时监管层还应转变监管理念，从早期成立股票市场是为国企脱困，回归到保护投资者利益的真正初衷。另外，国内股市的不健全也导致企业家有机会主义倾向，并寻求制度套利。从企业战略来看，这种做法显然并不利于企业长期发展，企业家同样应回归到专注于企业经营本身，而非花费很多精力在资本运作上。

聚焦阿里巴巴 IPO：喧哗与隐忧

指导教授：黄春燕　案例作者：邓迪　案例截稿：2016 年 5 月

【案例主旨】　作为国内最大的电商平台之一、BAT 三巨头中的一员，阿里巴巴的一举一动都受人注目，尤其是当这家公司选择上市的时候。2007 年阿里巴巴曾以 B2B 业务作主体在香港上市，融资 116 亿港元，一时创港股融资之最，却在 2012 年以发行价退市。随后，阿里巴巴开始筹备集团整体上市，却因为独特的合伙人制度在港受阻而转战美国。2014 年 9 月 19 日阿里巴巴荣登纽交所，股票代码"BABA"，总融资额达到 250.3 亿美元，成为美股最大规模 IPO。然而，在阿里巴巴 IPO 的前后，阿里巴巴独特的治理结构、争议性的合伙人机制以及曾引发轩然大波的支付宝私有化事件等都将这家公司推向了舆论的风口浪尖。本案例将分析阿里巴巴赴美 IPO 的来龙去脉，并从投资人的角度分析有关阿里巴巴未来前景的几大焦点问题。

【案例正文】

美国当地时间 2014 年 9 月 8 日，纽约曼哈顿中城的华尔道夫酒店。投资人杰瑞和 1 000 多名投资人一起，在酒店大堂排起长队，现场火爆到队伍都排到了门外。众人翘首期待的是阿里巴巴高管团队在纽约的首场路演。

和众多在场人士一样，杰瑞其实对这个号称中国乃至世界最大的电商平台有着几分陌生。他常阅读的华尔街日报这样称呼阿里巴巴：阿里巴巴是亚马逊、eBay（易趣）、PayPal（贝宝）、小部分谷歌功能的中文结合体。阿里巴巴的顾客比亚马逊还多，发货量比 UPS（美国快递公司）还大，增长速度比 Facebook 和谷歌更快。阿里巴巴的公司规模和它异国情调的名字一样让杰瑞和同行们感到兴奋不已。

路演现场，马云一上台便成为全场焦点。马云用流利的英文讲解着阿里巴巴的商业模式、增长潜力与未来前景。一时间，众人都被这位身材不高但是有着奇特魅力的 Jack MA 和其所代表的阿里巴巴吸引。

股票 BABA：投资还是不投资？

在阿里巴巴纽约路演前后，杰瑞也对这家公司进行了一些研究。他主要关心的有四个问题：阿里巴巴的业务增长情况、合伙人制度、VIE 结构以及和支付宝的关系。

阿里巴巴业务

按照 2013 年全年总成交额计，阿里巴巴是全球最大的在线及移动电子商务公司，商品交易总额达 2 480 亿美元，超过紧随其后的两个电子商务平台（亚马逊，1 160 亿美元；eBay，880 亿美元）的商品交易总额之和。据阿里巴巴的招股书显示，本次上市的主体业务包括阿里巴巴的 B2B 业务（Alibaba.com、1688.com），2C 业务（淘宝网、天猫、聚划算、Aliexpress）以及阿里云。以支付宝为代表的金融业务、营销板块的阿里妈妈，以及物流业务并不在本次上市主体中。

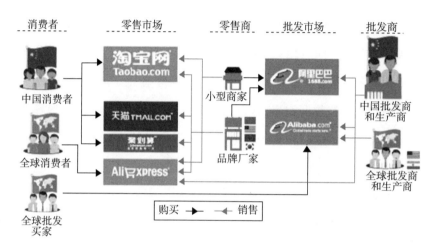

图 2-1 阿里巴巴商业生态系统（Ecosystem）示意图

资料来源：阿里巴巴招股书

B2B 业务

B2B 业务是阿里巴巴发展的起点。1999 年，马云抓住了当时中国活跃的外贸出口机会，创办了分别针对国内和国际批发业务的 B2B 网站平台——1688.com 和 alibaba.com，为国内中小企业提供批发业务的商机信息以及撮合在线交易。网站的主要盈利来源为会员费、增值服务费以及在线营销收入。

这两大 B2B 平台均在中国做到了行业内营收规模最大。中国电子商务研究中心数据显示，2014 年上半年，中国 B2B 服务商营收份额阿里巴巴排名首位，市场占比为 40.5%①。然而，其营收增速却在下滑，2013 财年和 2014 财年 1688.com 的营收增速分别为 -0.81% 和 4.69%，alibaba.com 分别为 6.38% 和 3.85%；同时，作为两大平台盈利来源的付费会员数量也基本持平，增长潜力似乎不甚明了。

杰瑞看到，中国 B2B 行业现有的以会员费和广告费为主的盈利模式较为单一，同质化竞争激烈，亟须向在线交易以及综合服务平台转型升级，优化盈利结构②。他认为，阿里体系中的 2C 业务所拥有的用户资源和数据积累，以及如支付宝、阿里云、阿里小贷等业务单元会让阿里巴巴相较于其他竞争对手更易转型。尽管阿里巴巴的 B2B 业务尚未培育出成熟的交易提成/佣金盈利方式，但一旦成熟，将带来更可观的收入。此外，2013 年，中国工信部和商务部接连推出促进中国企业间电子商务（B2B）发展的政策文件，利好的宏观政策也有助于推动阿里巴巴 B2B 业务的发展。

2C 业务

中国零售业务是阿里巴巴最主要的收入来源，其中包括淘宝（C2C，个人与个人之间的电子商务），以及天猫（B2C，Business - to - Customer 的缩写，商家与个人之间的电子商务）和聚划算（团购）。淘宝网于 2003 年成立，凭借免费模式和本土化服务打败了 eBay 的付费模式，2006 年已占据 C2C 市场 86% 的份额。2004 年阿

---

① 《阿里巴巴纽交所上市专题解读报告》全文，http://www.199it.com/archives/275321.html，2014-09-22。

② 华泰证券，《站在云巅，等待嬗变：阿里巴巴 IPO 及国内电商行业深度研究》，2014-09-22。

里推出第三方支付工具支付宝，解决了淘宝买卖双方的信任问题。天猫（原名淘宝商城）于 2008 年成立，主营 B2C 市场，借助淘宝的品牌与流量优势逐渐发展壮大。聚划算成立于 2010 年，为淘宝官方组织的在线团购业务。

在盈利模式上，阿里巴巴作为第三方平台，对接买家和卖家，通过向卖家收取店铺费用、交易佣金以及在线营销推广费用获得盈利[①]。彭博高级研究分析师撰文称，对比亚马逊，阿里巴巴的优势在于它像一个广告公司，通过平台模式赚取佣金和营销服务收入，不需要承担类似亚马逊在商品交易环节（譬如采购、仓储、物流等）的营运成本，以及相应的业务风险。该业务模式有助于阿里巴巴快速提高利润率和扩大现金流量，从而进一步投资于业务、人才、技术，扩大其生态规模[②]。

表 2 - 1　阿里巴巴国内零售业务收入来源构成

收入来源	具体描述
在线营销推广费用	P4P 收入（Pay - for - Performance，P2P 的升级版）：在淘宝搜索页的竞价排名，按照 CPC（广告网络展示）计费
	展示广告：按照固定价格收取广告展示费用
	淘宝客项目：按照交易额的一定比例向淘宝和天猫的卖家收取佣金［淘宝客从淘宝客推广专区获取商品代码，任何买家经过推广（链接、个人网站、博客或者社区发的帖子）进入淘宝卖家店铺完成购买后，就可得到由卖家支付的佣金］
	Placement services（安置服务）：卖家购买聚划算的促销页面费用

---

①　淘宝的营销推广服务：直通车广告、网页广告以及"淘宝客"。直通车就是竞价排名广告，卖家设置相应商品的竞价关键词，以便展示于买家的搜索结果中。网页广告是以横额标题、图片或文字链接形式的广告。淘宝客则需要卖家支付成功引导流量的交易佣金。

②　资料来源：阿里巴巴招股书。

收入来源	具体描述
交易佣金	天猫和聚划算的卖家，对于通过支付宝的每一笔交易，需要支付交易额的 0.5% ~ 5% 的佣金
店铺费用	对于淘宝旺铺，每月收取固定费用，同时店铺软件也提供收费工具以帮助店铺升级

资料来源：阿里巴巴招股书

阿里巴巴招股书显示，2014 财年三大 2C 业务的营收占阿里全年营收总额的 81.6%。据艾瑞咨询统计，按全年总成交额计算，淘宝网是中国最大的在线购物网站，天猫是中国最大的 B2C 第三方平台；按照月活跃用户数计算，聚划算是中国最受欢迎的团购第三方平台。与此同时，淘宝和天猫保持着快速增长，其中天猫有更好的增长势态，2014 年第二季度增速 81%，同期淘宝为 33%，而 2013—2016 年中国网购消费规模预估有 36.1% 的复合增长率，杰瑞认为阿里巴巴还有很大的市场空间可以挖掘。

然而，阿里的业务增长高度依赖中国经济环境，其超过 80% 的收入份额来自中国市场。杰瑞担心，中国经济一旦放缓，可能对公司的营收和利润产生"重大不利影响"，这在招股书上也有相应披露。对此，阿里巴巴表示，未来公司的核心目标之一是增加活跃买家和钱包份额、扩大产品类别和增加花色品种等，以刺激消费，也会通过提升用户购物体验、各类市场营销活动等来吸引更多新买家，并巩固和提升已有买家的消费频率与额度。

此外，杰瑞注意到，阿里巴巴的移动端业务正释放出积极信号。自 2010 年淘宝推出 App，其移动端保持快速增长，并逐渐处于中国电商移动端市场的领先地位。招股书显示，2014 年 6 月，阿里移动

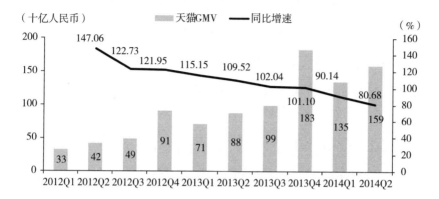

图 2 - 2　天猫 GMV（商品交易总额）及其同比增速

资料来源：Wind 资讯

图 2 - 3　淘宝 GMV 及其同比增速

资料来源：Wind 资讯

端共有 1.88 亿个活跃用户。2014 年第二季度阿里的移动端交易额超过 1 640 亿元，同比增长 300%，占总交易额 32.8%。阿里巴巴将巩固移动端地位作为其战略重点之一，并通过研发和战略投资继续扩大移动端的用户数量与活跃度。根据 CNNIC 数据，截至 2013 年 12 月 31 日，中国已拥有 5 亿手机用户，随着移动设备的普及，杰瑞认为阿里在移动端市场还有很大的增长潜力和想象空间。

然而，与 PC 端相比，阿里巴巴在移动端广告费率和变现率较低，2014 年第二季度移动端的变现率为 1.5%，低于国内零售市场总货币化率 2.5%，未来淘宝营收增速也依赖于移动端变现能力的提升。

另外，阿里巴巴也面临着来自腾讯和京东的竞争压力。2014 年 3 月，腾讯战略入股（15%）京东，并为京东开放了微信的流量入口。尽管目前阿里巴巴的电商优势尚未受到巨大威胁，但微信的"社交＋电商"模式有可能会逐渐蚕食阿里巴巴的市场份额[①]。招股书中也提及，尽管移动电商目前发展迅速，但属于新兴领域，用户的行为演变迅速，公司如果不能及时适应市场变化，可能会丧失相应的竞争力与市场地位。阿里巴巴需要提供高质量的产品和服务，才可能进一步巩固其在移动端的竞争优势。

其他业务

国际零售业务速卖通（Aliexpress）被认为是阿里巴巴扩展海外市场的机会。速卖通目前主要活跃在俄罗斯、美国、巴西等国家和地区。招股书显示，截至 2014 年 6 月 30 日的前 12 个月中，速卖通的交易规模达到 45 亿美元。尽管只占阿里巴巴营收总量的零头（约 2%），但其增长迅速，2014 年第二季度营收增速 100%，远高于其他电商业务（国内零售 45.83%、国内批发 34.79%、国际批发 18.44%）。速卖通在俄罗斯已成为最大的电商平台之一，根据 TNS

---

① 华尔街日报，引述自《外媒：阿里成功断言过早将面临腾讯移动端挑战》，2014 - 09 - 23。

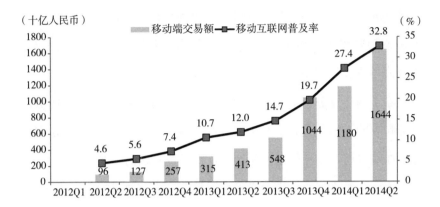

图2－4　阿里巴巴移动端 GMV

资料来源：Wind 资讯

市场研究报告，2013 年速卖通在俄罗斯的月均访问量达到 1 590 万，同比增长超过 3 倍，热度已超过俄罗斯本土最大电商 Ozon 和国际电商 eBay。

另外，杰瑞也关注到阿里巴巴的云计算和网络设施服务业务。阿里云目前提供包括弹性计算、数据库服务与存储，以及大规模集群计算等服务。马云曾表示阿里巴巴要做一家技术驱动而不是商务驱动的公司，将围绕云计算以及大数据建设生态圈。阿里云计算和网络设施服务 2014 年第二季度营收额为 2.36 亿元，在阿里巴巴的整体营收中占 1.5%，同比增长 35.6%。

目前并没有太多关于阿里云和亚马逊等技术实力对比的信息，但新闻显示，2013 年 10 月，阿里巴巴独立研发的飞天 5K① 计划已

---

①　飞天 5K 是由阿里云开发的大规模分布式计算系统，由 5 000 台服务器一起同时运行多个业务，拥有超过 10 万核计算的能力，单集群服务器规模到 5 000 台，100TB 排序能在 30 分钟完成，两倍于 Yahoo 曾创造的 71 分钟的世界纪录。

完成，成为世界上第一个可以对外提供 5K 云计算服务能力的公司。杰瑞不禁联想未来阿里云计算是否可以像云计算之于亚马逊一样，成为公司成长的新动力①。

除了内生业务，上市前阿里巴巴也进行了一系列多元化的战略投资和收购，涵盖电商、O2O、社交、视频、医疗健康、互联网金融、在线旅游、物流等多个领域。这些投资并购的主要目的：

第一，扩大用户规模、增强用户黏性，尤其是针对移动端用户，譬如投资新浪微博、UCWeb 等流量入口型企业。2014 年 6 月，新浪微博月度活跃用户数为 1.57 亿人，UCWeb 月度活跃用户数为 2.64 亿人。

第二，增进电商平台的服务能力，譬如组建菜鸟物流，投资海尔旗下的日日顺、新加坡邮政等，以及构建 O2O 闭环以实现线上线下的双向融合。

第三，拓展其他业务领域，譬如在文化娱乐、数字媒体方面，阿里投资视频网站优酷土豆（16.5% 股权），广州恒大 FC 足球队（50% 所有权）等。

第四，加快国际化进程，譬如投资美国电子商务公司 ShopRunner、移动聊天与通话应用 Tango 等。

对阿里巴巴的跨界投资，究竟是否能够达到预期目的，杰瑞有些质疑。在招股书或路演中阿里巴巴并没有明确说明该如何经营这

---

① 亚马逊云计算 AWS 于 2006 年推出，以 Web 服务的形式向企业提供 IT 基础设施服务，经多年发展已成为全球云计算服务领域的领先者。云计算是亚马逊增长最快的业务之一，未来有可能替代亚马逊零售业务成为最核心收入来源，也是推动亚马逊股价、提振投资者信心的主要因素之一。

些高价收购的企业以获取投资回报，也没有透露具体的整合措施，使得被收购企业可以快速融入阿里巴巴的生态体系。

合伙人制度

杰瑞了解到合伙人制度是阿里巴巴管理层确保公司控制权的一种创新制度，然而该制度对于投资人来说是好是坏，当下似乎难下定论。

2010 年，阿里巴巴 18 位创始人辞去"创始人"身份，在公司内部试行合伙人制度，取名"湖畔合伙人"（取自公司初创的地方湖畔花园）。和法律意义上的"合伙企业"不同，阿里巴巴的合伙人制度实质上是通过公司章程规定，由特定人群组成的特殊权力机构来维持和延续公司控制力的一种协议：以马云为首的核心高管组成的阿里巴巴合伙人可以提名董事会中的大多数董事人选，从而掌握公司控制权①。

根据阿里巴巴的公司章程，合伙人可提名公司的半数董事。合伙人对董事的提名交由股东大会最终决定，如果股东大会否决，合伙人有权继续提名直至股东大会通过，从而确保管理层对董事会的实际控制。在 IPO 前，阿里巴巴的董事会共有 9 人，其中 4 人为公司高管，其余为大股东和外部独立董事。在 IPO 后，阿里巴巴合伙人将再提名 2 人进入董事会，使得由合伙人提名的董事在董事会 11 席中占据 6 席。

如果要对公司章程中合伙人相关条款进行修改，须获得股东大

---

① 马广奇、赵亚莉：《阿里巴巴合伙人制度及其创新启示》，《企业管理》2015 年第 2 期。

会中95%以上的股东同意，而马云、蔡崇信两人持股就已占10%左右。同时，阿里巴巴合伙人与大股东软银、雅虎已达成协议，互相支持提名的董事当选，更加稳固阿里巴巴合伙人对董事会的控制力。

阿里巴巴管理层希望通过合伙人制度解决管理层的控制权隐患。马云曾这样回顾自己在创业中引入资本的经验教训："资本永远不能控制一家公司，资本只能为创业服务，而不能控制公司。"①马云对资本的态度也体现在阿里巴巴"顾客第一，员工第二，投资人第三"的原则上，他也多次重申上市后阿里巴巴将坚持这一原则。

表2-2 阿里巴巴合伙人分类

合伙人分类	具体描述
普通合伙人	符合阿里巴巴招股说明书中阐述的合伙人条件，享有权利并履行义务的合伙人
永久合伙人	一种特殊的合伙人，不需要服从普通合伙人60岁自动退休，离开阿里巴巴就自动退出两种条款的约束，目前仅有马云和蔡崇信两人
荣誉合伙人	由合伙人委员会在退休的普通合伙人中选举产生，无法行使普通合伙人权力，但是可获得奖金池的部分分配

资料来源：由长江商学院案例中心整理

阿里巴巴希望通过合伙人的群体性接班，确保公司文化价值观的传承。在港交所拒绝对其合伙人制度"网开一面"后，马云在内部邮件里写道："我们不一定会关心谁去控制这家公司，但我们关心控制这家公司的人，必须是坚守和传承阿里巴巴使命和文化的合伙人。我们不在乎在哪里上市，但我们在乎我们上市的地方必须支持这种开放、创新、承担责任和推崇长期发展的文化。"合伙人位处阿

---

① 王利芬、李翔，《穿布鞋的马云——决定阿里巴巴生死的27个节点》，北京联合出版公司，2014年10月。

里巴巴"权力金字塔"的顶点，通过将文化价值观作为晋升的选拔条件，意在激励年轻员工对公司文化价值观的认同和实践①。

然而站在投资者角度，合伙人制度意味着管理层架空了其他股东，尤其是中小股东的权力②。合伙人委员会、永久合伙人的设置，归根结底还是由马云、蔡崇信等"元老"决定，阿里30名合伙人虽然拥有独立投票权，但是决策时难免会受到马云的影响。

马云曾说过"希望阿里巴巴合伙人制度能在公开透明的基础上，弥补目前资本市场短期逐利行为对企业长远发展的干扰，给所有股东更好的长期回报"。但是如果未来阿里巴巴的接班人中没有马云这样有明确战略和强势领导力的领袖出现，合伙人们也可能"群龙无首"，能否做出最符合公司发展的决策就不得而知了③。

VIE 结构

除了合伙人制度，另一项让杰瑞在意的是阿里巴巴错综复杂的VIE 结构。VIE，全称 Variable Interest Entity，指的是境外注册的上市实体和境内的业务运营实体股权相分离，境外上市实体通过协议的方式控制境内的业务实体的公司结构。

阿里巴巴在美上市的实体是注册于开曼群岛的阿里巴巴集团控股有限公司。该上市实体100% 全资控股开曼群岛注册的淘宝控股有限公司，该公司又100% 全资控股香港注册的淘宝中国控股有限公

---

① 马广奇、赵亚莉，《阿里巴巴合伙人制度及其创新启示》，《企业管理》2015 年第2 期。

② Raymond Wang，《阿里巴巴的合伙人架构，到底怎么解读?》，钛媒体，2013 年9 月3 日。

③ 陈庆春，《还原阿里巴巴》，百度百家，2014 年9 月22 日。

司，香港的公司则 100% 控股中国境内注册的淘宝（中国）软件有限公司以及浙江天猫技术有限公司。在国内的浙江淘宝网络有限公司和浙江天猫网络有限公司，则分别与上述的淘宝（中国）软件有限公司以及浙江天猫技术有限公司签订了协议控制合同，成为阿里巴巴（开曼群岛）在国内的可变利益实体。这两家公司是由马云、谢世煌持股的全内资公司，持有外资受限的互联网相关业务牌照，负责阿里巴巴业务的实际运营。

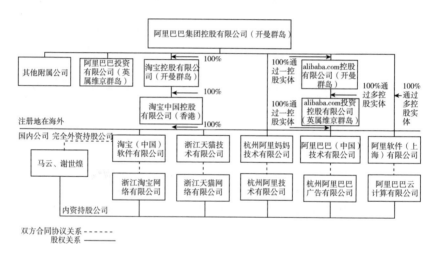

图 2-5　阿里巴巴 VIE 结构
资料来源：阿里巴巴招股书、财新网

　　VIE 处于较为尴尬的法律盲区，目前尚未有相关规定出台。2011 年 3 月，宝生钢铁撤销赴美上市申请，正是因为河北当地政府不认可该公司的 VIE 结构。2012 年年底，中国最高人民法院曾在一项裁决中判定一笔对民生银行投资使用的 VIE 结构无效。阿里巴巴上市前为化解有关 VIE 的疑虑，曾获取了一份关于 VIE 结构符合法规的法律意见书，但提供意见书的律师事务所也承认，"有鉴于中华人民共和国现行及未来法律的解释和应用，此处存在大量不确定因素"。

　　尽管 VIE 结构是否合法尚未可知，但由于 VIE 结构已被 TMT（Technology、Media、Telecom 的缩写，指科技、媒体和通信三个行业）等行业广泛使用，利益关系盘根错节，如果对 VIE 结构严格限制，可能会严重冲击相关行业，因此也有评论认为，监管机构对此可能会继续采取"默许"态度[①]。

　　曾经发生的"支付宝转移事件"也让杰瑞有理由担心阿里巴巴的 VIE 结构可能对股东权益的保障存在隐忧。2014 年 6 月，美中经济安全审查委员会曾向美国国会提交了《美国股票交易市场中的中国互联网公司的风险》的报告，指出"由于 VIE 结构的复杂性和目的性"，购买如阿里巴巴这样的中国互联网公司股票的美国投资者面临"重大的风险"。

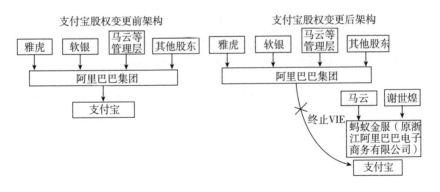

图 2-6　支付宝股权变更前后架构对比

资料来源：阿里招股书、华泰联合证券研究所

---

① 《到底什么是 VIE？让你一次看个够》，http：//tech2ipo.com/56981。

支付宝事件，引发了大众对马云的诸多指责，也掀起了海外投资者对以 VIE 架构海外上市的中国公司的质疑声浪。阿里巴巴的股东所依据的仅是一张协议控制合同，缺乏直接有力的维权途径①，中小投资者的利益又该如何保障？

阿里与支付宝

支付宝私有化后，实际控制人是阿里巴巴的管理层。2013 年 3 月，阿里巴巴以"浙江阿里"为主体筹建小微金融服务集团（含支付宝业务），并于 2014 年 6 月，更名为浙江蚂蚁小微金融服务集团（以下简称蚂蚁金服）。其注册资本金 12.29 亿元，股东为杭州君瀚股权投资合伙企业（57.86%）、杭州君澳股权投资合伙企业（42.14%）②。阿里巴巴与蚂蚁金服无直接股权关系，双方通过协议形式进行业务合作和利润分成（该协议于 2014 年进行了一定调整，见表 2-3）。

表 2-3　阿里巴巴与蚂蚁金服 2011 年 vs. 2014 年框架协议内容对比

2011 年和 2014 年协议内容对比	
2011 年框架协议及相关协议	2014 年 SAPA 协议及相关协议
流动性事件偿付	
阿里在支付宝 IPO 或者利益转让过程中获得相当于 37.5% 股权的价值	在蚂蚁金服或者支付宝完成合格 IPO 后，阿里可以在获得蚂蚁金服 33% 的股仅前选择接受一笔相当于蚂蚁金服 37.5% 股权价值的偿付
	阿里可以在获得 33% 股权前继续享有蚂蚁金服 37.5% 的利润

---

① STEVEN M. DAVIDOFF，《投资阿里须当心 VIE 结构法律风险》，纽约时报，http://cn.nytimes.com/business/20140507/c07alibaba-prof/，2014-05-07。

② 君澳的 LP（有限合伙人）包括陆兆禧、张勇、彭蕾等 24 位阿里高管，GP（普通合伙人）为马云独资持有的云铂投资咨询有限公司。君瀚 LP 为马云和谢世煌，GP 同为云铂投资。马云作为君澳和君瀚的 GP，可以行使投票权，进而掌握小微金服的投票权。

2011 年和 2014 年协议内容对比	
2011 年框架协议及相关协议	**2014 年 SAPA 协议及相关协议**
利润分享	
阿里享有 49.9% 支付宝及其子公司的税前利润	阿里享有蚂蚁金服及包括支付宝在内的子公司 37.5% 的税前利润
	在蚂蚁金服或者支付宝完成合格 IPO 后，阿里可以选择接受流动性偿付，或者在获得监管允许下继续分享利润
支付宝商业协议下的优先条款	
在优先协议下为阿里提供支付、托管服务	支付宝商业协议经济条款内容维持不变
50 年协议期，其后 50 年阿里选择是否重新续约	
SME 贷款业务相关现金流	
N/A（不适用）	阿里在 2015 年至 2017 年获得相当于日平均贷款余额 2.5% 的年费
	阿里在 2018 年至 2021 年获得相当于 2017 年年费的金额
潜在股权利益	
无接受直接股权利益可能	在蚂蚁金服取得中国政府监管许可下，阿里可以获得最多 33% 蚂蚁金服股权，同时有优先权在其合格 IPO 前维持此比例股权
	在阿里获得 33% 股权下，流动性事件偿付和利润分享自动终止，若少于 33% 股权，则两权利相应减少
	在 33% 完全股权及其优先权不超过 15 亿美元的情况下，阿里将会收到蚂蚁金服相应的支付金额，这部分支付金额适用于相应税收条款，并转化为相应股权，对阿里无现金流影响

资料来源：阿里招股书

　　考虑到阿里巴巴与蚂蚁金服的关联关系，杰瑞认为双方可能存在利益冲突的潜在风险。阿里巴巴在招股书的风险披露部分中承认，如果双方出现利益冲突，马云并不一定会站在阿里巴巴的利益角度来调停冲突。一旦支付宝取消对阿里巴巴的优先条款，或降低利润分成比例，阿里巴巴的利益将会受到严重损失。同时支付宝不排除为阿里巴巴的竞争对手提供服务的可能，而马云对蚂蚁金服的持股关系可能会阻碍阿里巴巴寻找到其他的第三方支付工具。此外，招股书也列出，支付宝面临的政策风险、顾客个人信息安全问题、小贷业务呆账坏账问题等潜在风险，均有可能对阿里巴巴产生负面影响。市场担心，蚂蚁金服和集团利益能否保持一致。

对此，马云通过股权激励的方式让阿里巴巴的员工持有蚂蚁金服股份（共40%），使得双方利益可以紧密结合，保持一致。与此同时，双方也协议，阿里巴巴在蚂蚁金服 IPO 后可获得后者 33% 的股权。然而这也引发了另一种市场担心，即阿里巴巴持有蚂蚁金服股权可能使双方的关联交易变得更加复杂，也可能导致利益输送等非规范性交易。

其实阿里巴巴近年来投资并购的企业达上百家，而这其中部分为马云个人名义或者关联资本进行的"曲线投资"，譬如马云发起的云峰基金均有参与投资优酷土豆、中信 21 世纪等。杰瑞认为，这些交易不受外界监管，考虑到阿里巴巴的 VIE 结构、合伙人制度以及曾发生的支付宝剥离事件，可能会给阿里巴巴的投资人带来一定的潜在风险。

阿里巴巴赴美上市

上市契机

杰瑞注意到，阿里巴巴并不是第一次上市。在 2007 年，阿里巴巴以 B2B 业务作为主体在香港上市，融资 116 亿港元，创港股融资之最。然而受制于中国出口贸易的起伏，又经历 2008 年金融危机，阿里巴巴的 B2B 业务表现一般，股价一路下跌。2012 年阿里巴巴选择以发行价退市，对私有化的 B2B 业务进行升级改造，并将战略重心转移到日益壮大的淘宝和天猫。

有评论认为，站在资本运作的角度来说，阿里巴巴"上市—退市—再上市"的资本战略对公司有利，在港融资进账 131 亿港元，回购花掉 180 亿港元，融资利率约为 8.5%，与银行贷款或发债相比成本差不多[1]。而且 B2B 业务退市后，阿里巴巴可以绕过烦琐的股东批准流程，更方便地进行并购和业务调整，为集团的整体上市提前做准备。

阿里巴巴集团的整体上市计划，和它与雅虎签订的回购协议有关。2005 年，雅虎以 10 亿美元现金、雅虎中国业务，置换阿里巴巴集团 40% 的普通股，成为公司的第一大股东。然而和最初双方期待相悖，阿里巴巴和雅虎的合作并不顺利，渐生嫌隙。马云凭借在董事会的两名席位（其余雅虎一名、软银一名）以及软银的支持，虽在董事会中主导公司的多数决策，然而控制权问题始终存在隐患。

---

[1] 《阿里巴巴的资本战略：从港交所退市是为了阿里帝国》，《国际融资》，2014 (11)。

2009 年，与马云私交较好的杨致远辞职雅虎 CEO、卡罗尔·巴茨上任后，雅虎与阿里巴巴的矛盾逐渐公开化。巴茨在第一次与马云会面时就公开指责他没有经营好雅虎中国。随后雅虎在阿里巴巴十周年庆之际公开抛售 1% 股权套现，以及力挺谷歌退出中国等事件使得双方的嫌隙日益加深。

2010 年 5 月，蔡崇信曾公开对媒体表示，阿里巴巴愿意回购雅虎所持有阿里巴巴的全部股份，但被雅虎拒绝。

2010 年 10 月，五年前与雅虎签订的换股协议中的诸多关键条款开始发生重大变化，譬如，马云不可辞退的承诺条款即将到期、雅虎可增加一个董事会席位，投票权也从当时条款约定的 35% 增至 39%，并拥有单一最多投票权。阿里巴巴管理层曾多次和雅虎就股份回购事宜进行谈判，然而雅虎不愿意轻易出售股份。

直到 2012 年，雅虎才最终接受阿里巴巴回购股权的要求。9 月，阿里巴巴以 63 亿美元的现金和价值 8 亿美元的优先股回购了雅虎所持有阿里巴巴集团的一半股份，同时一次性支付雅虎技术和知识产权许可费 5.5 亿美元现金，并签署了一系列有关支付宝的协议。为达成本次股权回购，阿里巴巴总计对外募资 59 亿美元，其中银行贷款 20 亿美元，股权融资 39 亿美元（可转换优先股和普通股），只有 9.5 亿美元现金来自集团的自有资金。

经此，雅虎持股比例降至约 24%，同时放弃了增加一名董事会席位的权利。雅虎和软银股份的投票权之和也低于 50%。阿里巴巴的董事会人员比例重新维持在 2∶1∶1（阿里高管∶雅虎∶软银），马云和阿里管理层重新掌握公司的控制权。

回购协议显示，阿里巴巴有望于 2015 年 12 月前整体上市，尽管协议中并没有约定阿里巴巴必须要上市的条款，但是一旦IPO，阿里巴巴将有权回购雅虎所持股份。雅虎2014年中报显示，雅虎所持剩余股份的50%[①]（2.615亿股股票）将向阿里巴巴集团售回或直接向IPO购买者出售（该选择权在阿里巴巴集团）。如果售回给阿里巴巴集团，每股回购价格为IPO发行价（减去特定费用和承销佣金）。

根据雅虎—阿里巴巴的协议：首先，IPO须至少筹集现金（扣除各类费用前）30亿美元；其次，阿里巴巴需要在香港证交所或美国证交所上市，或在特定情况下，中国内地上市；再次，IPO发行价必须比阿里回购雅虎股份的每股价格（13.50美元）溢价110%，即14.85美元；最后，其中一家全球IPO承销商由雅虎选择。

集团整体上市，除了能帮助阿里巴巴管理层进一步回购雅虎所持股份外，也对阿里巴巴的融资、业务发展、管理层的股权激励兑现等有着举足轻重的影响。在B2B业务退市，和雅虎达成了股权回购约定的背景下，阿里巴巴开始筹备集团的整体上市。

上市地点

根据雅虎—阿里巴巴协议，IPO上市地点可以是中国香港或美国，或特定情况下在中国内地。

中国A股上市的可能性较小。由于阿里巴巴采用VIE结构，母公司注册地在开曼群岛，严格来说是外商独资，没有资格在A股上市。此外，阿里巴巴本来的文件、期权方案都是按照境外规则设计，

---

① 2013年10月，雅虎与阿里巴巴集团更新了回购股份的协议安排，将原先雅虎承诺在IPO时优先出售给阿里巴巴集团的最高股份限额由原定的2.615亿股减少到2.08亿股；根据雅虎2014年第二季度报告，双方签订了第三次补充协议，约定在IPO结束后，阿里从雅虎优先受让的股票数量从之前的2.08亿股减少到1.4亿股。

A 股上市会涉及一系列法律协议的终止废除，需要支付惊人的税务和审计费用，并对股东雅虎、软银付出相应对价，成本极高①。

港股上市，成为阿里巴巴和外界一度都十分看好的选择。相较美股，港股的监管政策更加温和，集体诉讼、监管风险较小，阿里巴巴曾有 B2B 业务在港上市的经验，相对也比较了解港股的市场环境。同时，阿里巴巴在华人圈名气响亮，可免去"教育"投资者关于"阿里巴巴是谁"的麻烦。

然而，阿里巴巴港股上市所面临的最大障碍就是其独特的合伙人制度。该制度使公司管理层在持股比例相对较少的情况下有权提名半数以上的董事会成员，这与港股市场的同股同权原则相冲突。马云曾多次与港交所谈判希望"破例"，但最后港交所还是拒绝了阿里巴巴的请求。

2014 年 3 月，阿里巴巴集团发表声明，宣布正式启动在美国的上市事宜。阿里巴巴融资额度巨大，只有大型交易所可以消化，而在全球大型证券交易所里，美股对上市公司股权结构的要求相对而言灵活性较高。譬如出于对公司创始人控制权的保护考虑，允许上市公司 AB 股发行（即对外部投资者发行的 A 类股票为一股一票的投票权，而创始人持有的 B 类股票为一股 N 票——通常为 10 票——的投票权）。同时，考虑到纳斯达克曾因技术问题"搞砸"Facebook 的 IPO②，为确保 IPO 万无一失，阿里最终选择了纽交所。

2014 年 5 月 7 日，阿里巴巴集团正式向美国证券委员会（SEC）

---

① 吴嫒丽、蓝裕平，《阿里巴巴美国上市——典型的市场现象》，《国际融资》，2014（11）。

② 阿里巴巴的上市故事，36氪，http://36kr.com/p/215464.html，2014 – 09 – 19。

提交了 IPO 招股书。招股书显示，阿里巴巴集团上市范围内的主要业务包括：淘宝网、天猫及聚划算（国内 2C 业务），alibaba.com（国际 B2B 业务），1688.com（国内 B2B 业务），阿里云（云计算及相应网络设施服务），Aliexpress（国际 2C 业务）。

表 2-4　A 股、港股、美股上市地选择的对比分析

		优点	缺点
A 股		近两年热捧 TMT 行业，估值不断走高，对科技企业有利，已逐步掀起中概股回归热潮 国内创业板的平均市盈率高达 141 倍 vs. 中概股在美国上市为 30～50 倍（普华永道 2015 年 6 月报告） IPO 核准制向注册制改革	阿里需拆除 VIE 结构，进行"红筹回归" 拆除 VIE 结构技术复杂，涉及一系列议的终止、废除等诸多法律问题，需要付出相应的对价，面临极大的法律风险和税务风险 软银和雅虎希望有便捷的退出渠道，国内外汇管制严格，退出渠道艰难 A 股对一些外资交易尚有限制，可能不利于阿里巴巴的国际化进程 A 股不允许双重股权制度 A 股上市结构偏重传统型行业，行业转型期，给股市带来一定压力
港股		阿里 B2B 板块曾在港上市，熟悉港股环境 较美股，集体诉讼、监管风险都更小 投资者对阿里巴巴熟悉	阿里合伙人制度违反港股同股同权原则，需要香港政府、香港交易所、香港财经事务及库务局等机构通过，审核时间可长达数年甚至数十年之久
美股		美股相较 A 股上市门槛较低，盈利指标要求宽松 股市呈现高科技和新兴产业驱动，投资者较为追捧高科技、互联网股票，看重企业增长潜力 通过 VIE 结构在美上市较国内上市节约时间，缩短与资本对接时间 包容的股权文化，允许类似阿里合伙人制度的 AB 股制 阿里的同业者也主要在美国上市，如京东、百度等	监管体系和股民集体诉讼体制健全，监管严格 美股投资者相对 A 股、港股投资者对阿里巴巴的业务和发展情况不够熟悉了解

资料来源：由长江商学院案例研究中心整理

估值、定价与承销计划

关于阿里巴巴的上市估值，2014 年 4 月 21 日，《金融时报》撰文分析称[①]，若将阿里巴巴横向与腾讯、亚马逊、Facebook，以及日本乐天进行对比，根据这些公司的市盈率和阿里巴巴 2013 年的利润计算，其估值为 1 410 亿～1 760 亿美元；2014 年 6 月，美国投资顾问公司晨星（Morningstar）预估阿里巴巴的上市市值将达到 2 200 亿美元，而通过雅虎市值倒推计算，阿里巴巴上市市值应在 1 400 亿美元左右。

（亿美元）

图 2-7　上市前利用雅虎市值估算的阿里估值
资料来源：Wind 资讯

2014 年 9 月 18 日晚，阿里巴巴发行价最终确定为 68 美元，市值为 1 680 亿美元。对比市场给予阿里巴巴 1 400 亿～2 200 亿美元的估值区间，阿里 IPO 定价显得较为保守。《21 世纪经济报道》记者

---

①　FT 中文网，转载于 http：//tech. qq. com/a/20140421/021777. htm，2014 - 04 - 21。

引述一位接近阿里路演核心事务的人士称，"阿里巴巴会尽一切力量避免出现两年前 Facebook 上市时的局面"。①

Facebook 的 IPO 由于发行价定价昂贵而盈利增长空间不及预期，上市后惨遭破发，历经了 14 个半月才重回发行价以上，被誉为一场"灾难性"的 IPO。终点科技公司（Endpoint Technologies）分析师罗格尔·凯伊（Roger Kay）指出②："马云非常精明，他注意到了 Facebook 在其 IPO 交易中所遭遇的困境，不希望阿里巴巴重蹈覆辙。因此，更好的做法是设定较低的定价，让股票在挂牌后上涨，而不是让公众投资者觉得他们支付的价格过高。"

9 月 19 日，阿里巴巴正式登陆纽交所，股票代码"BABA"。本次 IPO 新发行 123 076 931 份 ADS（美国存托股票），雅虎、马云、蔡崇信等阿里巴巴现有股东出售老股 197 029 169 股，此外，承销商还获得 48 015 900 股 ADS 的超额配售权（包括阿里巴巴 26 143 903 股 ADS 新股和雅虎、马云、蔡崇信出售的 21 871 997 股老股）。在完全行使超额配售的情况下，IPO 完成后，阿里巴巴流通股数量为 368 122 000 股 ADS，总股本 24.66 亿股（加上所有优先股和可转换股，全面摊薄后阿里总股本为 25.71 亿股）。

阿里巴巴上市首日即受到市场追捧，以 92.7 美元的价格开盘，较 68 美元/股的发行价上涨 36.32%，随后价格直线上升，一度逼近 100 美元，最终以 93.89 美元价格收盘，市值达到 2383.3 亿美元，

---

① 《21 世纪经济报道》，《阿里谨慎定价：不想成第二个 Facebook》，http：//tech. 163. com/api/14/0917/03/A6AJQ53I000915BF. html，2014 - 09 - 17。

② 《外媒：阿里巴巴压低 IPO 定价以免重蹈 Facebook 覆辙》，腾讯财经，http：//finance. qq. com/a/20140909/001227. htm，2014 - 09 - 09。

超过了当时 eBay（650 亿美元）和亚马逊（1 531 亿美元）市值之和。阿里巴巴 IPO 融资规模为 250.3 亿美元，成为美股最大规模 IPO（超越此前 VISA 的 179 亿美元融资额），其中由集团获得的融资额为 101.47 亿美元（包含承销费用）[①]。

雅虎在本次 IPO 中以发行价 68 美元公开出售了所持有的 1.4 亿股股票，最后获得约 63 亿美元税后收入，出售后依然持有 3.83 亿股（约 15%）的阿里巴巴集团股份（雅虎在 2015 年曾提出剥离所持有的阿里股份成立一个单独的公司 SpinCo 的计划，但后来该计划被美国国税局驳回）。

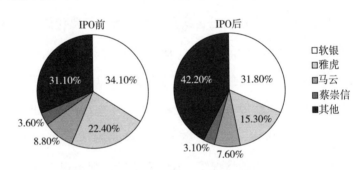

图 2 - 8　IPO 前后阿里巴巴股权结构变动
注：IPO 后数据来自 2015 年阿里巴巴年报。
资料来源：Wind 资讯、阿里巴巴年报

和一般的 IPO 相比，阿里巴巴的 IPO 承销计划较为不同。首先，和一般只指定 1 家到 2 家投行作为主承销商的方式不同，阿里巴巴

---

　　① 阿里巴巴招股书披露，在没有超额配售的情况下，阿里巴巴管理层在 IPO 中出售 18 700 000 股普通股，总持股比例从 14.6% 降至 13.1%，其中马云个人出售 1 275 万股份，经 IPO 稀释后持股比例从 8.8% 降到 7.8%。雅虎出售 121 739 130 股，持股比例从 22.4% 减至 16.3%。而阿里最大股东软银在此次 IPO 中没有出售任何股票，持股比例从 34.1% 摊薄至 32.4%。

为了更好地掌控承销过程，最终启用了六家投行作为主要承销商为其"保驾护航"，包括瑞信、摩根士丹利、摩根大通、德意志银行、高盛和花旗，并为每个投行分配了相应的角色和份额，避免某一投行承担过大业绩压力或几家投行互相"倾轧"。

其中，瑞信作为牵头行，和摩根士丹利负责招股说明书的内容，以及监管上市后的禁售期；摩根大通主要负责估值与发行的结构（即老股与新股的比例等）；高盛负责制定底价，并有权决定是否行使超额认购权；巴克莱担任做市商，负责在纽交所协调场内交易员；其他投行则负责路演、承销员工培训等事项。除了以上 6 家投行作为承销商主力，阿里巴巴 IPO 中也另外选择了 14 家投行进行了少量股份的承销①。

其次，阿里巴巴 IPO 承销费率较低，这与其 IPO 规模较大有关。IPO 后阿里巴巴提交给美国证监会的文件显示，承销商赚取的佣金（包含超额配售的部分）占 IPO 融资总额的 1.2%，达 3.004 亿美元。通常而言，较小规模的 IPO 承销费率可达到 4%～5%，如阿里巴巴的竞争对手京东（4%，2014 年在美 IPO，融资 18 亿美元）、百度（7%，2005 年在美 IPO，融资 1.09 亿美元），而较大规模的 IPO 费率则可低至 1% 左右，如 Facebook160 亿美元的 IPO 的费率为 1.1%。付给承销商的佣金中，集团将支付其中 1.218 亿美元的承销费，出售股权的股东支付另外的 1.786 亿美元。

---

① 这另外的 14 家为：中银国际（BOCI）、中金（CICC）、法国里昂证券（CLSA）、新加坡星展银行（DBS Bank）、汇丰银行（HSBC）、日本瑞穗（Mizuho）、太平洋寰冠证券（Pacific Crest）、加拿大皇家银行（RBC）、美国 Stifel、美国富国银行（Wells Fargo）、法国巴黎银行（BNP PARIBAS）、美国投资银行（Evercore）、美国雷杰投资银行（Raymond James）、美国太阳信托罗宾逊汉弗公司（Suntrust Robinson Humphrey）。

此外，本次阿里巴巴 IPO 也采用了绩效奖金的形式。阿里巴巴付给承销商的佣金中约 5 000 万美元以绩效奖金形式发放给六大承销商，从而补偿承销商们为此次 IPO 付出的额外时间。据悉，其中瑞士信贷和摩根士丹利各获得 22.5%（1 100 万美元），摩根大通和高盛各获得约 18% 的激励费（约 900 万美元），而德意志银行获得约 10%，花旗集团 9% 左右①。

9 月 22 日，阿里巴巴的 IPO 承销商团队完全行使了额外 15% 的超额配售权②，在超额配售的 4 800 万股股票中，阿里巴巴集团增发了 2 614 万股，其余股票则来自雅虎、马云、蔡崇信等股东。通过超额配售，承销商也获得了额外配售股票的相应佣金。

尾声

杰瑞最终决定认购阿里巴巴股票，他将投资阿里巴巴视作一次投资中国经济的机会，毕竟，2014 财年的财报数据表现良好：平台上完成的商品成交总额达 1.68 万亿元人民币，超过亚马逊和 eBay 之和，实现 525.04 亿元人民币收入和 234 亿元人民币利润，净利润率高达 44.57%。然而，他也隐约有些担心，阿里巴巴 IPO 一"票"

---

① 《传阿里巴巴向 6 家投行支付 5 000 万美元激励费》，http://tech.sina.com.cn/i/2014 - 09 - 29/11229657946.shtml，援引彭博社消息，2014 - 09 - 29。
② 超额配售选择权的主要作用在于通过调整新股供需，稳定股价，有助于抑制一二级市场的投机行为。当股票上市后价格暴涨，承销商可选择以发行价行使期权，从发行人购得 15% 的股票冲掉自己超额预售的空头，将股票分配给事先提出认购申请的投资者，从而增加新股供给，此时股票发行量为原定发行量 115%，承销商收取相应超额配售部分的佣金；当新股破发，承销商将不行使期权，而是用事先认购超额配售的投资者的资金，从二级市场以市价购入股票并分配给投资者，从而支撑股价并对冲空头，股票实际发行量与原定发行量相等。

难求现状的背后，市场是否给予了太多期待，而低估了潜在的市场风险。

教授启示

阿里巴巴在美IPO，无疑是中概股赴美上市热潮中最受瞩目、最具代表性的事件之一。阿里巴巴当时创下美股IPO融资之最，代表了美国资本市场对阿里巴巴这家企业的认可。对于阿里巴巴来说，上市的过程中牵涉了不同资本市场的优劣选择，几大股东之间的谈判、博弈，以及独特的合伙人制度如何与市场上的原则对接等问题。这些都是很好的有关中概股赴美上市的镜鉴。

马云在上市之际高调提出的"顾客第一，员工第二，投资人第三"似乎并没有影响投资者的热情，上市时"一票难求"的盛况一定程度上代表了投资者的认同。但是，当我们把视线从2014年延伸到2016年就会发现，阿里巴巴的股价曾在IPO后破发并在很长的一段时间持续低迷，而最近伴随G20峰会和最近一季度的财报又持续走高。站在投资人的角度，在看到投资机遇的同时，也会有着各种各样的担忧：阿里巴巴未来业务的增长空间、架空股东合法权益的合伙人制度、复杂的VIE结构、支付宝私有化事件投射的阴影等。

资本与管理层的控制权之争是西方成熟的资本市场永恒的话题。在中国，支付宝的剥离以及最近的宝万之争都让创始人、管理层及各类投资者开始深度思考这个话题。资本是"双刃剑"。一方面，资本的参与可以加速企业的发展。可以毫不夸张地说，没有从高盛到软银到雅虎的各类资本的早期参与，就没有阿里巴巴的今天。另一方面，资本的控制可能会对企业的运营产生负面的影响。比如雅虎与阿里最大的争执在于企业的定位，雅虎投资阿里的愿景是中国最大的搜索门户网站。也可以毫不夸张地说，如果雅虎得到了对应其40%股权的控制权，也不会有阿里巴巴的今天。另外，整个管理团队不到15%的股权也很难持续激励管理层，保持公司的活力。蔡崇信曾表示，"雅虎对阿里巴巴一点贡献都没有。我们不希望阿里的团队做得这么辛苦，做出来的40%利益全部是给雅虎拿去了。"虽稍有过河拆桥之嫌，但多轮融资后资本的高度控股确实给阿里的团队激励带来了极大挑战。

不谈情怀，不谈资本逐利的对错，让我们单单从金融学的角度来思考一下资本与控制权之争。其实，公司的股权调整、控制权设置都应围绕两大问题：如何将蛋糕做大？如何分蛋糕？这两个问题又相辅相成，更需要动态调整。一方面，如何分蛋糕会很大程度地影响蛋糕到底能做多大。比如说引入战略合作者会增加项目的资源，增加员工激励可以更好地调动员工积极性，增加资本投资者可以加速企业的发展。但是，所有这些举措都会降低大股东的股份和控股权。如果大股东失去对公司的把控，公司可能会陷入迷途。成功的大企业往往有一个相当强势的创始人，从马云到乔布斯到王石和任正非，他们都是企业的灵魂。另一方面，蛋糕做多大又会影响该如何分蛋糕的问题。理论上讲，分蛋糕的问题由初始的股权结构决定。但是当不同投资人对公司的贡献发生改变的时候，股权结构是否应该适量调整？

以阿里巴巴与雅虎的关系为例，当初阿里接受雅虎投资的时候还有其他的选择，但是雅虎的搜索流量和技术优势让马云很难拒绝，10亿美元的投资规模在当时更是史无前例，强大的资金优势让淘宝可以持续 3 年免费策略，在 eBay——易趣在已有 90% C2C 市场占有率的先发优势下抢占市场，奠定了淘宝成功的基础。所以，很难说在 2005 年签订协议的时候，条款对谁更有利。时隔五年，雅虎显然是大赢家。投资阿里的部分远远超过了雅虎其他所有业务的总和。而对阿里来说，雅虎的战略优势已荡然无存。那是否还应该让雅虎占有 40% 的股份？是否该引入不同的战略合作者？是否该增加员工激励以期更好地留住和激励员工？支付宝的转移以及跟雅虎的后续谈判是马云对这个问题的回答。

纵观全球资本市场，对企业的控制权是所有创始人的诉求。各地的区别只在于不同的制度会催生不同的表现。美国允许 AB 股，也就是允许一部分股权有超强投票权。从谷歌到脸书，很多高科技公司都采取这种方式来保障创始人的绝对控制权，这也是阿里放弃熟悉的中国香港市场远赴美国上市的主因。这种模式的优势是直接透明。在接受投资者的资金的同时，非常明确地告诉投资人他们永远不可以控制公司。这种模式的致命伤是对创始人缺乏制约。这种制度下，如果大股东想剥离支付宝，不用任何人的同意。那投资者又如何能放心地投资呢？答案是，对制度的尊重是契约精神。投资者对制度有基本的信任，相信法律可以制约创始人，保护投资者。投资者更对创始人有基本的信任，相信他们和创始人不是对立而是合作伙伴，共同的目标在于做大蛋糕而不是纠结于谁分多一点。美国的创始人也会尽量减少可能的利益冲突，哪怕只是为了减少可能的法律纠纷。他们很少会同时设立几十个公司，在每个公司有不同的占股，而每个公司之间又有千头万绪的联系。当你在 A 公司占股 8%，B 公司占股 80% 的时候，在 A 和 B 的业务往来上很难保持中立。最好的辩护是不要把自己放入这样的境地。

这种模式的另一个缺点是对创始人能力的依赖。如果创始人随着时间的推移慢慢失去了对市场的把控，或者他们的继承人没有同样的管理能力，投资者除了用脚投票卖出公司股票以外，对公司没有任何制约。学术研究表明，除了上述的高科技企业外，很多这样的 AB 股企业比行业内其他企业的运营更差，企业估值更低，尤其在制度制约力较弱的拉丁美洲国家。

而亚洲国家从保护投资者的目的出发，大多不允许 AB 股，要求所有资金有相同的投票权。但是创始人对控制权的诉求永远存在，在有融资需求的情况下，磨合的结果就是所谓的"金字塔结构"：母公司拥有子公司 30%～50% 的股权，作为最大股东就有实际的绝对控制权，子公司又通过同样的架构控制一批孙公司，一层层下来，母公司可以实际控制所有的附属公司，虽然往往只拥有底层公司很少的股权。虽然金字塔结构和 AB 股殊途同归，这种结构的不透明性往往让小投资者更无所适从，也给监管增加了难度。

赴美上市热潮刚刚消退，中概股回归的盛况已如火如荼。"你方唱罢我登场，反认他乡是故乡。"不管在何地何时上市，如何在资金需求、融资成本和股权控制之间达到一个平衡是所有创始人都面临的挑战。美国的 AB 股，中国的"隐形金字塔"，都是创始人保持控制权的利器。对投资者而言，如何在创始人的绝对控制权下保障自己的利益，则是所有投资人的必修课。阿里上市以后每季度业绩远超上市时所有分析师的预期，但有很长时间股价低迷，甚至破发，不能不说是投资者在对治理结构缺乏信任的情况下用脚投票的自我保护措施。

"甲之蜜糖，乙之砒霜。"

新东方："浑水"做空保卫战

指导教授：张维宁 案例作者：杨燕 案例截稿：2013 年 12 月

【案例主旨】 包括浑水公司在内的美国做空机构频频对中概股发难，主要还是由于这些公司本身存在种种极易被做空的"漏洞"，其中之一便是"信息不对称"，即公司在信息方面对投资者保留太多。希望通过新东方面对浑水做空机构攻击的系列反应以及反思的案例，帮助中国海外上市公司提升披露策略。

【案例正文】

美国东部时间 2012 年 7 月 18 日（星期三），著名的做空机构浑水公司（Muddy Waters Research，以下简称浑水）向纽交所所有的注册读者发布了一份针对新东方教育科技集团（以下简称新东方，NYSE：EDU）的、长达 96 页的质疑报告。当日，新东方股价大幅跳水 35.02%，收报 9.47 美元，创 5 年新低。而就在前一日（星期二），因美国证券交易委员会对新东方调整 VIE 结构进行调查，引发股价暴跌 34.32%。在这惊心动魄的 48 小时里，股价跌幅高达 69%，市值蒸发过半，且成交量由平时的 114 万放大到周二的 3 064 万，以及周三的 6 938 万（见图 3-1）。

结合图3-1中所标识的事件序列号，我们通过一张时间表来简单回顾一下这次新东方事件的始末（见图3-2）。

（成交量：股）

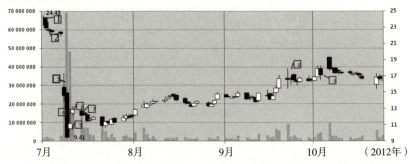

图3-1 新东方股价和成交量

资料来源：雅虎财经，由长江商学院案例研究中心整理

序列	日期	交易量	涨跌幅	收盘价	事件简介
1	7/11	2 547 100	-2.05%	22.9	新东方披露其VIE结构变更
	7/12	1 752 200	-1.13%	22.67	
2	7/13	1 455 200	-0.93%	22.44	SEC对新东方的VIE结构变更展开调查（未披露）
3	7/16	3 039 200	-0.85%	22.26	新东方公布季报，其中披露了SEC对其VIE结构变更的调查；浑水发布针对新东方的质疑报告（主要针对VIE结构、加盟店、财产权、北京地区税收等）；新东方回应浑水质疑
	7/17	30 648 500	-34.32%	14.61	
4	7/18	69 388 100	-35.02%	9.47	
5	7/19	48 191 400	17.89%	11.25	1）新东方宣布股票回购计划
6	7/20	18 154 900	15.27%	12.91	2）新东方宣布成立特别独立委员会针对浑水质疑点进行调查
	周末				
7	7/23	12 922 600	-5.58%	12.21	全美律师事务所代表投资者向新东方发起诉讼
	⋮				
	9/30	周末			新东方公布了特别独立委员会调查结果，称没有找到证据支持浑水质疑点
8	10/1	9 548 800	-0.42%	16.61	
	⋮				
9	10/12	4 646 200	-4.51%	17.15	新东方发布2012年财报，披露了SEC对其VIE并无异议
	周末				
	10/15	10 047 300	4.38%	17.9	

图3-2 新东方事件回顾时间表

资料来源：由长江商学院案例研究中心整理

浑水究竟出具了一份怎样的报告，可以在顷刻间让新东方的股价一泻千里呢？而新东方作为"受害人"对此又会做出怎样的回应呢？市场参与者们，诸如中小投资人、机构投资者、分析师、媒体、会计师、律师等事前事后又是如何反应的？

导火索

整件事的起源要追溯到事件发生的一个星期前，即 7 月 11 日，新东方宣布其在国内的 VIE 结构发生变更。VIE 结构，也称为"协议控制"。由于中国互联网和教育行业在外资准入方面的限制因素，在美上市的互联网公司和教育公司大多采用 VIE 结构，即境外注册的上市公司通过在境内建立的全资子公司（以下简称 WFOE）与国内业务实体签订一组协议，从而可以间接"控制"国内业务实体（见图 3 - 3）。新东方这次宣布变更的有关其在国内的业务实体，即"北京新东方教育科技（集团）有限公司"（以下简称北京新东方），原先 10 位注册股东通过无对价协议的形式将其名下股份转至新东方的创始人、董事长兼总裁俞敏洪一人名下，即俞敏洪成为北京新东方的唯一控制人。

俞敏洪在公告中称，因为原先注册股东很多已经离开新东方，因此简化股权可以进一步强化公司架构从而达到对国内业务全面控制的目的，并强调结构调整对公司及其股东没有影响，同时对北京新东方合并入公司财务报表也不会产生影响。

然而仅仅在两日后，即 7 月 13 日 SEC 便向新东方出具了调查函。根据新东方在 17 日季报上的披露，SEC 此次是针对"公司是否有充足的依据将其 VIE 及其附属机构合并入公司财务报表"。SEC 对

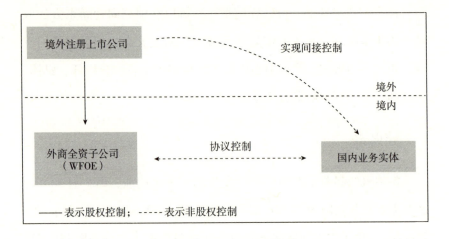

图 3 - 3　VIE 结构简图

资料来源：长江商学院案例中心

VIE 结构调整如此敏感，主要归因于 2011 年发生的支付宝事件，以及 2012 年上半年双威教育将 VIE 控制下国内业务实体的资产和现金私自转移的恶性案例。因此在 17 日新东方季报一经披露，市场犹如被投入了一枚重磅炸弹，顿时炸开了锅。不仅新东方个股下跌惨烈，更是引发中概股集体跳水。当日 i 美股（imeigu 网络）中概 30 指数（ICS30）下跌 5.97%，新浪跌 7.29%，奇虎跌 5.97%，优酷跌 10.99% [①]。

浑水攻击

浑水公司是一家专门以"做空"在美上市的中国公司为目的的调查机构。"浑水"这个名字源自中国成语"浑水摸鱼"，寓意在美国上市的中国公司大多有各种问题。2010 年因其成功"猎杀"数家

---

① 资料来源：雪球网。

中国公司，因而在资本市场名声大噪。（请参考附录：做空机构"猎杀"的部分中国赴美上市公司名单。）

2012年7月18日，也即新东方陷入VIE风波的第二日，浑水便"落井下石"地给新东方开出了一份"重症诊断书"。其威力之大，除了在于这份卖空报告受众之广——所有注册在纽交所的投资者，其"恰当"的发布时间、敏感而丰富的质疑内容都在显示浑水对此番攻击"蓄谋已久"，浑水在报告中也"大方地坦白"其早在发布报告的6个月前就已经开始对新东方展开实地调查了。

浑水针对新东方的这份质疑报告主要包括以下几个要点：

1. 浑水引用了2012年6月新东方的CFO（首席财务官）谢东萤的一段电话录音，录音中谢东萤称，"2011年650所学校及学习中心完全归新东方所有"。但是浑水经过调查认为其宣称的所有店面全部直营是在撒谎，并举证新东方的特许加盟业务已经遍布在很多城市，但是公司从未对此类加盟做出任何信息披露。浑水质疑新东方将加盟店收入当作直营店收入合并入了公司财务报表。

2. 浑水通过举证财税部门相关政策规定以及其与北京税务官员的求证结果，认为新东方在北京地区的学校不属于"授予学历的民办教育"范围，因此并不能同公立学校一样享受税收减免政策，质疑其在税收的问题上有造假嫌疑。

3. 浑水将新东方的控制协议与百度的进行比较，认为新东方的VIE结构"非常糟糕"，控制协议条款约束力非常薄弱，公司对其国内的业务实体并没有实质的控制权。为此浑水举证如下（请参考浑水报考第27~29页）：

百度公司的"运营协议"实质性地赋予了其 WFOE（即百度在线）对其国内业务实体（即百度网络）的控制权。协议内容包括"百度在线有权指派百度网络的高级管理层；百度网络必须任命由百度在线推荐的候选人担任其董事会成员……百度在线同意百度网络与第三方做任何形式的商业安排，作为报答百度网络将其应收账款以及所有资产抵押给百度在线……"（参考百度 2011 年年报第 63 页），而"新东方这样的控制条款很少"（EDU has few such controls）。

Operating Agreement

Pursuant to the operating agreement amongst Baidu Online, Baidu Netcom and the nominee shareholders of Baidu Netcom, Baidu Online provides guidance and instructions on Baidu Netcom's dailyoperations and financial affairs. Baidu Online has the right to appoint senior executives of Baidu Netcom. The nominee shareholders of Baidu Netcom must appoint the candidates recommended by Baidu Online as their representatives on Baidu Netcom's board of directors. In addition, Baidu Online agrees to guarantee Baidu Netcom's performance under any agreementsor arrangements relating to Baidu Netcom's business arrangements with any third party. Baidu Netcom, inreturn, agrees to pledge its accounts receivable and all of its assets to Baidu Online. Moreover, Baidu Netcom agrees that without the prior consent of Baidu Online, Baidu Netcom will not engage in any transactions that could materially affect the assets, liabilities, rights or operations of Baidu Netcom, including, without limitation, incurrence or assumption of any indebtedness, sale or purchase of any assets or rights, incurrence of any encumbrance on any of its assetsor intellectual property rights in favor of a third party or transfer of any agreements relating to its business operation to any third party. The agreement shall be in-effect for an unlimited term, until the term of business of one party expires and is denied extension by the relevant approval authorities.

百度公司的"代理协议"中表明百度网络的股东同意由百度在线在所有事物上拥有代理投票权，而"新东方没有这样的条款"（EDU has no such agreement）（请参考百度 2011 年年报第 64 页）。

Proxy Agreement/Power of Attorney Agreement

Pursuant to the proxy agreement between Baidu Online and the nominee shareholders of Baidu Netcom, the nominee shareholders of Baidu Netcom agree toentrust all the rights to exercise their voting power to the person（s）designated by Baidu Online. The nominee shareholders of Baidu Netcom have each executed an irrevocable power of attorney to appoint the person（s）designated by Baidu Online as their attorney – in – fact to vote on their behalf on all matters requiring shareholder approval. The proxy agreement shall be in effect foran unlimited term unless terminated in writing by Baidu Online earlier. The power of attorney shall be ineffect for as long as the nominee shareholders of Baidu Netcom hold any equity interests in Baidu Netcom.

新东方的股权质押在上市时没有办理工商登记，直到上市 5 年后为避免浑水攻击才于 2012 年 5 月补办。

4. 浑水认为"根据《民办教育促进法》（以下简称《民促法》），新东方经营的学校属于非营利性质，因此在其做清算时资产归属国家所有……根据中国会计法不能将此类学校资产合并入财务报表"（请参考浑水报告第 11 页）。

除此之外，这份报告中还举证了新东方与同行相比"虚高"的毛利率，甚至还包括一些其他指责，例如浑水认为中国国家安全局"威胁"他人进行反欺诈调查，且将其对新东方调查一事暗地里通报，以致新东方"破天荒"地公布了其上市以来首次分红计划。（报告详细资料请参考：http：//www. muddywatersresearch. com/research/edu/ini-tiating - coverage - edu/）

新东方回应

策略一：媒体澄清

与大洋彼岸连续两日的"风起云涌"相比，新东方在此事上似乎显得有些"平静"。北京时间 7 月 19 日下午，俞敏洪在北京公司总部小范围地召开了媒体见面会，就 VIE 调整以及浑水的部分质疑首度做出了回应。

俞敏洪强调 VIE 股权结构调整对公司股东利益没有任何影响，"新东方正积极配合 SEC 进行调查，相信 SEC 会做出公平、公正的判断"。

关于浑水对新东方"加盟店"的质疑，俞敏洪表示，凡是冠以新东方品牌的学校，全部是直营的，而其旗下的子品牌"泡泡少儿"和"满天星"有授权加盟，分别是 19 家和 2 家。这 21 家加盟学校除加盟费外，其自身的营业收入从未反映在公司的财务报表中。对于浑水公布的新东方 CFO 谢东萤否认有加盟店的录音，俞敏洪称是断章取义。

对于"税收优惠"的质疑，俞敏洪称，除了北京地区的学校因历史沿革问题享有一定优惠外，其余的学校都是按国家规定缴纳税收的。

之后俞敏洪在其微博中表示：

1. 新东方没有私有化退市计划。

2. 尽管本人不喜欢上市，但上市了就必须一心一意经营。

3. 新东方学校全是直营店，泡泡少儿在一些非直营城市的合作校，只把合作费并入财报。

4. 新东方一直守法纳税经营。

5. 新东方尊重美国证监会关于 VIE 调查，努力保护投资者利益。

6. 不管发生什么事情，学生和员工利益高于一切。

（节选自俞敏洪新浪微博）

此次回应抑制了连续两日的暴跌局势，美国时间 7 月 19 日新东方股票大幅反弹 17.89%，盘中一度涨逾 20%，当日报收 11.25 美元。

策略二：股票回购

北京时间 7 月 20 日晚，新东方宣布由董事长兼 CEO 俞敏洪、CFO 谢东萤、董事兼执行副总裁周成刚、执行总裁陈向东和高级副总裁沙云龙组成的公司高管，计划在未来三个月内动用个人资金在公开市场回购价值总计 5 000 万美元的公司美国存托股（American Depositary Shares，ADS），并承诺 6 个月之内不会出售所持股票。俞敏洪称："我们对公司业务的发展前景充满信心，这次购股计划体现了我们的信心。"此次的主动出击使得当日收盘股价上涨 15.27%，报 12.91 美元。同日，新东方还宣布成立特委会，组织独立调查浑水指控事项。

背景调查

VIE 结构

无论是 SEC 的调查，抑或浑水的攻击，其"炮火"都是集中在新东方的 VIE 结构上。VIE 似乎成了悬在赴美上市的中国公司头顶上的一把达摩克利斯之剑，随时有危及性命的风险。新东方 CFO 谢东萤说："我猜想或许 SEC 认为公司此次的 VIE 结构调整类似去年马云支付宝事件，但两者是完全不一样的。"

新东方 VIE 结构

新东方此次 VIE 结构调整在于简化国内业务实体（即北京新东方）的股权结构，由原先的 11 位股东变成俞敏洪一人所有（见图 3-4）。据消息人士称，"此次 VIE 结构调整是由俞敏洪主动提出的，之所以其他股东同意无对价转让这部分股权，一方面是这 10 个人的确淡出了新东方管理，如果继续维持原有模式，新东方将在公司年检、签署协议、管理账号过程中遭遇麻烦，并未影响境外上市公司股东的利益；另一方面海外上市公司才是真正的利益实体，其控股国内的公司股权结构并没有实质价值。也就是说，此次调整 VIE 结构，俞敏洪也就很容易获得其他投资人认同并通过，这跟支付宝事件完全是两码事情"。①

---

① 资料来源：引用"腾讯科技"。

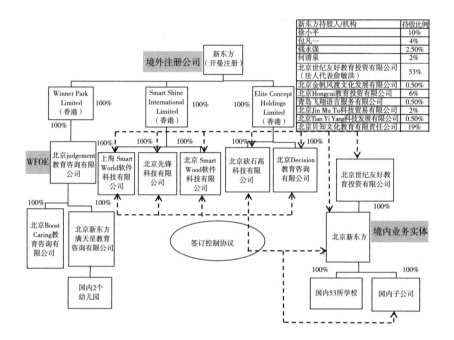

图 3 - 4　新东方 VIE 结构
资料来源：新东方 2012 年年报第 46 页

　　当然，SEC 或是美国投资者对 VIE 结构调整的担心也不无道理，毕竟现在整个国内业务实体股权掌控在俞敏洪一个人手上，这时候企业家的个人素养便成了关键。另外，虽然 SEC 并未要求公司必须对类似"VIE 的股权结构"做出信息披露，但目前整个资本市场处在对 VIE 高度敏感的气氛下，公司在处理此类问题的时候更应该加倍小心，提高在此方面的披露透明度，避免投资者"胡思乱想"。

　　协议控制

　　根据事发前的年报披露，在投票代理权上，新东方确实没有类似百度的条款；另外，股权质押注册也是在浑水攻击前两个月才完成的。从微观面上看新东方的确有疏忽之嫌。但从宏观面上来看，VIE 结构或"协议控制"，其本身就是"游离"于政策的灰色地带。VIE 结构实际上是企业为了躲避政策限制、实现海外上市而设计出来的；而"协议控制"也只是作为股权控制的一种变通手段，但并不能从真正意义上保障境外投资者的利益。因此拿百度来比较，似乎并不存在所谓的"高低、好坏"之分。

商业模式

在中国的教育市场中，"直营＋加盟"已经成为教育机构经营的主流商业模式。"调查发现，培训教育连锁品牌中 80％已采用了特许经营方式，超过 60％的连锁品牌在直营与特许方式选择上有个共同点：总部所在城市常常以直营为主，总部以外的地区以特许加盟为主。"[①] 当然选择直营或是加盟的商业模式对公司经营发展各有利弊。直营的最大好处就是可以使教学质量得到较好的控制，而加盟的最大好处便是可以使业务规模得到快速的扩张。

在会计准则上，直营店和加盟店有很大的不同。直营店的经营业绩（包括收入、成本、资产、负债、现金等）能完全体现在统一的财务报表中，而加盟店只有加盟费部分并入报表。而这点不同有时会使财报上的数据产生天差地别。这也便是浑水为何在新东方的加盟问题上大做文章的原因。

通过我们查阅事发前有关新东方的一些报道发现，外界普遍认为新东方是"全直营"的商业模式。而根据《第一财经日报》引用

---

① 资料来源：节选于《2012—2016 年中国教育培训连锁行业最新商业模式及投资机会研究报告》第 388 页。

俞敏洪在 2011 年 10 月给新东方全体员工的电邮内容，"集团泡泡少儿教育推广管理中心从 2009 年起开始进行了加盟连锁授权形式的探索，目前，我们在全国已有 19 家合作学校……"，可见新东方在事发前已然不完全是直营店模式在经营。加盟店的试验对自称为"全直营"的公司来说应该是件大事，意味着其不再是单一的商业模式，因此不披露出来确实有些不妥。新东方在回应中对不披露的原因解释为加盟费的占比不到 0.1%。① 虽然这样的解释在会计法上说得过去，但是到底多少的占比才需要披露呢？对于这点完全是由公司自己拿捏的，对细项做不做披露也完全是自愿性的。

譬如，在新东方财报中对经营收入细分的时候，是以 10% 为分界线的（见表 3 – 1），将收入不逾项合并作为"其他收入"，而对其中各小项收入并未做出披露。

与新东方财报比较，环球雅思在未退市前，其在细分收入的披露上要详细很多。对于收入占比不足 10% 的部分——"加盟、留学咨询服务和教材出售"（见表 3 – 2），每一项都做了比较详细的披露，例如加盟费的收入占比"Franchise fees accounted for 3.5%, 2.3% and 2.2% of our total net revenues in 2008, 2009and 2010"（请参考环球雅思 2010 年年报第 46 ~ 47 页）。

Discussion of Segment Operations

In our management's view, we operate through five operating segments that offer distinct educational services, consisting of language train-

① 在截至 5 月 31 日的 2010 财年及 2011 财年，新东方记入的加盟费营收分别为 3.5 万美元及 24.9 万美元，占总营收比分别为 0.009% 及 0.045%。

ing and test preparation courses, primary and secondary school education, content development and distribution, online education and overseas studies consulting. We have two reportable segments, namely, language training and test preparation courses and primary and secondary school education. We aggregate content development and distribution, online education and overseas studies consulting as others as each of the seoperating segments does not exceed 10% of our total net revenues, net income or total assets.

表3-1 新东方收入细分（年度截至12月31日）

（单位：千美元）

净收入：	2009 年	2010 年	2011 年
语言培训和应试课程	255 842	337 209	485 563
小学和初中教育	8 620	9 860	13 766
总计	264 462	347 069	499 329

资料来源：新东方2011年年报第52页

表3-2 环球雅思收入细分（年度截至12月31日）

（单位：千美元）

	2008 年		2009 年		2010 年		
	人民币	净收入占比	人民币	净收入占比	人民币	美元	净收入占比
教育项目和服务	148 361	90.70%	229 491	93.20%	321 848	48 765	93.10%
加盟费，出国留学咨询、服务，以及图书和课程资料销售	15 278	9.30%	16 739	6.80%	23 737	3 595	6.90%
净收入总计	163 639	100%	246 230	100%	345 575	52 360	100%

资料来源：环球雅思2010年年报第3页

民办教育

剩余财产权问题

在《民办教育促进法》（以下简称《民促法》）还未实施之前，国务院《社会力量办学条例》（以下简称《社办》）第 43 条规定：教育机构清算后的剩余财产，返还或者折价返还举办者的投入后，其余部分由审批机关统筹安排，用于发展社会力量办学事业。根据这一规定，民办学校清算后的剩余财产，出资人只能得到其投入部分，而对办学期间增值部分的资产，不能享有所有权。

新的《民促法》第 59 条规定：民办学校终止并进行财产清算时，在清偿"应退受教育者学费、杂费和其他费用""应发教职工的工资及应缴纳的社会保险费用""偿还其他债务"后，剩余财产，按有关法律、行政法规的规定处理。但目前的相关法律、法规尚未出台。

我们对比已废止的《社办》，现有的《民促法》在民办学校的剩余财产归属权上并没有明确规定。而从浑水报告上看，其对新东方财产权质疑的举证似乎"借用"了废止的《社办》条例内容。

企业性质

我国《教育法》第 25 条规定：任何组织和个人不得以营利为目的举办学校及其他教育机构；《民促法》第 3 条规定：民办教育事业属于公益事业。由此可见，在我国不允许有以营利为目的（即非营利性的）的民办学校存在。虽然在法律上民办学校的出资人可以从学校结余中取得一定的合理回报，但对取得合理回报下的企业是否可以算成营利性质等，并没有明确规定。作为新东方这样的上市公司，显然在企业性质上是有冲突的。因此对于教育机构来说，除了外资准入限制的缘由以外，通过设计 VIE 结构实现间接上市也是主要原因之一，更是无奈之举。

税收优惠

在浑水报告的附件中，我们发现了两份值得一读的文件。一份是2004 年发布的《财政部、国家税务总局关于教育征收政策的通知》（以下简称《通知》），另一份是北京海淀的新东方学校填写的《北京市民办非企业单位年度（2011）检查报告书》（以下简称《年度检查报告》）。《通知》中列出了各项税收优惠的收入类别，对于教育类机构只有从事学历教育的学校所取得劳务收入可以免征营业税，而新东方所提供的教育范围大多不在其中。另外在《年度检查报告》的第 6 页中"是否享受税收优惠政策"一栏，学校填写为"无"。但浑水报告中提供的新东方北京海淀学校利润表可以看到，税收比例远小于法定的 25%（见表 3 - 3）（注：中国会计准则要求非营利机构报表税收计入其他开支一项，不单独列出来）。

新东方在其 2012 年年报中对此做了简单说明："北京海淀学校自创立以来至 2012 年 5 月 31 日没有被要求缴纳企业所得税"。但这项税收优惠并没有任何文件支持，因此应该属于和政府的"口头约定"。我们从以往的年报中可以看出，新东方似乎对税收优惠这块表达得较为含糊，例如 2011 年年报中"在一些城市中的学校按照标准 25% 缴纳企业所得税，而在另一些城市中，我们的学校按标准的 2% ~ 3% 缴纳或者减免税收……在我们四大主要城市中，武汉按照标准缴纳企业所得税，上海的学校自 2007 年以来也是按照标准缴纳……"（参考 2011 年年报第 48 页），其中并没有提及其他两个城市的税收比例。因此新东方对税收项目的不清晰化，也便成了浑水发难的缘由。

In some cities, our schools are subject to a standard enterprise income tax rate of 25% (which was 33% priorto January 1, 2008), while in other cities, our schools are subject to a 2% to 3% tax on gross receipts in lieu of the standard enterprise income tax or are exempted from the enterprise income tax. Among our schools in the four major cities from which we derived a majority ofour revenues in each of the past three fiscal years ended May 31, 2008, 2009 and 2010, our school in Wuhan has been subject to the standard enterprise income tax, andour school in Shanghai has been subject to standar denterprise income tax rate since the beginning of 2007.

"口头约定"本身具有一定的不确定性。假若其失效，北京地区学校将按照 25% 的税率缴纳所得税，那么对公司的利润影响将会是巨大的——其净利润和每股盈利将减少超过 10% 以上（见表 3 -4）。

表 3 -3　北京海淀区学校利润表　（单位：千元人民币）

2009 年	2010 年	2011 年	
服务收入	729 106	974 846	1 289 496
其他收入	13 135	25 395	43 704
总收入	742 241	1 000 241	1 333 200
销售成本	337 167	518 618	700 682
行政管理开支	109 714	217 371	293 779
募款开支	1 908	3 584	5 257
其他开支	563	930	1 596
% 占盈利百分比	0.19%	0.36%	0.48%
总成本和开支	449 352	740 503	1 001 314
净资产变化	292 889	259 738	331 886

资料来源：浑水报告第 13 页

表 3 – 4 按 25% 税率下对新东方利润和 EPS 的影响

（单位：百万美元）

	2009 年	2010 年	2011 年
净利润（调整前）	101. 77	77. 79	61. 02
EPS（调整前）	0. 099 1	0. 076 2	0. 059 9
北京地区所得税缴纳（25%）	12. 46	9. 51	10. 7
净利润（调整后）	88. 31	68. 28	50. 31
EPS（调整后）	0. 086	0. 066 9	0. 049 4
净利润/EPS 减少比例	– 13. 23%	– 12. 23%	– 17. 55%

注：对于北京地区利润转换，我们按照三个会计年度人民币汇率的中间价均值，分别为 6. 658、6. 829 和 6. 840。

资料来源：由长江商学院案例研究中心整理

新东方信息披露变化

强制性信息披露：公司年报

比较事发之后新东方最新一期年报（即 2012 年年报）与以往年报的内容，我们发现 2012 年年报，新东方在公司结构、控制协议、财产所有权、加盟店、税收等信息披露上更加具体、详细，且披露用词也相对更加精准了一些。而"恰巧"的是，这些都和浑水报告中对新东方的质疑点有关。以下，我们来总结一下新东方在年报信息披露上进行了哪些改善。

1. 更"精准"的措辞

所有"consolidated affiliated entity，即可合并的附属实体"在 2012 年年报中全部更换为"variable interest entity，即可变利益实体 VIE"。

所有"subsidiaries，即子公司"在 2012 年年报中全部扩展为

"schools and subsidiaries，即学校及子公司"。Business Dictionary. com
对 subsidiary 的解释为 "An enterprise controlled by another through the
owner ship of greater than 50 percent of its voting stock，即其母公司必
须拥有至少50% 以上具有表决权的股权"。很显然 "协议控制" 下
的公司关系并不等同于股权控制关系，因此单用 subsidiaries 来涵盖
所有新东方的附属机构并不准确。

C. Organizational Structure – FY2012 – 45 页

Substantially all of our operations are conducted in China through
contractual arrangements between five of our wholly owned subsidiaries in
China，New Oriental China（our variable interest entity）and New Orien-
tal China's schools and subsidiaries and shareholder.

C. Organizational Structure – FY2011 – 40 页

Substantially all of our operations are conducted in China through our
contractual arrangements with our consolidated affiliated entity，New Ori-
ental China，and its subsidiaries，as well as through our seven wholly
owned subsidiaries in China。

2. 层次清晰的公司组织结构说明

以往年报中对组织结构说明没有界清从属关系。例如，Beijing
Boost Caring 和 Beijing New Oriental Stars 事实上为 Beijing Judgment 的
下属子公司，但在 2011 年年报中并没有提及。2012 年年报按照其公
司架构图（见图 3 –4）更为清晰地说明了新东方与各个子公司之间
的控股关系。（请参考 FY2012 – 第 45 页）

3. VIE 结构并表收入贡献

在 2012 年报表中，新东方列出了过去三年（即 2010 年、2011

年和2012年）其国内业务实体对公司总收入的贡献百分比（分别是98.9%、97.2%和97.2%）。这在以往的年报中从未出现过。（请参考FY2012–第47页）

In the fiscal years ended May 31, 2010, 2011and 2012, New Oriental China and its schools and subsidiaries contributed in aggregate 98.9%, 97.2% and 97.2%, respectively, of our total net revenues. New Oriental China is our variable interest entity which is directly wholly owned by Century Friendship, a PRCdomestic company controlled by Mr. Michael Minghong Yu, our founder, chairman and chief executive officer.

4. 强调"协议控制"的存在意义

在用词上也更加强调公司对国内业务实体的"绝对"影响力和控制权，同时也对国内业务实体的股权转让做了新的说明，即"公司可要求北京新东方的股东向公司授意的第三方转让股权"（见表3–5）。这项新增的补充说明，在某种程度上也降低了投资者对新东方俞敏洪一人股权独大的担忧。

FY2012–47页

· have power to direct the activities that most significantly affect the economic performance of New Oriental China and its schools and subsidiaries;

· receive substantially all of the economic benefits from New Oriental China and its schools and subsidiaries in consideration for the services provided by our wholly owned subsidiaries in China;

· have an exclusive option to purchase all or part of the equity interests in New Oriental China, when and to the extent permitted by PRC law, or request any existing share holder of New Oriental China to transfer all or part of the equity interest in New Oriental China to another PRC person or entity designated by us at any time in our discretion.

FY2011 – 44 页

· exercise effective control over New Oriental Chinaand its subsidiaries;

· receive a substantial portion of the economic benefits from New Oriental China and its subsidiariesin consideration for the services provided by our wholly owned subsidiaries in China;

· have an exclusive option to purchase all or part of the equity interests in New Oriental China, in each case when and to the extent permitted by PRC law.

表 3 – 5　控制协议意义比较

2011 年（第 42 页）	2012 年（第 13 页、第 47 页、第 77 页）
公司对北京新东方及其子公司执行有效的控制	公司有权采取措施在最大限度上参与北京新东方及其学校和子公司的经济业绩
通过向北京新东方及其学校和子公司提供服务的方式获取其大部分的经济利益	通过向北京新东方及其学校和子公司提供服务的方式获取其几乎全部的经济利益
在法律准许的条件下，有权收购北京新东方部分或全部股权	在法律准许的条件下，有权收购北京新东方部分或全部股权，或可要求其股东向公司授意的第三方转让股权

资料来源：新东方 2011 年年报、2012 年年报，由长江商学院案例研究中心整理

5. 关于控制协议的内容

协议内容被提前：在以往年报中，关于控制协议具体内容是放在"Item 7. Major Shareholders and Related Party Transactions – B. Related Party Transactions – Contractual Arrangements with New Oriental China and Its Subsidiaries and Shareholders",即第七项中。而2012年年报,此项内容被提前到第四项"Item4. Information on the Company – C. Organization Structure"。

在2012年年报中明确说明变更VIE结构后的股权质押协议已在工商管理局北京海淀分局注册。而在以往的年报中对股权质押协议并无有关注册的说明(请参考FY2012 – 第47页)。

2012年年报中对服务协议做了详细的分类。商标授予协议、招生注册系统服务协议、教育软件销售协议,以及新加入的其他运营服务协议被整合归纳为"服务协议"的门类下,且对每项服务协议签订的数量、服务收费标准、最新收费情况等都做了披露。例如招生注册系统服务,"截至2012年5月31日总共有23个新协议……服务费用等于相关费率乘以注册学生数量……目前费率为每个学生60元"(请参考FY2012 – 第48页)。

New Enrollment System Development Service Agreements. Since 2005, Beijing Decision has entered into new enrollment system service agreements with certain schools of New Oriental China, under which Beijing Decision agreed to provide new enrollment system development and regular maintenance services to the schools of New Oriental China for a fee calculated based upon the number of enrollments. For the fiscal year ended May 31, 2012, there were 23 new enrollment system service agreements. These agreements may be renewed by both parties to the agreements. The service fees are equal to the applicable fee rate multiplied by the number of student enrollments. The fees under the agreements are subject to the periodic review by our group financial department and are typically reviewed and adjusted each year. If no adjustment is made, the most recent fee rate will apply. For the fiscal year ended May 31, 2012, the fee rate was up to RMB60 per new student enrollment.

6. 引用"天元律师事务所"意见

强调其"VIE 结构"和"控制协议"的合法性和有效性（请参考 FY2012 – 第 13、49、61 页）。以往年报从未有过。

In the opinion of Tian Yuan Law Firm, our PRC legal counsel

· the corporate structure of New Oriental China and its schools and subsidiaries and our wholly owned subsidiaries in China are in compliance with existingPRC laws and regulations;

· the contractual arrangements among our wholly owned subsidiaries in China, New Oriental China and its schools and subsidiaries and the shareholder of New Oriental China are valid, binding and enforceable under, and do not violate, PRC laws or regulations currently in effect.

强调民办学校财产清算所有权非国家所有，"根据我们在中国的法律咨询机构天元律师事务所的意见，《民促法》自 2003 年 9 月 1 日出台以来，从未有任何一家民办学校清算后财产划归政府所有的案例发生"（请参考 FY2012 – 第 37 页）。以往年报从未有过。

Before the Law for Promoting Private Education took effect in 2003, the Regulations on Schools Run by Different Sectors of Society had provided that uponliquidation, the residual assets of a private school after the original investment had been returned to the sponsor would be used by the relevant PRC government for the development of private education. However, this is no longer the case, as Article 68 of the Law for Promoting Private Education expressly abolished the Regulationson Schools Run by Different Sectors of Society. Asadvised by Tian Yuan Law Firm, our PRC counsel, since the Law for Promoting Private Education became effective on September 1, 2003, there has been no case in China where a private school became state property or was otherwise appropriated by a government authority upon liquidation.

7. 关于民办学校相关内容

在涉及税收以及学校留存收益时，以往年报中只是针对民办教育的收益性质进行分类，即"要求合理回报"和"不要求合理回报"。而 2012 年年报列举了各类别下新东方学校的具体数目。"截至 2012 年 5 月 31 日，'不要求合理回报'的学校共 22 家，'要求合理回报'的学校有 2 家，其余未分类……"以往年报从未有过。

At the end of each fiscal year, every private school is required to allocate a certain amount to its development fund for the construction or maintenance of the school or procurement or upgrade of educational equipment. In the case of a private school that requires reasonable returns, this amount shall be no less than 25% of the annual net income of the school, while in the case of a private school that does not require reasonable returns, this amount shall be equal to no less than 25% of the annual increase in the net assets of the school, if any. Private schools that do not require reasonable returns shall be entitled to the same preferential taxtreatment as public schools, while the preferential taxtreatment policies applicable to private schools requiring reasonable returns shall be formulated by the finance authority, taxation authority and other authorities under the State Council. To date, however, no regulations have been promulgated by the relevant authorities in thisregard. As of May 31, 2012, 22 of our schools electedas schools not requiring reasonable returns, 24 of our schools elected as schools requiring reasonable returns, and the remaining schools are not classified. Preferential tax treatments granted to our schools by governmental authorities are subject to review and may be adjusted or revoked at any time in the future.

2012 年年报中新加入了 "Sponsorship of Private Schools, 即民办学校发起人" 披露，其中重点说明了北京新东方对其学校的控制权，以及清算后学校财产所有权问题（参考 FY2012 – 第 37～38 页）。原文主要部分翻译如下：

"根据《民促法》及补充条例，创建民办学校的个人或企业被称为'发起人'。截至 2012 年 5 月 31 日，北京新东方是 53 家学校的发起人……民办学校的发起人权益实际上基本等同于公司的股东权益……根据规定，发起人投资成为学校财产，而学校具有独立法人地位。发起人对学校拥有最终控制权……

"《民促法》在 2003 年未实施之前，发起人按原有投资得到清偿后的剩余资产在清算时划归政府相关部门作为未来教育发展基金使用。但是，现行法律第 68 条已经废止了这种做法……国家对发起人在民办学校清算时的索取权上并没有明确的法律规定……尽管存在法律不确定性，我们认为得不到所有清偿的可能性非常低。新东方学校没有接受过政府或第三方的出资或捐赠。《民促法》自 2003 年 9 月 1 日出台以来，从未有任何一家民办学校清算后的财产在未经发起人同意的情况下划归政府所有的案例发生。我们以前没有、将来也不打算清算任何学校。如果真的需要，我们也会通过转卖的方式分拆学校。"

8. 关于加盟店内容

在 2012 年年报中，公司业务下"其他业务"的分类中加入"品牌合作"（即加盟）一项。这也是新东方在年报中第一次承认"加盟店"的存在。

"2010 年 1 月 1 日，我们试验性地在某些小城市允许第三方以'品牌合作'的形式提供'泡泡少儿英语'与'满天星幼儿'的课程。这些学校及学生人数并没有统计入新东方名下。截至 2012 年 5 月 31 日，品牌合作学校共计 21 家。过去三年其加盟费与培训费计入公司收入分别为：35 000 美元、279 000 美元、81 000 美元。"

9. 关于税收方面

在 2012 年年报中新东方也特别对北京海淀学校的税收状况做了解释，即"北京海淀学校自创立以来至 2012 年 5 月 31 日没有被要求缴纳企业所得税"。

自愿性信息披露：新闻披露

新闻披露是上市公司投资者关系中不可或缺的一项重要内容，旨在向外界（包括投资者、媒体、分析师等）发布一些有关公司运营的"有价值"的消息。新闻披露一方面可以帮助外界了解企业的近况（例如发布的业绩报告、人事变动等）、将来的计划（例如并购、分拆等），另一方面也可以提升企业在资本市场中的曝光率。

我们从新东方投资者关系网页中搜罗了其上市以来所有的新闻

披露。2009—2011年每年12条，而在事件发生年（即2012年）发布新闻17条（见图3-5）。从数据上来看，似乎新东方被攻击后与外界交流变频繁了；而实际从内容上看，事发当年所增加的主要还是围绕事件本身的披露。新东方历年的新闻披露内容几乎都是有关于公司的业绩报告，这与美国本土上市公司的新闻披露相比，显得有些单调。

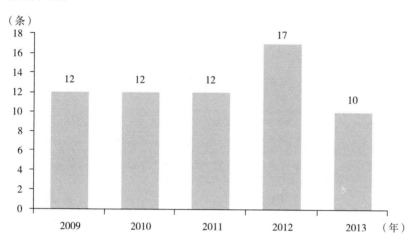

图3-5 新东方新闻发布条数

资料来源：新东方投资者关系网页，由长江商学院案例研究中心整理

我们对比了华盛顿邮报（见表3-6）以及其旗下教育机构Kaplan（见表3-7）的新闻披露，其内容除了业绩报告之外，还涉及企业投资、并购、资产出售，甚至具体到图书出版、学校奖学金颁发、学历授予等运营信息。

表3-6 华盛顿邮报新闻披露

日期	内容
2013年8月5日	Jeffrey P. Bezos将收购华盛顿邮报
2013年8月2日	华盛顿邮报披露第二季度财报

日期	内容
2013 年 6 月 18 日	华盛顿邮报将收购 Forney 公司
2013 年 6 月 8 日	华盛顿邮报将投资 Faith Street. Com
2013 年 5 月 3 日	华盛顿邮报披露第一季度财报
2013 年 3 月 4 日	华盛顿邮报完成将《国际先驱论坛报》 （The Herald）出售给 Sound 出版公司的交易
2013 年 2 月 22 日	华盛顿邮报披露 2012 年第四季度财报
2013 年 2 月 6 日	华盛顿邮报同意将《国际先驱论坛报》出售给布莱克出版公司（Black Press Ltd.）

资料来源：华盛顿邮报投资者关系，由长江商学院案例研究中心整理

表 3-7　Kaplan 新闻披露

2013 年 8 月	内容
8 月 26 日	Kaplan 大学从 1963 年开始在华盛顿帮助 King Center 辅导学生功课
8 月 23 日	Kaplan 大学向健康科学学院、文理科学院、商学院引进新的学位课程
8 月 21 日	Kaplan 大学公共安全学院与国际消防员协会合作向所有接受高等教育的协会成员给予费用和时间上的便利
8 月 2 日	Kaplan 备考服务中心（Kaplan Test Prep）第四期通往"商学院之路"课程将于 8 月 6 日开课，它将给这些未来的 MBA 学生们进入商学院带来竞争力
2013 年 7 月	
7 月 31 日	Kaplan 收购 Grockit 社会学习平台和备考服务资产
7 月 29 日	Kaplan 备考服务中心调查：当下的法律预科学生想要在法律教学中寻求改变，他们渴望非传统的就业机会，更中意于强制性的公共免费法律服务以及更珍惜种族多样性
7 月 1 日	从 Kaplan 大学毕业的夫妻能够为他们的孩子创造更好的未来
2013 年 6 月	
6 月 27 日	Kaplan 大学商业和技术学院突破性的游戏化试验项目在学生参与度以及成绩方面取得了显著效果
6 月 25 日	介绍 Mount Washington 学院：由在教育创新领域的世界领导者支持的提供高质量学位项目但只需要更少费用的全国网络高等教育模范
6 月 24 日	美国最高法院将平权法案案件回拨给下级法院，与此同时，Kaplan 备考服务中心调查发现 60% 的大学申请者表示种族多样性是他们考虑学校时的一个重要因素

2013 年 6 月	内容
6 月 18 日	Kaplan 大学技术学院加速器科学组宣布：最初公司被选为顾问和商业发展的公司
6 月 12 日	随着美国国会众议院顺利通过了一项具有长远意义的平权行动法案，Kaplan 备考服务中心发现 60% 的大学申请者认为种族多样性是他们考虑学校时的一个重要因素
6 月 10 日	即将到来的 GED2014 年大检查工作：那些没有高中学历的人将必须通过更大的努力才能通过此次考核
2013 年 5 月	
5 月 17 日	Kaplan 大学宣布，承诺在 2013—2014 年提供 100 万美元的奖学金用于资助 KU 护士学校的学生

资料来源：Kaplan 新闻编辑，由长江商学院案例研究中心整理

而新东方在内容和披露时间上似乎都有所保留。譬如"关于VIE 结构调整的启动时间是在 2011 年 12 月，2012 年 1 月完成股权变更，股权质押协议也是在 2012 年 5 月注册成功，但相关新闻披露是在之后的 7 月"。又譬如"2012 年 7 月，新东方将旗下品牌'精英英语'卖出的消息也只在 10 月的年报中披露出来"。而在披露频率方面，美国本土公司也略胜一筹，华盛顿邮报平均每年 17 条，Kaplan 平均每年达 30 条左右。

比较奇虎 360："速度与股情"

连续两日的"强心针注射"，虽然挽回了新东方几日前失落的部分阵地，但其股价依然没有回到事发前的位置。这与 2011 年同样遭遇做空的奇虎（NYSE：QIHU）公司相比，新东方的反应似乎显得"迟缓"了一些。

奇虎一共遭遇做空机构香橼（Citron Research）6 次攻击。在受

到首轮攻击后，空方得势，股价下挫 10.34%，而奇虎当日晚便做了回应，次日多空势均，维持前日收盘价。两个礼拜之后的第二次攻击，奇虎及时的反击使得当日收盘上涨 4.47%。第三回合股价仅下跌 0.52%，而第四、五、六回合都以奇虎的完胜告终。相比奇虎的"迅猛"，新东方的首轮回应是在市值蒸发过半的两日之后。而从涨跌幅的程度来看，奇虎的股价经过这 6 个回合的较量，累计上涨 4.99%，而新东方累计下跌 36.18%（见表 3 - 8）。

表 3 - 8　奇虎、新东方遭遇做空涨跌幅统计对比

奇虎360					新东方		
回合	日期	涨跌幅	攻击	回应	日期	涨跌幅	回应
1	2011.11.01	-10.34%	√	√（当日晚）	2012.07.17	-34.32%	
	2011.11.02	0			2012.07.18	-35.02%	
	涨跌幅合计	-10.34%			2012.07.19	17.89%	√
2	2011.11.15	4.47%	√	√	2012.07.20	15.28%	√
3	2011.12.05	-3.87%	√		跌幅总计	-69.34%	
	2011.12.06	3.35%		√（开盘前）	涨幅总计	33.16%	
	涨跌幅合计	-0.52%			涨跌幅总计	-36.18%	
4	2011.12.07	-1.43%	√				
	2011.12.08	2.51%		√			
	2011.12.09	4.95%		√			
	涨跌幅合计	6.02%					
5	2012.02.23	4.69%	√	√			
6	2012.03.16	0.67%	√	×			
跌幅总计		-15.64%					
涨幅总计		20.63%					
涨跌幅总计		4.99%					

资料来源：长江商学院案例研究中心

市场反应

中介机构反应

分析师追踪率和机构评级

一般来说，投资者都会比较关注那些被多个分析师追踪的股票，而往往会忽视那些没有或者被较少分析师追踪的股票。好像电影明星一样，其片酬高低往往是与粉丝多少成正比的。另外，机构对公司股票的评级又会左右着投资者的决策。

根据 WRDS 数据库提供的每股盈利（EPS）的年预测数据，我们收集到了历年对新东方评级的分析师名单，将其汇总之后平均到每月，于是便得出了每月的分析师追踪数目（见图 3-6）。可以看出，新东方自上市以来得到了越来越多分析师的关注，尤其 2010 年（即中概股海外开始遭遇做空）和 2012 年（即新东方的事发年）。

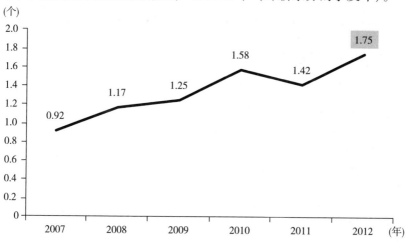

图 3-6　分析师月追踪数量

资料来源：WRDS 数据库，由长江商学院案例研究中心整理

根据 StreetInsider. com 提供的证券公司对新东方股票评级数据，我们发现在事发之前较多的机构给予新东方正面的评级（统计共9家，而负面评级只有4家），例如"买、强于大盘"。而事发之后恰恰相反，较多的机构下调了新东方的评级（见表3-9）。

表3-9　分析机构评级

评级上升	序号	评级下降
Oct 15, 2012 10：45 AM UPDATE：Oppenheimer Upgrades to Outperform（表现优胜）	1	Jul 18, 2012 07：17 AM Jefferies Downgrades to Hold（持有）
	2	Jul 18, 2012 06：53 AM Oppenheimer Downgrades to Perform（一般表现）
	3	Jul 17, 2012 07：21 AM Baird Downgrades to Neutral（中性）
事件发生（2012年7月17日）		
Oct 26, 2011 10：52 AM UPDATE – Nomura Securities Upgraded to Buy（买入）	1	Oct 19, 2011 08：15 AM Goldman Sachs Downgrades to Neutral（中性）
Oct 25, 2011 10：47 AM Nomura Securities Upgrades to Buy（买入）	2	Oct 5, 2010 07：12 AM Goldman Sachs Downgrades to Neutral（中性）
Jun 6, 2011 07：34 AM Baird Upgrades to Outperform（表现优胜）	4	Jan 20, 2010 08：07 AM Credit Suisse Downgrades to Neutral（中性）
Oct 19, 2011 07：46 AM Wunderlich Securities Upgrades to Buy（买入）	3	Feb 24, 2010 10：02 AM Citi Downgrades to Hold（持有）
Apr 6, 2011 10：14 AM Goldman Sachs Upgrades to Conviction Buy（买入）	5	
Jan 20, 2011 08：26 AM Susquehanna Upgrades to Positive（正面）	6	
Feb 5, 2010 08：32 AM Brean Murray Upgrades to Buy（买入）	7	
Jan 16, 2008 08：39 AM Piper Jaffray Upgrades to Buy（买入）	8	
Mar 7, 2007 08：55 AM CIBC upgrades to Outperform（表现优胜）	9	

资料来源：Stree tInsider. com，由长江商学院案例研究中心整理

媒体曝光率

我们根据对标题为"New Oriental Education"（新东方）的谷歌新闻搜索量进行统计，将得出的统计数据近似视为新东方的媒体曝光率。可以看出，自 2012 年以来以新东方为标题的搜索量激增，说明事件发生使得新东方的媒体曝光率显著提高（见图 3 – 7）。

全美律师事务所集体诉讼

无论是为了代表所有投资者的利益，还是真正为了私人利益，事发之后整个美国的律师事务所都"炸开了锅"。从美国东部时间 7 月 17 日开始便陆续有律师事务所宣告对新东方事件进行调查，而到 7 月 23 日位于加州的 Glancy Binkow & Goldberg 律所和位于宾夕法尼亚州的 Howard G. Smith 律所，代表新投资人对新东方提起诉讼。其诉讼内容与浑水质疑基本相同。当天新东方股价跌 5.58%，报收 12.21 美元。

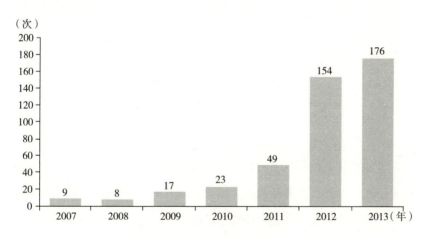

图 3 – 7　新东方媒体曝光率

资料来源：谷歌搜索，由长江商学院案例研究中心整理

投资者反应

机构投资者持仓量

我们从 Thomson Reuters 数据库中得到了机构投资者（包括共同基金、对冲基金等）对新东方每季度持仓量的变化（见图 3 – 8）。很显然，2012 年第三季度（即事发当季）机构大量减持新东方股票总计高达 2623 万股，而在之后的季度增持 953 万股。连续两个季度的持仓量变化是新东方继 2006 年上市以来波动最大的一次。不难看出此次 SEC 调查和浑水攻击无论是对中小投资者还是机构投资者所带来的影响都是巨大的。

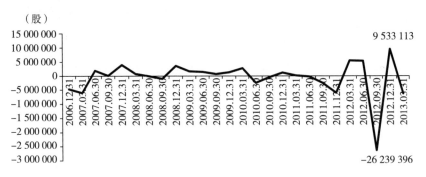

图 3 – 8　机构投资者持仓量变化

资料来源：Thomson Reuters 数据库，由长江商学院案例研究中心整理

价差率

价差率从某种程度上可以代表股票在市场上的流通性，一般来说价差较大的股票其流通性较差；反之流通性较好。当然它们之间并不是绝对的等价关系，市场波动性也是价差大小的一个重要影响因素。

我们从 WRDS 数据库搜集到了新东方自上市以来每个交易日的成交量及收盘买卖价，并通过（买价 – 卖价）／买价 × 100 算出价差率，然后按月平均起来便得到了月平均成交量和月平均价差率

（见图3－9）。可以看到，由于公司入市不久以及随之而来的金融危机造成市场波动性增加的原因，2006—2009年间的价差率平均达到20个基点。而2012年7月的较高价差率伴之空前放大的成交量足以说明浑水这份报告对市场杀伤力有多强。我们将2012年的价差单列出来（见图3－10），由此可以初步判断浑水的杀伤范围大概从7月延续到了9月，从10月开始价差趋于稳定，市场渐入平稳。

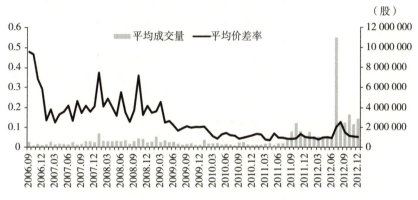

图3－9　月平均成交量、月平均价差率（2006—2012年）

资料来源：WRDS数据库，由长江商学院案例研究中心整理

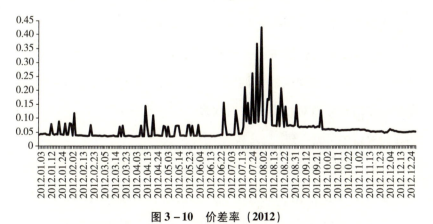

图3－10　价差率（2012）

资料来源：WRDS数据库，由长江商学院案例研究中心整理

截至目前，虽然新东方的股价还未能恢复至事发前水平，但是事件之后总体上来讲在 15 美元的支撑线以上呈现出震荡上升趋势（见图 3 – 11）。

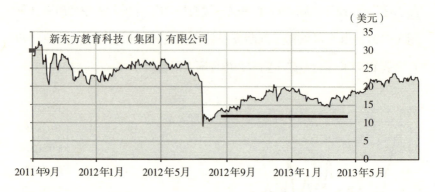

图 3 – 11　新东方 2011—2013 年股价水平

资料来源：雅虎财经

总结

从 2010 年年底开始，中国在美上市公司便频繁遭遇做空机构攻击，其中不乏有些公司因此停牌、退市。事实上，包括浑水公司在内的美国做空机构频频对"中概股"发难，主要还是由于这些公司本身存在种种易被做空的"漏洞"，其中之一便是"信息不对称"，即公司在信息方面对投资者保留太多。这一点从新东方以往的年报和新闻披露中可见一斑。

经过此次风波之后，新东方年报的披露质量的确有了明显提高，尤其是有关 VIE 结构、加盟店、财产所有权、税收方面，比以往在措辞上更加精准，内容也更加详细、谨慎。财报披露和新闻披露是公司与投资者进行沟通的最直接的渠道，为了避免投资者对公司经营的"胡思乱想",疏通、清理渠道是至关重要的,尤其是对那些海外上市的中国公司更是如此。

另外,由于我国对某些领域的准入限制,中国企业为赴海外上市,不得不设计出复杂的 VIE 结构。而对于美国投资者而言,这种设计本身就是一种风险,如果再加上做空机构推波助澜,势必就会引发投资者的信任危机。在该案例写作期间,美国市场中还传出了SEC 欲终止 VIE 结构的中国企业上市的重磅消息。虽最终并无落实,但 VIE 结构作为政策的灰色地带始终是需要被相关部门正视的。

在上文中我们也将新东方和奇虎 360 遭遇做空的反应时间和效果作了简单的比较,新东方相较之下稍微"迟缓"了一些。俗话说"差之毫厘,谬以千里",从短期的市场反应来看的确如此。因此从应对危机和市值管理的角度,上市公司必须提高对负面质疑的反应速度,尤其是在成熟的海外资本市场,由于"做空"和"无涨跌幅限制"等机制的存在,任何负面消息都可能造成股价的大幅跳水。

教授启示

公司透明度是资本市场能够有效运行的前提条件。当公司透明度受到投资者质疑的时候,公司很容易受到攻击而导致市值管理难度增大。因此如何通过提高公司披露质量以增进公司透明度是海外上市公司需要认真考虑和对待的问题。

公司透明度是指公司在战略、运营、财务等各个方面可以被投资者理解的程度。我们的一些企业在海外上市时可能只关注了财务报告的公允性,却往往忽略了形成财务报告的非财务信息,比如公司战略、所在国的政治经济环境、税收体制、运营环境和商业模式等。由于各国在文化、体制上等存在差异，投资者往往会持有强烈的地区偏见（home bias），具体表现在阅读公司年报或者其他公开信息时，如果发现公司在利润增长模式、业务模式、税收模式等方面和他们所在地区不同，就很可能对该信息产生质疑。这样一来便为像浑水、香橼那样的研究机构以及对冲基金等的逐利行为培育出"做空"土壤。

因此我们得到启示：

1. 公司在保证财务信息质量的同时，要加强非财务信息的披露。

其中一种做法就是在相应问题上与公司上市的所在国进行比较。比如在税收问题上，我国的税制及其灵活性与美国不同，我们的企业就应该说清楚这些差异，并进一步说明这些差异如何影响公司利润以及利润的可持续性。另外，对一些敏感问题，例如 VIE 结构等，公司不应该以披露自愿为理由去回避，反而应该进一步加强披露的透明度，增加披露信息以降低或消除投资者的顾虑。

2. 公司要提高与投资者的沟通频率、丰富信息内容。

这不仅表现在强制性披露报告中（如年报、季报等），平常的新闻信息披露也是与投资者建立良好关系的重要渠道，同时也是对年报、季报信息披露的重要补充和完善。在这方面，我们需要好好参考一下美国本土上市公司的新闻披露内容和频率，在无关公司机密的准则下，尽可能对公司运营状况与投资者做紧密的沟通。

总而言之，赴美上市的中国公司必须熟知美国资本市场的游戏规则，对信息披露给予足够的重视，提高披露质量、增强公司透明度，减小或消除做空机制造成的负面影响。

附录

做空机构"猎杀"的部分中国赴美上市公司名单

做空机构	时间	被攻击公司	被攻击公司遭遇				详情	做空理由
			停牌	退市	股价大幅下跌	股价基本保持稳定		
浑水	2010.06.28	东方纸业			▲		当天股价大跌13%,一周内股价大跌39%。东方纸业联合德勤等机构进行了第三方独立调查,11月调查结果出炉,彻底回应了浑水的质疑	存在欺诈行为,严重夸大经营业绩,认为市场价格过高,生产能力被夸大
	2010.11.10	绿诺科技		▲	▲		当日股价暴跌15%,一周内股价跌幅达61%;最后绿诺承认两份客户合同造假,纳斯达克在2010年12月对其发出了退市通知	伪造客户关系、夸大收入、管理层挪用上市融到的资金
	2011.02.03	中国高速频道		▲	▲		2011年5月19日,退市	怀疑其政府合作背景,认为其广告收入相比同行虚高
	2011.04.04	多元印刷	▲	▲	▲		2010年9月,多元印刷与合作4年的德勤解除关系,当日股价暴跌55%;2011年3月由于未及时提交年报停牌;2011年4月转移至场外市场交易而退市	先后与德勤、毕马威解除财务关系,存在严重的财务问题
	2011.04.10	嘉汉林业	▲		▲		两个交易日内股价大跌71%;2011年4月安永辞去嘉汉林业的审计业务,随即嘉汉林业被多伦多证交所摘牌,原因是未能满足持续上市要求,且未能及时提交财务报表。2012年3月宣布破产	夸大了自身的林业资产和生产;始终通过发行新债券筹集资金;存在大量欺骗与不诚实行为

续表

做空机构	时间	被攻击公司	被攻击公司遭遇				详情	做空理由
			停牌	退市	股价大幅下跌	股价基本保持稳定		
浑水	2011.06.28	展讯通讯			▲	▲	当日股价应声大跌33.6%；但展讯迅速反驳，召开全球投资者电话会议，回应相应质疑，股价重新V字形大逆转	质疑展讯有关融资、内部高管离职、审计机构更换以及市场增长情况问题，认为财务报告失实
	2011.11.22	分众传媒			▲		当周股价大跌30%，回应质疑后股价有所回升	认为分众虚报了LCD广告网络中的显示屏数量以及显示屏投放的位置和楼宇类型
	2012.04.11	傅氏科普威				▲	当日股价仍然上涨2%，没有明显受到影响；公司立即回应浑水，否认浑水报告中的所有指控，认为报告含糊其词，并且缺乏与其任何接触	指责其涉嫌虚假增加业绩，存在高度欺诈风险
香橼	2010.01.16	中国高速频道		▲	▲		2011年5月19日，退市	怀疑其政府合作背景，认为其广告收入相比同行虚高
	2010.08.30	中国生物		▲	▲		2010年9月，报告公布后交易第一天，股价暴跌18%，当周狂跌11%；2011年6月，中国生物向SEC提交退市书面通知	夸大公司财务状况和商业前景，对门店数量提出质疑

续表

做空机构	时间	被攻击公司	被攻击公司遭遇				详情	做空理由
			停牌	退市	股价大幅下跌	股价基本保持稳定		
	2010.10.12	博润盐业			▲		2010年10月，报告公布当周股价下跌16%；到2010年年底股价下跌44%	
	2011.01.13	中国阀门			▲		2011年1月至5月，中国阀门股价跌幅超过60%，同时成为被告，被控收购违反GAAP及SEC规定	中国阀门在收购两家公司时存在隐瞒收购价格、收购实体与关联交易的不当行为，违反会计准则及SEC相关规定
香橼	2011.04.26	东南融通	▲		▲		报告发布至停牌，东南融通股价下跌超过30%，尽管高盛、法巴等机构在此期间力挺；2011年5月17日，东南融通停牌	东南融通涉嫌造假，其60%左右的毛利率远高于同行，其人事制度存在问题
	2011.05.10	斯凯网络			▲		报告发布至6月17日，斯凯一个月股价狂跌60%	斯凯的商业模式日渐衰亡，没有进入移动互联市场，也没有突破性技术
	2011.06.22	泰富电器		▲	▲		报告发布后，股价一周的跌幅高达52%，澄清后股价回升20%；但在10月29日，泰富宣布私有化并退市	质疑泰富首席执行官对公司的私有化计划，认为其缺乏透明度

做空机构	时间	被攻击公司	被攻击公司遭遇				详情	做空理由
			停牌	退市	股价大幅下跌	股价基本保持稳定		
香橼	2011.11.01	奇虎				▲	报告发布当周，股价下跌18%，但随即回升并维持在高点	移动营收为0，用户数量和网络渗透率大大低于公司公布的数据，网络访问量过低
	2012.06.21	恒大集团			▲		当天股价狂跌17%，两个月内股价跌幅达到32%	恒大集团存在7大危机，资不抵债，现金流急剧下降，并粉饰报表等
Alfred little	2010.11.10	绿诺科技	▲	▲			当日股价暴跌15%，一周内股价跌幅达61%；最后绿诺承认两份客户合同造假，纳斯达克在2010年12月对其发出了退市通知	伪造客户关系、夸大收入、管理层挪用上市融到的资金
	2011.01.01	优酷			▲		1月优酷股价跌幅达到24%	优酷每月营收不足400万美元，月亏损高达270万美元，其用于购买版权的费用将急剧上升，业绩将进一步恶化

做空机构	时间	被攻击公司	被攻击公司遭遇				详情	做空理由
			停牌	退市	股价大幅下跌	股价基本保持稳定		
Alfred little	2011.03.28	西安宝润	▲	▲	▲		当月股价大跌80%；4月20日停牌；6月15日退市	存在大量关联交易，涉嫌歪曲财务业绩与商业前景；如西安宝润在铜川和重庆没有实质性经营活动，但公司却声称以100%产能运作
	2011.04.09	普大煤业	▲		▲		当日股价暴跌34%，并于4月11日停牌	隐瞒公司在中国进行融资收购成为壳公司的事实
	2011.09.07	德尔集团			▲	▲	发布当日股价暴跌17%，但公司回应，认为Alfred little捏造信息、虚假质控，并向SEC递交了相关文件，澄清公司公开文件准确无误，股价在当周重新回升	
	2011.09.13	希尔威矿业			▲		2011年7月至9月，股价跌幅超过45%；希尔威花费数百万美元聘请审计公司（毕马威）和律师，10月出了澄清报告，股价才开始回升	其公布的利润与其在国内工商申报的信息不符，其拥有的现金以及矿产品存在夸大现象

做空机构	时间	被攻击公司	被攻击公司遭遇				详情	做空理由
			停牌	退市	股价大幅下跌	股价基本保持稳定		
OLP Global	2011.04.26	东南融通	▲		▲		报告发布至停牌，东南融通股价下跌超过30%，尽管高盛、法巴等机构在此期间力挺；2011年5月17日，东南融通停牌	东南融通涉嫌造假，其60%左右的毛利率远高于同行，其人事制度存在夸大现象
	2011.11.23	泛华保险			▲		OLP在2011年年底连续发了三份报告，使公司股价从8块下跌至五六块，并连续三个月始终维持在低位	指责财务造假，认为其实施的权证激励实际上是一项股权激励，但泛华未将此支出列入公司费用，认为估高净利润

第二部分

互联网金融创新

蚂蚁小贷：数字普惠金融的社会价值

本案例改编自陈龙教授指导的《阿里小贷：商户的"信用卡"》

（2014 年），改编作者：韦祎，杨燕

【案例主旨】　小微企业融资难在中国特别突出，但随着互联网技术的介入，这一难题正被攻克。以电商起家的阿里巴巴，在 2010 年和 2011 年成立了两家小额贷款公司，旨在面向阿里电商体系内的小微企业和个体卖家提供贷款，企业不需要抵押，只需要信用。2014 年 6 月，作为阿里金融业务的整合与延伸，蚂蚁金服成立，小贷业务被划归其中。本案例主要探讨蚂蚁小贷（原阿里小贷）是如何一步步建立基于互联网交易的信贷模式的？与传统信贷机构相比，蚂蚁小贷的优势何在？以蚂蚁小贷为代表的数字普惠金融又有什么社会价值？

【案例正文】

陕西省周至县是全国最大的猕猴桃产地之一，在这里，生鲜电商"易果生鲜"长期与当地的北吉果蔬专业合作社合作，在每年 10 月底猕猴桃成熟时定点采购猕猴桃高端品种"翠香"，并通过天猫超市生鲜区销售至千家万户。2014 年 5 月，"易果生鲜"迎来了与蚂蚁金服的战略合作——将由蚂蚁金服整合农村淘宝、网商银行、天猫超市，与易果生鲜电商平台、北吉果蔬合作社一道，推出一套完整的"金融＋电商＋农业生产"互联网农产品供应链布局。这也是蚂蚁金服首次系统阐释其在农村金融的战略规划。其中，网商银行向农户提供的小额贷款"旺农贷"，连接农业生产与电商销售，成为这一模式的关键环节。

在"金融＋电商＋农业生产"模式下，农户可在无抵押、担保的情形下获得蚂蚁金服旗下网商银行的信用贷款用于购买生产资料。对于信用贷款的审核、发放，由蚂蚁金服对天猫超市的订单进行识别与确认，并结合"农村淘宝合伙人"的信用数据，为合作社提供小额、低息贷款。贷款通过专门的支付工具用于从线上电商平台购买指定的生产资料，相应的采购信息也将输送至易果生鲜，便于其对产品质量的把控。

事实上，与易果生鲜、北吉果蔬的合作，是蚂蚁金服在农村金融业务的新尝试，也是蚂蚁金服的核心业务——蚂蚁小贷在农村贷款市场开拓的新通道。2015 年 11 月，网商银行正式上线面向农村的互联网小额贷款产品"旺农贷"，贷款对象包括农村的小型种植、养殖户，农村电商和农村淘宝合伙人、农村小微企业和个体经营户等。

农村地区一直是传统银行信贷服务的真空地带，而农村信用社等金融机构也存在手续烦琐、资金不足等各种问题，制约着农村生产与经营户的规模化生产。对此，蚂蚁金服面向农村的小贷业务，基于淘宝在农村地区运营多年积累的数据支持，或可更为方便地为农户提供小额贷款。尤其是在上述模式中，基于采购订单的信用贷款，无须任何抵押品，并可在贷款申请提交的当日就收到贷款资金，效率高于其他传统金融机构，其贷款利率也低于市场同类金融产品的定价。2015 年，蚂蚁小贷业务所服务的"三农"用户数已达2 000 万[①]。

值得注意的是，在这一金融服务方案的发布会上，蚂蚁金服农村金融事业部总经理袁雷鸣将之冠以"普惠金融"之名。所谓普惠金融，重点关注于传统金融难以覆盖到的小微企业、低收入人群、农民等弱势群体，力求为全社会所有群体提供更具包容性的金融服务。随着 2016 年年初《国务院关于印发推进普惠金融发展规划（2016—2020 年）的通知》的发布，以及在 G20（20 国集团）峰会备受关注的《G20 数字普惠金融高级原则》，普惠金融正成为国内乃至全球金融发展的重要议题。由于在诞生之初，小贷便是为了解决阿里巴巴平台内众多小微商家的融资难题，在此背景下，作为普惠金融的具体实践，蚂蚁小贷无疑承载了更多的社会意义。

然而，暂且撇开普惠金融的外衣，探究其运作机理，无论是从早期的阿里平台内的小微企业贷款，还是发展至今的农村小贷业务，蚂蚁小贷是如何做到在无抵押，甚至无须传统的信用审核资料的基础上，为众多中小企业和农村经营户提供贷款并控制风险？与传统金融机构相比，它的核心优势来自何处？作为没有存款储蓄来源、受限于现有生态的互联网金融平台，蚂蚁小贷的信贷业务又是如何维持其可持续性？如何突破平台生态对信息场景乃至服务对象范围

---

① 《蚂蚁金服首度披露农产品供应链金融解决方案》，蚂蚁金服评论，2016 年 5 月 25 日。

的限制？这些都是值得深入探析的问题。

蚂蚁金服与蚂蚁小贷

早在 2012 年，马云就曾表示阿里巴巴的未来将定位于"平台、金融与数据"三大板块。在阿里巴巴集团早期打造的电商生态圈里，汇聚了大量的小微企业、个人卖家和消费者，沉淀了丰富的企业信息、交易信息与支付数据，成为发展小微金融服务的天然土壤。在此基础上，成立于 2014 年 6 月的蚂蚁金服，作为阿里金融业务的整合与延伸，现已发展为一个基于互联网技术与大数据支持的互联网金融平台。

蚂蚁金服的前身是 2000 年成立的"浙江阿里巴巴电子商务有限公司"（以下简称"浙江阿里"），在 2011 年纳入支付宝业务后，开始筹建小微金融服务，并最终成立定位于小微金融服务的"浙江蚂蚁小微金融服务集团"。截至目前，蚂蚁金服旗下已经覆盖支付（支付宝）、理财（余额宝、招财宝、蚂蚁聚宝）、网络借贷（网商银行、蚂蚁花呗）、股权众筹（蚂蚁达客）、保险（众安保险、国泰产险等投资业务）等几乎所有的金融业务，并发展起征信（芝麻信用）、面向金融机构的云计算服务（蚂蚁金融云）等配套服务。其中，成立于 2015 年 6 月的网商银行，作为首批拿到银监会牌照的民营银行之一，主要面向小微企业、创业者，尤其对农村用户提供小额贷款，帮助解决小微企业"融资难、成本高"的问题。而网商银行的最早实践，则源于阿里金融早期核心业务——阿里小贷（后更名为蚂蚁小贷）。

从 2010 年上线的阿里小贷，到如今的蚂蚁小贷和网商银行，小

图 4 − 1　蚂蚁金服业务分类

资料来源：蚂蚁金服官网

贷业务一直都是蚂蚁金服的核心和重要的收入来源之一。截至 2016
年 6 月 30 日，蚂蚁小贷已为 400 万家小微企业提供了超过 7 400 亿
元的贷款①，开发的小额贷款产品包括网商贷、阿里信用贷款、淘宝
（天猫）信用贷款、淘宝（天猫）订单贷款，以及网商银行为拓展
农村金融业务开发的"旺农贷"。与蚂蚁金服其他诸如理财、保险、
股权投资等金融业务相比，诞生于阿里金融早期的小贷业务，植根
于阿里巴巴电商生态圈，在解决阿里巴巴平台发展难题的同时，也
为蚂蚁金服日后的业务延伸与发展奠定了基础。

小贷业务的诞生与发展

　　小贷业务的诞生源自阿里电商平台自身发展中涌现出的问题和
优势。一方面，依托于阿里电商平台的企业以小微企业为主，它们
是银行等传统金融机构难以覆盖到的长尾客户，很难从这些传统渠
道获得贷款，发展因此受到限制，这也同时制约了平台自身的良性
成长；另一方面，阿里电商平台积累的大量的、真实的企业数据与

---

① 资料来源于蚂蚁金服。

信用资源，为开展小贷业务奠定了基础——阿里巴巴的 B2B 业务平台推出的"中国诚信通"会员增值服务，积累了不少商户的原始数据；2004 年，阿里又在诚信通会员的"诚信通档案"的基础上推出了一套企业评分系统——"诚信通指数"。[①]

自 2006 年起，阿里巴巴集团开始试水"小额信贷业务"。考虑到自身数据资源的优势与金融业务经验的缺乏，阿里巴巴首先尝试与银行进行合作。在银行等传统金融机构眼中，小微企业贷款业务有两大症结：一是小微企业的财务状况普遍缺乏透明性，资本规模有限，抵押品缺乏，使得银行针对小微企业的资产评估与信贷审核工作成本高、难度大；二是在征信体系发展滞后的环境下，对小微企业信用状况的监控尤为困难。小微企业运营存在较高的不稳定性和道德风险，给银行的贷后管理、风险控制等都带来了困难。

针对上述问题，阿里巴巴"对症下药"：当时，全国有 3 700 万家中小企业在阿里平台上做生意，平台拥有积累多年的中小企业经营信息。在强大的数据基础上，阿里巴巴有能力出台一整套的风险控制措施，帮助银行筛选客户、控制风险。2007 年 6 月，阿里巴巴与中国建设银行、中国工商银行合作推出小企业贷款，称为"阿里贷款"——小企业不需要任何抵押，由 3 家或 3 家以上企业组成一个联合体即可申请贷款。

然而，在初期的实践中，阿里与银行的合作进展并不顺利。阿里巴巴向建行推荐了 2.7 万左右的 B2B 客户，但最终与建行达成合

---

① 滕斌圣、杨谷川，《阿里巴巴：从天方夜谭到中国故事》，长江商学院案例中心，2013 年 6 月。

作的不到10%。① 时任阿里巴巴信用支付部资深总监、现任阿里巴巴集团副总裁胡晓明认为，"三年与银行合作是失败的。在整个中国经济的生态系统下，银行就是应该服务于中大型企业，针对中小企业的金融服务应该通过技术创新来完成"。② 现在看来，这也是对银行等传统金融机构与互联网金融各自角色的正确定位。虽然实践并不成功，但这段合作经历帮助阿里巴巴建立了一整套信用评价体系与信用数据库以及一系列贷款风险控制机制。

在此基础上，阿里集团开始尝试独立开展"小额贷款业务"。2010年3月，"浙江阿里巴巴小额贷款公司"成立，这是国内首个专门面向网商放贷的小额贷款公司。2011年，"重庆阿里巴巴小贷公司"也宣告成立。小贷业务面向阿里电商体系内的小微企业和个体卖家提供贷款，企业无须抵押，只需信用。该业务自推出之后便迎来了高速发展，第一年时贷款余额约为1亿元，到第三年时贷款余额便增长至120亿元左右。③

随着2014年蚂蚁金服正式成立，小贷业务被整合纳入蚂蚁金服集团，并更名为蚂蚁小贷，服务对象也从阿里平台内的小微企业向平台外扩展。尽管业务范围越来越广，蚂蚁小贷始终将自己所服务的对象锁定在小微企业，以100万元以下的贷款为业务主体。通过依托网络和数据的小贷技术创新，尤其是基于电子商务平台上海量的客户信用数据及行为数据，向小微企业群体批量发放"金额小、

---

① 2013年6月对阿里小微金服创新金融事业群总裁胡晓明的采访。
② 同上。
③ 2014年2月12日对阿里小微金服微贷事业部信贷审批、渠道管理总监杨润江的采访。

期限短、随借随还"的纯信用小额贷款。①

网商银行

作为网络贷款公司，蚂蚁小贷事实上经营着银行信贷业务，但同时面临资金来源、业务范围等诸多限制。于是，在 5 年多丰富的小额贷款运营经验基础上，蚂蚁金服整合金融数据与技术资源，开始向民营银行发展，并于 2014 年 9 月获得银监会首批民营银行牌照。2015 年 6 月，网商银行正式成立，也成为中国第一家架构在"金融云"上的互联网民营银行。

网商银行与蚂蚁小贷一脉相承，延续并扩展了蚂蚁金服的小贷业务。成立之初，网商银行提出将坚持"小存小贷"模式，主要提供 20 万元以下的存款产品和 500 万元以下的贷款产品②，为小微企业和农村用户提供金融服务，并设定了 5 年服务 1 000 万客户的目标③。截至 2016 年 6 月，网商银行服务的小微企业数量破 170 万家，贷款余额约为 230 亿元。④ 其中，在农村地区，网商银行新开发的小贷产品"旺农贷"已覆盖全国 25 个省市 234 个县的 4 852 个村庄，累计为 100 万农村小微企业提供了超过 1 400 亿元的信贷资金。⑤

目前，蚂蚁小贷和网商银行仍然是蚂蚁金服旗下并存的业务，

---

① 蚂蚁金服官网，参见 http：//www. antgroup. com/page/xiaodai. htm。

② "马云网商银行开业提供 500 万元以下贷款产品"，新浪财经，2015 年 6 月 26 日，参见 http：//finance. sina. com. cn/china/20150626/100122524910. shtml。

③ "马云：以客户数为考核目标 5 年服务 1000 万中小企业"，金融界网站，2015 年 6 月 25 日，参见 http：//bank. jrj. com. cn/2015/06/25165519400381. shtml。

④ "网商银行一周年成绩单：贷款资金余额 230 亿"，21 世纪经济报道，2016 年 6 月 29 日，参见 http：//bank. hexun. com/2016 – 06 – 29/184658999. html。

⑤ 同上。

但二者多有重合。网商银行在蚂蚁小贷的基础上发展而来，继承了蚂蚁小贷全流程的风控模型和数据积累，并将业务范围扩大至农村地区，扩展了蚂蚁小贷的业务领域与服务对象。相比于蚂蚁小贷，拥有银行牌照的网商银行优势明显，不仅可以吸收储蓄存款，还可进入银行间市场，更多地开展同业合作。[①]

网商银行自成立后一直在整合小贷中与蚂蚁小贷重合的业务。网商银行行长俞胜法表示，将会在 2016 年把小贷所有为小微企业、创业者提供服务的业务统一整合至网商银行。[②] 因此，蚂蚁小贷在未来或将作为网商银行的核心业务——小贷业务而存在，网商银行也将成为蚂蚁金服体系内提供小微金融服务的主体。

蚂蚁小贷的运营模式

信息不对称是金融面临的核心挑战，这对于小微金融服务而言尤甚。金融服务效率衡量标准之一即在于如何以更低的成本甄别风险。相比于大中型企业，一直以来，针对小微企业的风险甄别难度大、成本高，使之成为传统金融机构难以完全兼顾的业务领域。基于互联网的长尾效应以及数字化技术支持，以蚂蚁小贷为代表的数字金融，利用丰富的数据资源建立企业信用和风险控制体系，可以低成本地降低小微企业的信息不对称，成为其核心优势和运营关键。在实践中，数据与信用信息的完善，是小贷业务在运营中最先遇到的难关。

---

① "俞胜法：网商银行发力农村金融"，财新网，2016 年 3 月 9 日，参见 http://finance.caixin.com/2016 – 03 – 09/100917952.html。

② 同上。

小贷模型的构建：完善数据拼图

小贷业务早期的团队骨干主要来自银行业，从事的都是与信贷市场相关的工作。在创建自己的运营模式时，团队已有丰富的信贷经验，也有可参考的理论基础——FICO（财务管理模块）信用分模型。[①] 然而，真正独立做信贷，小贷团队还需克服一个巨大挑战，即数据的有限性。虽然阿里电商平台沉淀了几百万小微企业和个体卖家的资料，但对于国际惯例的个人征信评级要求而言，这些只是"冰山一角"。以拥有最完善征信体系的美国为例，其征信的内容包罗万象，除传统的信用记录时间长度、信用额度、借款逾期不还记录、房屋按揭贷款及记录等信息外，公民非财务信息如犯罪记录也予以记录。对于企业信息，有的信用局甚至记录企业登记地址和联系电话的区号之间的地理距离等信息。

然而在当时，小贷业务面对的是一个较为封闭的信用信息环境。

首先，拥有了企业信用基础数据库和个人信用信息基础数据库的中国人民银行征信系统是比较完善的信息征集系统，但在当时只对商业银行等金融机构开放。此外，如公安、法院、海关、工商、税务等多个部门以及商业银行、公用事业、邮政、电信等非政府机构也掌握了大量符合国际惯例的企业和个人信用信息，但都处于分散和相互屏蔽的状态。[②]

[①] 这是被社会广泛接受的、由美国个人消费信用评估公司开发出的一种个人信用评级法。

[②] 鲜于丹，《中国征信体系建设的制度安排研究》，武汉理工大学学位论文，2008年4月。

其次，目前我国第三方征信机构尚未成熟，可参考的信息有限。当时仅有部分地区的工商部门、银行、电信、公用事业等公共部门和机构对第三方征信机构开放。此外，个人征信机构要想获得全面而真实的信用信息，必须要求各部门之间协调合作。但在缺乏相关法律法规支持的情况下，要实现上述部门之间的协调一致是非常困难的。[①]

现有数据的有限性、分散化，使得小贷团队只能结合现有可利用资源，想尽一切办法补全征信信息的拼图，包括要求贷款人自行提供相关资料、调查购买第三方征信数据以及从海关、税务、电力、水力等部门一一获取数据。在小贷公司成立的第二年，阿里便开通了专线直联中国人民银行征信系统，极大程度地丰富了公司所掌握的数据。之后，小贷业务还与以国内中小企业为客户群的 ERP（企业资源计划）企业管理软件——"管家婆"、全国统一的企业增值税发票开具软件——"航天金税"达成合作，在获取企业生产、库存、销售等数据方面又进一步拓宽了渠道。[②]

接下来，小贷业务需要整合这些内部和外部数据，并在此基础上建立自己的信贷模型和信贷流程。在小微金服内部有一个"数据车间"，负责汇总并分析商户在淘宝和天猫平台上留存的数据，包括交易增长与波动率、店铺星级与流量、广告投入、社区行为等。[③] 这些内部数据，加上外部引入的数据，打包进公司开发的数百个模型

---

① 鲜于丹，《中国征信体系建设的制度安排研究》，武汉理工大学学位论文，2008年4月。

② 2014 年 5 月 20 日对阿里小微金服盛子夏的采访。

③ "新金融双雄"，《财经》，2014 年 1 月 7 日，参见 http：//www.nbd.com.cn/articles/2014 - 01 - 07/800884_ 6. html。

中，包括客户分层模型、收入预测模型、破产概率模型、风险预警
模型等。

因此，一个定量化、自动审批的贷款发放模型就建立了。卖家
在做出贷款申请后，所有相关数据都将被导入这个模型里，由模型
做出是否放贷的判断。据原阿里巴巴集团微贷事业部总经理娄建勋
称，要解决一个命题，如预测淘宝卖家从开始到未来的曲线，需要
建构 192 个数据模型。相较于传统信贷，在模型数量和模型因子方
面的丰富性正是蚂蚁小贷的独特优势（见图 4-2）。

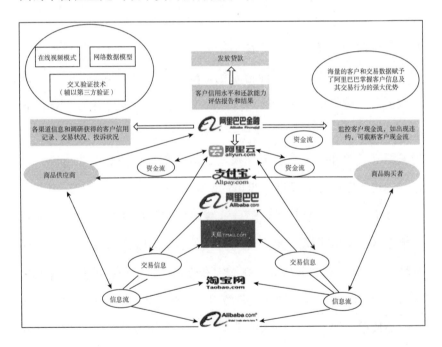

图 4-2　小贷业务运行模式

资料来源：长城证券

小贷模型的应用：产品类型

早期，小贷业务推出的主要贷款产品包括淘宝（天猫）信用贷款、淘宝（天猫）订单贷款和阿里信用贷款。其中，淘宝（天猫）信用贷款和订单贷款面向电商平台的卖家，阿里信用贷款则是面向阿里巴巴中国站会员、中国供应商会员的 B2B 贷款。①

淘宝（天猫）信贷

定量化的贷款发放模型最先被应用于淘宝和天猫两大平台。小贷团队认为，由于淘宝（天猫）平台有真实的交易信息，数据更充分，对这个平台上的卖家提供贷款相对容易。此外，平台上的许多卖家依靠网商生活，违约成本很高，因而违约风险相对较低。

所谓"订单贷款"，是指淘宝卖家依据店铺中处于"卖家已发货"状态的订单进行申请，基本上等同于订单质押贷款。对于订单贷款和贷款金额在 100 万元以下的信用贷款（一定金额之上需企业、个人授权查询征信报告），商家在线上完成贷款申请并提交了相关材料后，将进入自动审批流程——由贷款模型自动打分，判断是否对其放贷和放款额度。由于订单贷款产品是基于在淘宝（天猫）平台上的真实交易而产生的，贷款最快 3 分钟内就可到达商家的支付宝账户。从截至 2012 年年末的数据来看，淘宝订单贷款的平均单笔金额在 4 900 元左右，天猫订单贷款的平均单笔金额在 21 000 元左右。

---

① 2013 年 11 月，在阿里信用贷款中，面向阿里巴巴国际站中国供应商会员的业务升级为"网商贷"，与面向"诚信通"用户的普通阿里信用贷款相比，在贷款利率、还款方式等方面具有一定的优惠。

规模小、数量多的小额贷款对成本控制提出了很高的要求，这也是传统银行难以兼顾小额贷款的原因之一。而小贷业务在基础平台和流程已经搭建完成的情况下，单笔信贷操作成本仅为2.3元。[1]

对于贷款金额超过20万元的信用贷款，小贷业务需要进行在线视频调查，并从银行、税务、电力、水力等第三方机构获取信息以进行交叉验证。这个审核过程通常需要花费两个工作日左右的时间，但与传统线下信贷相比，其放贷效率已经大大提升。

在贷款和贷后阶段，小贷业务都会通过淘宝（天猫）平台和支付宝系统随时监控企业的交易状况和现金流。如果贷款真正投入生产经营中，客户的平台流量将得到提升，营业额和利润也将随之上涨；反之，如果评价结果变差，将预警并提前收贷。任何影响正常履约的行为都会被预警，如阿里旺旺登录中断、用销售回款大量购买彩票、集中投入广告等。若企业出现违约，阿里小贷可以通过支付宝切断客户现金流，同时执行网络店铺关停机制。[2]

通过上述措施提高客户违约成本，有助于控制贷款风险。通常在贷后阶段，传统信贷机构很难知悉贷款资金的使用情况，而在淘宝（天猫）平台上，卖家的资金使用行为和运营行为能被部分监控，这也是蚂蚁小贷的一大优势。

阿里信用贷款（B2B）

然而，在面向B2B客户时，想要按照之前的同一套流程来走，

---

[1] 蔡恺，"阿里小贷大数据精控低成本放贷"，证券时报网，2014年1月30日，参见 http://www.stcn.com/2014/0130/11142329.shtml。

[2] 2013年6月对阿里小微金服创新金融事业群总裁胡晓明的采访。

就变得比较困难。与淘宝（天猫）平台相比，B2B平台积累的数据非常有限——阿里巴巴的B2B网站类似于"黄页"，买卖双方通过平台认识后会私下对交易进行沟通，之后是否达成交易、成交的金额多少以及买家对此评价如何，这些信息并不被平台掌握。同时，由于B2B网站以展示功能为主，对商家的黏性不大，商家之间的交易也不需要借助支付宝，在支付宝上也无资金沉淀。因此，小贷业务对商家的贷后控制力较低，违约惩罚手段也相对有限。

为解决信息有限的问题，小贷团队除了对潜在客户进行在线视频调查，还将尽职调查工作外包给当地的第三方机构去完成。第三方机构的调查员按照小贷团队设计的路线去企业进行调查，并对企业进行访谈，帮助企业还原一个简化的财务报表。这些视频和数据都会上传后台，后台将这些资料与企业银行流水、征信系统信息等进行比对，以评定信息的可靠性。

在实地调查后可获批贷款的企业达六成，所有申贷的企业整体获批率近三成。对于需要在线下调查的B2B企业，在客户配合度高的前提下，放款时间为5天到6天，这比银行通常两周的耗时要快了许多。

但在对B2B卖家进行贷中和贷后的风险控制时，小贷业务并没有很好的办法。阿里信用贷款被发放以后，资金不会停留在支付宝系统里，这意味着小贷业务并不清楚贷后资金的流向，也无法监控企业资金的使用成效。因此，小贷团队只有严格把控每一次还款节点，若企业出现了一次违约，则对该企业进行征信调查，若察觉企业有问题，则采取催款的方式收回贷款。

由于淘宝（天猫）贷款面向的服务对象数量更为庞大，并且在贷款流程、风险控制上都具有相对成熟和可靠的技术支持，因而目前在上述两类传统小贷产品中，淘宝（天猫）贷款占据80%的比重，而阿里信用贷款只占20%左右的份额。其中，前者基于数据的纯信用贷款——淘宝（天猫）信用贷款占主体，共计占到整体贷款的70%。① 此外，平均来看，阿里信用贷款的不良率和逾期率都要高于淘宝（天猫）贷款，这与其相对较弱的风险控制体系有关（见表4-1和表4-2）。

表4-1　淘宝（天猫）贷款与阿里信用贷款对比

	天猫信用	天猫订单	淘宝信用	淘宝订单	阿里信用贷款	合计
贷款余额（亿元）	44.65	8.26	65.2	8.53	33.09	159.72
贷款占余额比（%）	27.95	5.17	40.82	5.34	20.72	
客户数（户）	42 768	14 578	456 153	93 959	27 548	635 006
客户占比（%）	6.74	2.30	71.83	14.80	4.34	
不良率（%）	0.63	0.19	1.64	0.89	1.79	1.27
逾期率（%）	0.50	0.22	1.45	0.96	1.44	1.09

资料来源：华创证券

表4-2　贷款区间及其占比　　　　　　　　　（单位:%）

贷款区间	天猫信用	天猫订单	淘宝信用	淘宝订单	阿里信用贷款
1万元以下	2.09	5.93	25.66	34.43	0.21
1万~5万元	18.20	26.95	30.01	34.71	6.62
5万~10万元	17.15	19.97	14.75	11.61	14.47
10万~20万元	20.62	18.58	13.64	9.24	29.50
20万~50万元	26.41	16.98	12.10	6.38	40.02

资料来源：华创证券

---

① 于潇，《蚂蚁金服（2），具备云计算、大数据实力，走平台化发展方式的互联网公司》，华创证券，2016年6月7日。

"旺农贷"开辟农村市场

自网商银行成立起，农村金融便成为其业务拓展的新方向之一。如前文所述，2015 年 11 月，网商银行推出面向农村用户的小贷产品"旺农贷"，主要为农村种植养殖者、小微经营者提供无抵押、纯信用的小额贷款，将小贷的业务延伸至农村市场。

与其他类型的小贷产品相比，农村小贷业务的开展面临更大挑战。农村金融基础设施落后、信息不完善甚至空白、农户抵押品资产有限等现实状况，使得小微贷款中通常存在的问题在农村地区更为严重。对此，阿里巴巴推广已久的"农村淘宝"站点，成为蚂蚁农村金融服务的基础和渠道。

"农村淘宝"于 2014 年 10 月上线，主要以电子商务平台为基础，与当地政府合作在农村地区建立村级服务站，开发农村电商市场。截至 2015 年年底，"农村淘宝"的村级服务站突破 10 000 个，在当地积累了丰富的数据与信息资源。[①] 在农村小贷的发放过程中，村淘站点的合伙人起到至关重要的作用。合伙人经过筛选可成为"旺农贷"的推荐人，村民在村淘站点，通过推荐人在线上提交贷款申请，完善身份信息以及土地、房屋、门店等资产证明，由网商银行进行审核后便可在线上签订贷款合同，放贷流程一般需要 3 ~ 5 天。[②]

推荐人在每一笔贷款业务中的角色十分关键，除了在贷款前对

---

① 农村淘宝官网，参见 https：//www. taobao. com/markets/cun/gyct? spm = 5759. 69336. 295157. 1. 7ZCDxV。

② 王立娴、李彤，《淘宝村里做"债主"，阿里农村金融的棋怎么下？》，虎嗅网，2015 年 11 月 28 日，参见 https：//www. huxiu. com/article/132423/1. html。

借款人的信用状况、还款能力等进行评估，还要负责贷后管理，提醒村民及时还款等。对于每一笔贷款，推荐人可以获得一定比例的佣金，但佣金的发放将基于推荐人的后续行为以及贷款违约状况等线上数据进行相应的调整。表现不佳的推荐人将可能被淘汰，情形严重时甚至会面临法律风险。[①] 对推荐人的惩罚机制也是贷款风险控制的一部分。

村淘合伙人选拔需要经历包括业务水平以及道德水平的层层考察，并进行专业培训，而"旺农贷"推荐人的要求则更为严格，在合伙人范围内进一步筛选后，只有不到10%的合伙人能够成为推荐人，负责贷款业务的管理工作。[②] 推荐人的考核重点在于个人的信用度，包括芝麻信用得分、在淘宝平台经营过程中是否有违规行为，乃至与当地政府的合作记录等。在农村这一典型的熟人社会，村民之间的高强度交流是个人信用、能力等信息获取的主要途径。通过与村民熟识的推荐人采集、审核农户信息，加上电商平台的线上数据对整个区域的信用水平进行把控，可以实现线下与线上相结合的风险控制体系。

目前，"旺农贷"提供最高达50万元的纯信用贷款，期限分为6个月、12个月、24个月三档，可采取每月还息、一次性还本或等额本金还款。截至2016年3月，"旺农贷"已经覆盖全国24个省139个县超过2 000个村庄，累计为1.4万个村淘合伙人发放了贷款，

---

① 农村淘宝官网，参见 https：//www. taobao. com/markets/cun/gyct? spm = 5759. 69336. 295157. 1. 7ZCDxV。

② 同上。

平均每户的贷款额为 4.4 万元。[①]

相比于阿里巴巴的农村电商业务，蚂蚁金服在农村金融市场仍处于起步阶段。与蚂蚁小贷的其他产品相比，农村小贷的无人化、大数据风控等工作，需要随着未来农村市场的不断拓展、农村数据的丰富而进一步完善。例如，网商银行正在与开展农村业务的当地机构如专门从事小额信贷扶贫试点项目的公司开展合作，与当地政府合作获取支农扶贫数据，寻求同业协同加强风控等。[②]

表 4-3 小贷业务的主要产品

	天猫/淘宝小贷		阿里巴巴贷款	旺农贷
	订单贷款	信用贷款		
面向对象	淘宝和天猫卖家	淘宝和天猫卖家	阿里巴巴 B2B 的中国站会员、中国供应商会员	农村淘宝点覆盖的农村小微经营者
产品介绍	基于卖家店铺已发买家确认的实物交易订单金额，综合店铺运营情况，进行综合评估给出授信额度的贷款	基于店铺经营情况给予授信，不受当天订单量限制。无须抵押担保，在授信额度内可多次支用，随借随还	循环贷：获取一定额度作为备用金，不取用不收利息，随借随还固定贷：获贷额度在获贷后一次性发放	由农村淘宝点的合伙人充当推荐人，在村淘中心收集信息，为农户提供无抵押、纯信用贷款
贷款额度	100 万元以内	100 万元以内	5 万~100 万元	50 万元以内
贷款期限	30 天	6 个月	1 年	6/12/24 个月

① "网商银行首次披露业绩 小微信贷快速增长"，中国经济网，2016 年 3 月 1 日，参见 http://finance.ce.cn/rolling/201603/01/t20160301_9190056.shtml。

② "俞胜法：网商银行发力农村金融"，财新网，2016 年 3 月 9 日，参见 http://finance.caixin.com/2016-03-09/100917952.html。

续表

	天猫/淘宝小贷		阿里巴巴贷款	旺农贷
	订单贷款	信用贷款		
利息及费率	日利率0.05%	日利率0.06%	循环贷：日利率0.06%（年利率约合21%），用几天算几天，只算单利 固定贷：日利率0.05%（年利率约合18%）；从2013年开始，阿里小贷推出信用差异化定价政策，小微企业融资最低的年化利率可达12%	未公布
还款方式	系统自动还款	按月付息、到期还本；每月归还固定利息及本金	绑定支付宝账户，获贷后通过支付宝进行还款，按月等额本息	每月还息、一次性还本或等额本金还款

资料来源：由长江商学院案例研究中心整理

可持续性：资金来源与融资渠道

作为普通的小额贷款公司，蚂蚁小贷受到来自央行和银监会关于杠杆率的限制。按照规定，小额贷款公司从银行业金融机构获得融入资金的余额，不得超过资本净额的50%。按照蚂蚁小贷16亿元的注册资本，在放大0.5倍的杠杆后，其业务规模只能做到24亿元，因此只能通过不断回笼资金、不停周转，才能提高累计贷款额。

新上线的网商银行资本金达到40亿元，并且拥有民营银行牌照，理论上可以吸收公众存款，但一方面，网商银行并不以吸收存款为目标，目前只提供20万元以下的存款产品；另一方面，作为试点性质的互联网民营银行，网商银行在短期内不具备吸收存款的社会基础。因此，寻求外部资金是蚂蚁小贷业务可持续性的重要保障。

早在 2012 年，原阿里小贷就曾通过山东信托发行了"山东信托·阿里金融小额信贷资产收益权投资项目集合信托计划"，共募集信托资金 3.6 亿元。由于信托计划的私募性质，融资规模有限，融资成本也比较高，① 因此近年来，资产证券化成为蚂蚁小贷外部融资的主要选择。目前，蚂蚁小贷通过资产证券化所募集的资金已超过 400 亿元人民币。②

2013 年 7 月，阿里巴巴和东方证券合作推出资产证券化项目"东方资管—阿里巴巴 1~10 号专项资产管理计划"，这是国内首单基于小额贷款的证券公司资产证券化产品。2015 年 4 月，中金公司与蚂蚁金服合作推出规模达 50 亿元的资产证券化项目——"中金—蚂蚁微贷 2015 年小额贷款资产支持专项计划"，在产品结构、交易结构等方面进行了许多创新。③

小额贷款债券作为基础资产具有规模小、期限短的特点。蚂蚁小贷的每一笔贷款期限较短，而资产证券化的过程往往较长，为了解决期限错配问题，融资过程中采取了"循环购买"的方式，即在证券到期之前，可用已偿还的资金购买新的贷款，如此循环到证

---

① 黄嵩，"阿里金融突围：资产证券化的典型案例"，财新网，2013 年 4 月 8 日，参见 http：//blog. caijing. com. cn/expert_ article – 151611 – 50124. shtml。

② 《中国信贷资产证券化迷局：阿里小贷和京东白条资产证券化成功模式剖析》，北京市网贷行业协会，2015 年 11 月 25 日，参见 http：//www. bjp2p. com. cn/news/20151125005。

③ "蚂蚁微贷再推 10 亿资产证券化产品"，21 世纪经济报道，2015 年 4 月 3 日，参见　　　　　　　　　　 http：//m. 21jingji. com/article/20150403/herald/66695c73eefee0a4081b41d45b47a232. html？from = timeline&isappinstalled = 0。

到期。

此外，为了提高小贷证券化产品的评级，在证券化过程中均采取了内部增信和外部增信两种方式。内部增信为"结构化"方式，即根据不同的风险和收益特征，将该资产支持证券分为优先级、次优级和次级资产支持证券，其中次级证券由小贷持有。在外部增信上，蚂蚁金服旗下的担保公司——"商诚融资担保有限公司"提供外部担保。在内部与外部增信保证下，在两次资产证券化项目中，蚂蚁小贷的优先级资产支持证券均获得了 AAA 市场评级。

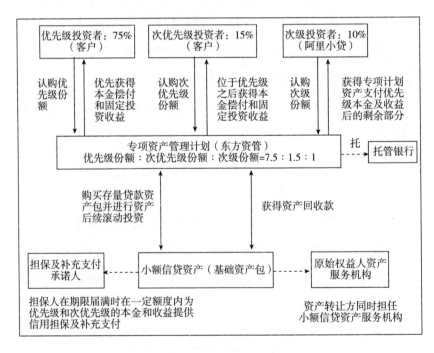

图 4-3　资产证券化交易结构

资料来源：《东方资管—阿里巴巴 1 号专项资产管理计划说明书》

然而，从另一方面来看，为解决期限配置与信用评级等问题所采取的上述措施，使得项目循环周期变长，加上层级增信成本和资产的损失，也直接提高了融资成本。[①]

以"中金—蚂蚁微贷 2015 年第二期小额贷款资产支持专项计划"为例，蚂蚁小贷需要向中金公司支付 0.4% 的管理费，向托管方兴业银行支付 0.01% 的托管费，向商城担保支付 2% 担保费，加上流动性支持费，合计成本超过 2.4%。[②] 与此同时，蚂蚁小贷还需支付资产证券化的出让收益 12.9%（包括优先级、次优先级证券综合年化收益率 6.45%），以小贷平均 20% 的年利率来计算，除去成本后每一笔贷款的年平均净收益率在 4.7% 左右。

对此，未来网商银行可以通过参与银行间市场来选择成本相对较低的银行同业资金，或者与金融机构合作放贷——对方提供资金，网商银行筛选客户。据俞胜法表示，资本金加上上述三个渠道完全能满足小贷业务的资金需求。[③]

"蚂蚁"的社会价值

在杭州 G20 峰会上，普惠金融成为重要议题之一，并审议了《G20 数字普惠金融高级原则》，作为全球各国发展数字普惠金融的指南。与传统金融服务主要服务于"头部"用户不同，普惠金融定位于社会所有群体和个人，以实现全社会的平等与富足。而这一目标的实现离不开技术驱动力，即数字普惠金融。

---

① "2015 年年末银行小微贷款余额超 23 万亿元"，新华网，2016 年 1 月 15 日，http：//news. xinhuanet. com/fortune/2016 –01/15/c_ 1117792945. htm。

② 《中金—蚂蚁微贷 2015 年第二期小额贷款资产支持专项计划说明书》，中金公司，2015 年 4 月。

③ "俞胜法：网商银行发力农村金融"，财新网，2016 年 3 月 9 日，参见 http：//finance. caixin. com/2016 –03 –09/100917952. html。

我们知道，金融不同于一般"标准化"商品，它是一种"非标准化"的服务，无论是传统金融，还是数字金融，信息不对称都是最大的挑战。在过去，为每个人提供个性化的金融服务意味着，金融机构需要针对个体的信息不对称风险，担负起不堪重负的成本压力。而今天，数字化金融依托技术驱动，是人类历史上第一次通过远程力量去了解客户、甄别风险，并结合金融业务的传统流程，大幅度地降低成本。

蚂蚁小贷与生俱来的"小微"基因，契合了普惠金融的核心要素。在数字普惠金融的背景下，蚂蚁小贷通过互联网平台拓宽了金融服务的渠道，实现了"普"，即服务群体的广覆盖；通过大数据与金融云技术降低了小额信贷的成本，实现了"惠"。此外，蚂蚁金服在支付、融资、理财、保险、信用等金融服务全方位发展，以及在商业模式上的可持续性，同样契合了普惠金融的全面性与可持续性。[1]

然而，要真正实现全方位、全覆盖的"普惠金融"，数字化的平台需要掌握更全面的信息，并为之建立更多元化、更丰富的场景资源，而这将会受制于现有的平台生态。金融起源于商业发展的需求，最终也应当服务于特定的商业场景，在一定程度上，与商业场景的结合程度，将成为未来金融发展好坏的重要评判标准。[2] 目前，小贷服务的主体仍然是阿里平台内的小微企业，因而平台生态的扩展、场景的创新，是小贷乃至蚂蚁金服未来的重要突破点。

---

[1] 陈龙，《蚂蚁金服陈龙：什么是好的普惠金融》，《财经》，2016 年 9 月 3 日。

[2] 陈龙，《陈龙：新金融 2.0 时代来了》，《互联网金融 12 讲》，中国人民大学出版社，2016 年 8 月。

在这一方面，2016 年 8 月，支付宝推出全新版本 V9.9，在界面、功能等方面做了较大的更新，继续深耕场景生活。例如，在支付宝客户端中，以往只是众多功能键之一的"校园生活"扩展到一整个页面，在内容上增加了兼职、实习、学生优惠等功能，并且经过认证后可在首页与校友互动。在这个覆盖高校学生的学习、生活和工作的场景平台中，支付宝通过金融将高校、学生与社会联系起来，为更多的学生提供更为便捷与个性化的服务。

自 2015 年 7 月推出 9.0 版本，支付宝便开始从"支付平台"向"场景平台"进化。"以前，人们忙忙碌碌去追逐各种场景，生活因此越来越碎片化，而新支付宝要让人成为中心，让消费、金融理财、生活、沟通等各种场景重新以人为中心去建构，并通过大数据、互联网的技术让服务更加个性化、更有温度。"[①] 这是蚂蚁金服集团支付事业群总裁樊治铭对于支付宝场景化战略的诠释。

不仅如此，作为蚂蚁小贷的生态平台，蚂蚁金服正在加快其金融"场景化"的战略步伐。蚂蚁金服集团首席执行官彭蕾曾在多个场合表示，互联网金融的未来是场景化。包括支付、理财、融资、保险等在内的金融服务与每个人的日常生活紧密相连，"金融场景化"的发展方向也因而在一定程度上与普惠金融的特征与理念相契合。

事实上，最早蚂蚁小贷便是因为淘宝电商平台内小微企业融资难题应运而生，到如今为解决农民贷款困难而诞生的"旺农贷"，都

---

① "支付宝进化论：从支付到场景平台"，和讯网，2015 年 7 月 9 日，参见 http：//iof. hexun. com/2015 - 07 - 09/177413359. html。

是具体的生产、生活场景中的产物。近年来，在场景的创新上，网商银行也做了很多尝试。例如，与全球最大的中文网站流量统计机构——CNZZ 平台合作推出面向中小规模创业型网站的"流量贷"，利用蚂蚁金服内部的"口碑"平台信息推出面向线下实体餐饮类商户的"口碑贷"，针对特定场景推出额度更高的"双十一"大促贷等多种创新性金融信贷产品。其中，不仅有脱离阿里体系、利用技术优势与其他平台合作为阿里平台之外的小微企业提供贷款的产品创新，也有利用新的平台生态为线上和线下实体小微企业提供的信贷服务，更加丰富了小贷的模式与业务范围。"场景贷"也将成为网商银行未来探索和创新的重点。

一直以来强调的"平台化"战略，也为蚂蚁金服在平台拓展与场景创新上带来了更为广阔的空间。2015 年 8 月 10 日，在北京举办的合作伙伴大会上，蚂蚁金服把全面升级后的开放平台，包括十二大类能力和众多小微商户信息，开放给合作伙伴。合作伙伴将获得支付、信用、金融、技术等全方位的资源与服务，而蚂蚁金服也可以借助合作伙伴的平台生态和各式各样的场景，创新和提供更多的金融服务。例如，2015 年 6 月，蚂蚁金服就与兴业银行签署战略合作协议，在渠道、业务、产品、客户等多方面进行资源共享，并且重点在农村金融、普惠金融、民生金融等方面进行合作。

当前，中国经济进入"新常态"，以往投资拉动型的经济增长方式已经不可持续，未来取而代之的经济发展动力将包括个性化、多样化的消费，小型化、智能化、专业化的生产，推动全面创新、创业带动就业，"三农"问题和农村经济、农村金融等。[①] 在这一转型过程中，以往重视大中型企业融资的金融体系需要向消费金融、大众型金融、普惠金融转变，以适应经济包容性增长的要求。中国人民银行副行长易纲就曾多次强调普惠金融在未来中国金融发展方向上的重要性。而作为数字普惠金融的先行者蚂蚁小贷，在实现金融促进公平正义的同时，与国家和社会的未来发展紧密相连，将拥有超越商业价值的更大的社会价值。

教授启示[②]

好的普惠金融应该具备四个特点。首先，普惠金融应该"普"，可触达（accessible）。不但是所有的人群，而且在所有需要金融的时间和地点，都应该能够得到覆盖；好的金融，应该无微不至。

其次，普惠金融应该"惠"，可负担（affordable）。这个要求恰恰是普惠金融的一个核心挑战，也揭示了普惠金融的未来方向：用以触达用户和覆盖风险。如果没有技术创新带来的成本降低和效率提升，普惠金融是没有办法广泛发展的。

再次，普惠金融应该丰富全面（comprehensive）。不只是支付、融资，还应该包括储蓄（理财）、保险、信用等全方位的金融服务。金融服务越充分，其生产要素的潜能越能够得到释放。

最后，普惠金融应该可持续（sustainable）。从商业角度应具备可持续、规模的发展并可复制的特点，而非仅仅作为短期公益行为；

---

① 《2014 年中央经济工作会议》（全文）。
② 节选于陈龙教授《财经》独家发表文章《什么是好的普惠金融》。

从金融消费者的角度，则应有效保障消费者权益，忽视甚至伤害消费者权益的金融不可持续。

所以，理想情况下，好的普惠金融是可触达、可负担、丰富全面、可持续的金融体系。按照这些标准，我们可以看到技术驱动的普惠金融——数字普惠金融——已经在较短时间内达到了前所未有的水平，尤其在中国取得了骄人成绩，在世界范围内实现"弯道超车"。

以移动支付而言，在支票支付还是美国的一种重要支付方式的今天，中国已经有数亿用户可以随时随地、便捷地使用移动支付，对消费者的成本几乎可以忽略不计，对商户的成本则保持在千分之几的水平，大大低于美国约3%的收单费率。移动支付的安全程度相比传统支付也毫不逊色，支付宝在过去几年的资损率保持在十万分之一以下，低于银行卡平均万分之几的资损率。移动支付已经在中国成为结合普、惠和安全的数字普惠金融产品，既惠及了数亿用户和千万商户，也越来越成为新消费体验不可分割的一部分。

从丰富度上看，以余额宝为代表的理财产品把中国老百姓的理财门槛从几万元直降到1元，而且购赎免费，从2013年至今，已有超过2.9亿人成为余额宝用户。而蚂蚁小贷已服务小微企业超过400万家，平均贷款余额小于3万元。

互联网股权融资平台：路在何方？ ①

指导教授：欧阳辉　王砚波　案例作者：杨燕　案例截稿：2016 年 10 月

> 【案例主旨】　互联网具有公开和大众的性质，而风险投资对投资人的风险承受能力和投资能力都有很高的要求，与此同时，两者结合又有可能踩到非法集资的红线。迄今为止我国对互联网股权投资并没有十分清晰的法律界定。那么，在此前提下，互联网平台又是如何构建股权投资模式？有何特点？在案例当中，我们也会对国内外主要的"股权众筹"平台运营模式进行一定的探讨和比较。

【案例正文】

一石激起千层浪：由"宏力能源"事件引发的质疑和争议

2016 年 6 月初，一篇关于 36 氪在"宏力能源"股权融资项目中"涉嫌欺诈"的报道在业内激起了不小的水花，一夜之间将 36 氪

---

① 下文众筹平台，无特别指明，同样指的是股权众筹平台。

以及互联网股权融资行业共同推到了风口浪尖。①

"宏力能源"是 36 氪作为互联网股权融资平台第一次尝试拓展的新三板定增项目,定增价格 10 元,共 600 万股,其中一半的额度放在 36 氪平台上完成,认购门槛 100 万元。据 2015 年 12 月宏力能源路演时资料显示,公司 2015 年预期盈利 3 500 万元,全年营收预测 3 亿元,定增后做市挂牌价在 18～28 元。而作为该项目的牵头方 36 氪也在投资人微信群里对该项目"极力推荐",表示平台内部员工已经认购了 1 000 万元,标的公司"利润高、现金流好",并且"转板预期高",本次定增后市盈率将超过 37 倍。

然而,仅 4 个月后宏力能源披露 2015 年财报,其经营现状却令投资人"大跌眼镜"。财报显示,公司全年实现营业收入 7 373.72 万元,净亏损 2 676.06 万元,与前期宣传中的预期存在巨大落差。财报出来后,宏力能源在新三板的股价也一路下挫,截至 6 月 2 日收盘价仅为 5.95 元,较 10 元买入价格几乎是拦腰斩断。预期的投资收益变成实实在在的巨额亏损,引发投资人的剧烈反弹,以及对该项目的牵头方 36 氪的强烈质疑。

参与项目的投资人对 36 氪的质疑主要集中在项目审查不力与误导性宣传两方面。一方面,项目融资方宏力能源在前期宣传中所预期的公司财务表现与披露的实际数据相去甚远,并在事后沉默推诿,存在提供虚假信息的嫌疑。而 36 氪作为平台中介以及唯一项目牵头人,本该对项目信息的真实性和质量进行必要的审核,并开展基本的尽职调

---

① 关于"宏力能源"事件详细报道读者可参考《36 氪深陷股权众筹项目"涉嫌欺诈"旋涡深度调查》,钛媒体,2016 年 6 月 3 日,http://www.tmtpost.com/1786615.html。

查，但实际却严重失职。另一方面，36 氪被认为有误导性宣传的嫌疑。除平台自身在投资人微信群里对"宏力能源"项目"极力推荐"外，更有内部员工在群里假扮成"托"为项目"说尽好话"，以及 36 氪"承诺"认购 1 000 万元的投资份额，但后来并无下文等①，都给投资人的决策带来诱导性暗示，超越了信息中介平台应扮演的角色。

事件发生后，36 氪虽迅速做出回应，称已与项目方进行严正交涉，将通过法律途径，追究当事人的责任，并尽量挽回投资人的损失。同时在公开信中承认其"在风控环节、融资推介环节以及和投资人的沟通机制、信息披露等方面的责任不可推卸"。截至目前，对该事件的后续调查并无官方报告出台，但据原 36 氪员工爆料，36 氪业务疑受事件影响发生重大调整，原来负责 36 氪私募股权投融资相关业务的市场部、资金与投资部两个部门被撤销。② 业内人士也透露，由于目前行业律法模糊，最终事件要平息 36 氪恐须为投资人损失进行兜底。

事实上，"宏力能源"事件只是目前国内互联网股权融资行业发展乱象的集中体现，而由此引发社会及投资人对 36 氪平台角色的质疑与争议，值得我们对互联网股权融资平台这一新生事物以及其行业发展现状进行一番思考和反思。

国内互联网股权融资行业的发展概况

互联网股权融资，最早起源于美国。顾名思义，即企业通过互

---

① 最后在成立的投资基金中，全部的资金只有这外部投资人投资 600 万元成立的基金，这其中仅投资人张浩、顾伟、胡科斌三人出资份额就占到 400 万元。36 氪平台之前宣称的 1 000 万元认购毫无下文。

② 资料来源：《36 氪疑受宏力能源欺诈事件影响业务发生调整》，和讯网，参见 ht-tp：//zhongchou. hexun. com/2016 – 07 –20/185034294. html。

联网渠道出让一定比例的股份向投资者进行融资，投资者投资入股并以股份转让或分红的形式获得收益。参与互联网股权融资的融资主体一般为处于早期阶段的创业企业，而投资方除了专业投资机构、高净值人群外，还包括大量潜在的社会投资人。[①] 平台通过互联网技术广泛地对接投资和融资需求，在风险投资市场扮演中介人的角色，为投融资双方提供相关的金融服务支持。

如同互联网对众多传统行业所带来的冲击一样，互联网股权融资也被认为会对包括风险投资在内的金融领域产生颠覆。

投资结构

理论上，互联网股权融资平台的存在，通过信息糅合降低投融资双方的搜索成本。一方面能够提升创业企业的融资地位，通过"反选"投资人提高融资效率，一定程度上节省了企业在线下为寻找投资人所付出的成本和精力，并可通过平台聚拢社会资源，为融资企业提供除资金外的其他帮助，包括跨地域、跨行业的专业能力和资源支持等。另一方面也方便投资人在更大范围内高效地找到感兴趣的创业项目，且利用互联网的长尾效应，快速发现"小众"或兼具特色的项目资源。在互联网股权融资平台出现之前，风险投资人很大程度上是依赖朋友推荐或本地人脉资源来寻找项目，这种项目搜索方式效率较低，也大大降低了投资人可能遇到高质项目的概率。

与此同时，互联网股权融资平台通过互联网以及一定的投资结构安排，也为大量的潜在投资人提供了一次参与早期风险投资的机会。在此

---

① 据 AngelList 对长江商学院的反馈，其大多数融资企业为种子期阶段。由于中后期企业对其融资信息更加敏感，更倾向与少数投资人在线下进行私募融资。

之前，风险投资主要是机构投资者——VC/PE——和财富积累丰厚的天使投资人的领地，社会上绝大多数民众，包括那些个人财务相对稳健且有资产配置多元化需求的中上产阶层，风险投资可望而不可即。

国内大多数互联网股权融资平台的投资结构普遍采用"领投—跟投"模式。该模式最早起源于互联网股权融资平台的先行者 AngelList，也被称为"联合投资（Syndicate）"模式，即针对单个项目，由一个经验丰富的专业投资人或投资机构扮演"领投人"角色，其他投资人通过资金跟投的方式参与该项目投资。

在具体操作上，领投人与跟投人共同设立有限合伙企业（Limited Liability Partnership，LLP）向融资企业进行投资。领投人作为普通合伙人（General Partner，GP）承担对 LLP 的管理运营等全部职责，包括投前的尽职调查、确定估值及投后管理等。跟投人作为有限合伙人（Limited Partner，LP）将管理及表决权等交给领投人代理行使。在投资退出后，跟投人须支付领投人部分投资收益（附带收益，carry interest）作为其投资管理工作的回报。

这种投资结构的安排（见图 5 - 1）与传统风险投资基金形式较为相似，领投人相当于基金管理人角色，跟投人则类似于基金中的投资人。但与基金的"批发"性质（募集资金后投资大量项目，并建立投资组合）不同，互联网股权融资中的"领投—跟投"模式为"零售"属性，即仅针对单个项目进行投资。

由于早期项目的融资规模一般较小，跟投人只需投入一小笔资金即可参与项目投资，譬如在 36 氪平台上最低投资额只有 350 元①，

① 参见 36 氪股权投资平台。

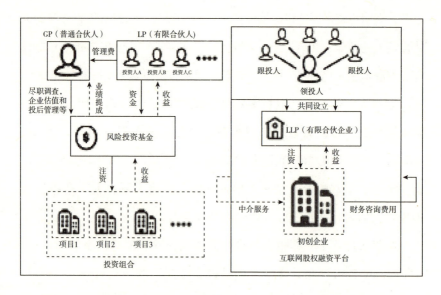

图 5 – 1　传统风险投资基金模式（左）vs. "领投—跟投"模式（右）
　资料来源：由长江商学院案例研究中心整理

这在一定程度上降低了跟投人的投资门槛。与此同时，不同于基金形式，跟投人无须向领投人支付每年按基金规模固定比例的管理费用（约基金规模的 2%／年），[①] 这进一步减轻了跟投人的投资负担。而领投人通过该模式，一方面，既可分享跟投人的投资收益，又可撬动大量的跟投资金，参与更多的项目投资，分散投资风险；另一方面，领投人通过"杠杆"作用，集合所有投资人的资本和股权，也可在被投企业中获得更高的话语权，使得一些天使投资人通过领投方式有机会成长为"超级天使"[②]。

----

　　① 　资料来源：博实资本李秉恒，《股权众筹模式分析》，互联网金融。
　　② 　超级天使以连续创业者和职业经理人为代表。他们的回报率远远高于其他的天使，因为他们有产品经验、人脉，还有足够的时间帮助创业者。所以越来越多的创业者宁愿在早期拿他们的钱，而不是风险投资的钱。

　　此外，信息不对称是从事风险投资的主要障碍。尤其创业企业
在发展的早期阶段经营数据稀缺，或是属于新兴产业，投资人往往
很难掌握足够信息来评估企业价值，这在一定程度上抑制了投资意
愿。而作为创业企业，也不愿意因为信息问题折价出让股份。大量
的研究表明，风险投资人更愿意投资于自己熟悉的创业者和领域，
甚至在地理位置上更偏好于创业企业集中的地区，譬如美国的硅谷、
中国的中关村等。而借助于"领投—跟投"模式，投资人可借助跟
投方式"搭乘"领投人的专业投资经验，理论上为跨区域、跨领域投
资提供了解决方案。据 MIT Sloan 商学院所提供的研究数据，以硅谷投
资人对非硅谷地区投资为例（见图 5 - 2 右），采用"领投—跟投"模
式进行风险投资的资金规模，投资人数明显高于非"领投—跟投"模
式，而在非硅谷投资人对硅谷地区投资中，采用"领投—跟投"模式
的投资人数量也较非"领投—跟投"模式更多（见图 5 - 2 左）。

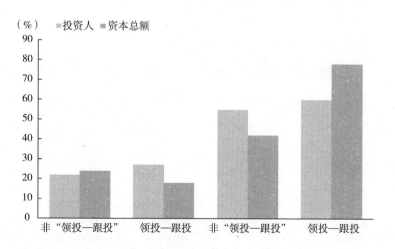

图 5 - 2　风险投资流入/出硅谷规模

资料来源：MIT Sloan Research Paper

　　"领投—跟投"模式为风险投资所带来的诸多优势，使得该模式在刚刚推出不久便得到了迅速推广。在 AngelList 平台上，利用该模式融资的企业数量已远远超过其他模式（见图 5 – 3）。

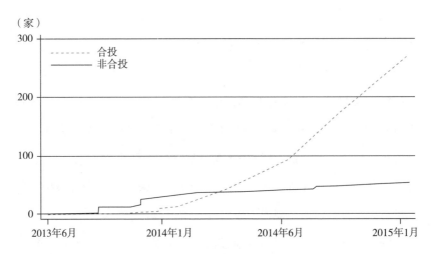

图 5 – 3　AngelList 平台上"合投"数量和"非合投"数量
资料来源：《加利福尼亚管理评论》

国内现状

　　互联网股权融资 2011 年进入中国，随着天使汇、创投圈、原始会等第一梯队的互联网股权融资平台诞生，经过前三年的"不温不火"，2014 年起，乘着"双创"① （大众创业、万众创新）的东风，

---

　　① 国务院总理李克强 2014 年 9 月在夏季达沃斯论坛上公开发出"大众创业、万众创新"的号召，几个月后，又将其写入 2015 年政府工作报告予以推动。在 2015 年 6 月 4 日的国务院常务会议后，"双创"再度吸引了人们的注意，该次会议决定鼓励地方设立创业基金，对众创空间等办公用房、网络等给予优惠；对小微企业、孵化机构等给予税收支持；创新投贷联动、股权众筹等融资方式；取消妨碍人才自由流动、自由组合的户籍、学历等限制，为创业创新创造条件；大力发展营销、财务等第三方服务，加强知识产权保护，打造信息、技术等共享平台。

以及政府对创业投融资的政策支持逐渐明朗化①，作为多层次资本市场的重要补充，国内从事互联网股权融资的平台数量也随之出现跳跃性增长（见图 5 - 4）。

据盈灿咨询统计，截至 2016 年 5 月底，全国范围内平台总数为 140 家，历史累计成功筹资额近 90 亿元。清科研究数据也显示，2015 年累计成功筹资的项目达 2 338 个，累计筹资金额近百亿元人民币。世界银行预测，到 2025 年，全球发展中国家的互联网股权融资将达到 960 亿美元，中国有望达到 460 亿—500 亿美元。

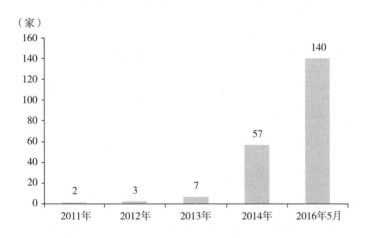

图 5 - 4　国内互联网股权融资平台数量

资料来源：上海交通大学互联网金融研究所及京北智库研究团队统计分析，由长江商学院案例研究中心整理

中国互联网股权融资行业得以迅速发展，除上述政策刺激外，也与压制已久的创业企业融资需求息息相关。一方面，由于创业企

──────────

① 国务院办公厅《关于发展众创空间推进大众创新创业的指导意见》中第六条规定：完善创业投融资机制。发挥多层次资本市场作用，为创新型企业提供综合金融服务。开展互联网股权众筹融资试点，增强众筹对大众创新创业的服务能力。

业无实质性抵押资产，缺乏经营数据支持，普遍很难通过传统金融机构，譬如银行，获取成长资本；另一方面，早期阶段投资风险较大，初创企业存活率很低①，以往国内参与早期风险投资多为外资机构、政府资金、企业，私人参与较少②，且整体规模较少，2013 年仅 47.8 亿美元，远低于美国的 298 亿美元的当量，很难满足国内创业企业"饥渴"的融资需求。

另外，国内经济持续发展，中产阶层规模不断扩大，但由于缺乏合适的投资渠道，或渠道门槛过高，积累财富无法获得增值，投资需求被长期抑制。在此背景下，互联网以更广泛、高效的形式对接投融资需求成为一种潜在的解决方案被引入国内。政策鼓励，以及海外如 Uber（优步）、Oculus 等革命性企业通过互联网平台成功获得融资，为行业在中国的发展注入活力。

然而伴随着国内平台数量和交易规模的不断扩大，关于互联网股权融资的各种问题接踵而至。

早在 2014 年，众筹咖啡就出现了投资人分歧而失败的案例③，而融资造假事件更是层出不穷，很多创业企业企图通过捏造创始人身份、团队构成等信息以获取项目高估值和投资人信任。正如投壶网 CEO 赵

---

① 截至 2012 年年底，我国实有企业 1 322.54 万户。其中，存续时间 5 年以下的企业 652.77 万户，占企业总量的 49.4%。譬如，美国人口普查局公布数据显示，2011 年，27% 的新公司在成立第一年内即倒闭，运营超过 10 年的公司只剩不到一半，其中科技企业倒闭概率更高。

② 我国风险投资主体包括外资 34%、企业 31%、政府资金 21%、金融机构 10%；对比美国风险投资主体包括抚恤金 40%、私人 14%、企业 18%，其他有保险公司、捐赠资金、国外资金等各占 10% 左右（Venture Economics 数据）。

③ 具体事件请参考《盘点 2015 年国内惨遭失败的众筹案例》，搜狐公众平台，2016 年 1 月 20 日。

妍昱所说，"劣币驱逐良币的现象，正在行业中发生"，靠谱项目资源稀缺，投融资双方也很难获取彼此信任①。与此同时，类似上述"宏力能源"事件中，36 氪作为投融双方的信息中介平台，在项目审核与宣传、投资人保护以及自身定位等方面也存在不同程度的缺位和越界行为，更是进一步助长了行业乱象。

随着时间的推移，互联网股权融资已经由项目失败逐渐向平台倒闭蔓延。根据网贷之家此前发布的数据，2015 年全年倒闭平台共40 家，而 2016 年前 4 个月这个数字就已达 43 家。② 大量的平台倒闭以及频发的融资丑闻和纠纷事件，导致投资人对互联网股权融资业态产生怀疑。

归根结底，互联网股权融资虽属金融创新，但也无法逃避金融投资的本质。如何更有效地对接投融资双方、筛选优质项目、降低投资过程中的信息不对称风险、在投后管理中更好地保护投资人利益以及实现投资退出等，这些问题贯穿投资全局，为投资人所密切关注。当中任何一个环节出现纰漏，都可能影响投资人决策，打击投资热情，进而阻碍整个业态的有序发展。

上述"领投—跟投"模式理论上降低了投资中的信息成本，但在实际落地中，跟投人往往处于相对劣势的地位。首先，由于多数投资人并不具备专业投资知识和股权投资经验，很容易受到宣传信息的误导，对被投项目产生错误估值，或如"宏力能源"事件中，过度依赖平台背书；其次，即使网络降低了沟通成本，但地理距离

---

① 从投资界公开数据看，能获得投资机构投资的商业计划书的比例只有 1%～5%。
② 资料来源：《股权众筹听起来很美好，实际很多平台在倒闭!》，搜狐公众平台，2016 年 6 月 16 日。

或行业跨度也使得投资人对项目运营的监督难度依然存在；最后，领投人与跟投人利益关系相对薄弱，缺少主动维护跟投人权益的动力，甚至可能会与融资方合谋损害跟投人利益。

此外，除有与上述传统风险投资基金的比较优势外，互联网股权融资的"零售"属性也存在一定的比较劣势。具体来说，传统风险投资基金中，即使投资组合中有 80% 的标的项目面临失败，但 20% 的项目成功率或可为基金投资者带来丰厚的投资回报。而对于互联网股权融资而言，80% 的融资失败率对于那些资金条件有限、投资分散能力低的跟投人而言，几乎意味着平台上大多数投资者将面临投资损失。与此同时，在众多小投资人对早期股权投资的内在风险以及对平台责任边界含混不清的情况下，项目失败引起投资人与平台之间产生冲突的概率不可低估。这势必会制约平台扩张规模，影响整个行业的持续发展。① 2016 年上半年，投资人维权案例已超过了去年全年总和，包括像《喜乐长安》和《女汉子真爱公式》电影、人人投问题项目等，均出现了上百人的维权群体，而维权的原因之一即项目业绩未达到预期目标，导致投资人收益受损。②

针对当下互联网股权融资业态的发展现状，如何回归投资本质，更好地解决投资人所关切的几大问题以及如何提高平台项目的投资成功率，是促进行业有序、持续发展的关键。而作为支撑行业发展的基础设施——立法和监管体系，是保证上述问题得到有效解决的

---

① 该假设为绝大多数投资人只投资一个项目。但即使平均每人两个项目，80% 的项目失败率也意味着大多数投资人将面临投资失败。

② 资料来源：《股权众筹也陷刚性兑付危机，维权要求回本金，行业要成类 P2P?》，众筹之家网，参见 https://www.zczj.com/news/2016-07-27/content_7932.html。

一大前提。在互联网股权融资发展初期，我国并未有专门法律法规对此做出规定，行业参与主体只能参照已有的法律规范，例如《证券法》《公司法》《关于进一步促进资本市场健康发展的若干意见》等①，在可能触及"红线"的问题上加以规避，其他方面更多的则是参考国外经验，"摸着石头过河"。因此，上述各种行业问题的存在和发生也有其客观原因。

立法和监管

国内立法和监管状况

借鉴国外经验，自国内第一家互联网股权融资平台天使汇诞生起，市场上普遍将相关的、通过互联网平台进行股权融资的活动称为"股权众筹"，体现的是向更多社会潜在投资人融资的普惠金融特点。正如上文所述，对于新生事物的成长，法律和监管总是走在后面（见表5-1）。

表5-1　国内互联网股权融资政策文件梳理

时间	发布机构	政策文件	内涵
2014.12.18	证监会创新业务监管部	《私募股权众筹融资管理办法（试行）（征求意见稿)》	私募股权众筹融资是指融资者通过股权众筹融资互联网平台以非公开发行方式进行的股权融资活动
2015.7.18	中国人民银行等十部委	《关于促进互联网金融健康发展的指导意见》	股权众筹融资主要是指通过互联网形式进行公开小额股权融资的活动。股权众筹融资必须通过股权众筹融资中介机构平台（互联网网站或其他类似的电子媒介）进行

---

① 资料来源：《股权众筹相关法律法规的梳理与解读》，搜狐公众平台，2015年10月18日。

续表

时间	发布机构	政策文件	内涵
2015.8.7	证监会	《关于对通过互联网开展股权融资活动的机构进行专项检查的通知》	规定"股权众筹"特指"公募股权众筹",而现有"私募股权众筹"将用"私募股权融资"代替,并规定单个项目可参与的投资者上限为200人
2015.8.10	证监会	《关于调整场外证券业务备案管理办法》	"私募股权众筹"修改为"互联网非公开股权融资"

资料来源:由长江商学院案例研究中心整理

直到 2014 年 12 月,中国证券业协会发布了《私募股权众筹融资管理办法(试行)(征求意见稿)》(以下简称《意见稿》),这是官方首次出台针对互联网股权融资的法律提案。该文件的起草说明提到"由于缺乏必要的管理规范,众筹融资活动在快速发展过程中也积累了一些不容忽视的问题和风险:一是法律地位不明确,参与各方的合法权益得不到有效保障;二是业务边界模糊,容易演化为非法集资等违法犯罪活动;三是众筹平台良莠不齐,潜在的资金欺诈等风险不容忽视"。

针对这些问题和风险,《意见稿》相应做出了严格规定[①],包括:在法律地位上,将"股权众筹"限定在私募范畴;在非法集资的"红线"问题上,规定融资方不得公开或采用变相公开方式发行证券,不得向不特定对象发行证券;融资完成后,融资企业的股东人数累计不得超过 200 人;对于合格投资人的资格限定,《意见稿》比照的是传统私募基金所设立的投资人门槛;同时,为消除资金欺诈风险,要求平台对融资项目的合法性进行必要审核、采取措施防

---

① 详见《私募股权众筹融资管理办法(试行)(征求意见稿)》的具体规定。

范欺诈行为、禁止误导投资者等。

但《意见稿》发布后，正式版却迟迟没有出台。最主要的争议在于对合格投资人的认定，譬如：投资单个项目的最低金额不低于100万元人民币，金融资产不低于300万元人民币或最近三年个人年均收入不低于50万元人民币的个人等，业界普遍认为门槛过高，有悖互联网"众筹"的普惠金融本质。对此，2015年7月，在央行牵头下出台《关于促进互联网金融健康发展的指导意见》（以下简称《指导意见》）①，股权众筹被正式界定为"通过互联网形式进行的公开小额股权融资活动"，即具有"公开、小额、大众"的公募特征。

同年8月，证监会发布《关于对通过互联网开展股权融资活动的机构进行专项检查的通知》②，以对当前业态进行摸底调查③，并指出"未经国务院证券监督管理机构批准，任何单位和个人不得开展股权众筹融资活动。"这意味着，不论是股权众筹发起，还是股权众筹平台设立，都需要获得证监会的"审批或许可"，而此门槛颇高。

随后不久，中国证券业协会发布《关于调整场外证券市场业务备案管理办法》个别条款的通知，最终将"私募股权众筹"修改为"互联网非公开股权融资"，与公募性质的股权众筹概念加以严格区

---

① 详见《关于促进互联网金融健康发展的指导意见》关于股权众筹条款的具体规定。

② 详见《关于对通过互联网开展股权融资活动的机构进行专项检查的通知》的具体内容。

③ 通知调查内容，包括但不限于以"私募股权众筹""股权众筹""众筹"名义开展股权融资活动的平台。检查重点内容包括平台上的融资者是否进行公开宣传，是否向不特定对象发行证券，股东人数是否累计超过200人，是否以股权众筹名义募集私募股权投资基金。

分，并归入场外市场，采用相对宽松的事后备案制管理。在此背景下，除阿里巴巴、京东和平安已取得股权众筹试点的三家平台外，其他互联网股权融资平台所开展的业务实属于"互联网非公开股权融资"的私募范畴，这意味着，一大批相关平台将面临"被迫"改名的"窘境"（见表5-2）。

表5-2　互联网股权融资平台改名前后

平台	现用名	曾用名
智金汇	互联网股权投资平台	创业投融资服务平台
云筹	天使投资股权众筹服务平台	天使投资股权众筹平台
京东东家	京东私募股权	互联网众筹平台
天使客	股权众筹、股权私募基金投融资平台	天使客股权众筹融资平台
天使汇	天使合投平台	股权众筹平台
众投邦	股权投融资平台	互联网股权融资平台、新三板股权众筹
人人投	私募股权融资平台	私募股权融资平台、股权众筹平台

资料来源：各大网站收集，由长江商学院案例研究中心整理

从第一家互联网股权融资平台在国内落地，花了五年的时间完成了对业务形态的法律界定，但无论股权众筹还是互联网非公开股权融资，相应的法律和监管细则还未正式出台。上述三家"公募"试点平台也未正式开展股权众筹业务，而各大"私募"平台的募资活动目前仍处于灰色地带。

譬如，对于合格投资人资质，京东、36氪等平台规定投资人须满足：（1）最近三年个人年均收入不低于30万元人民币；（2）金融资产不低于100万元人民币，其中之一即可，且对单个项目最低投资额并无规定[①]。这与《意见稿》或传统私募的资质要求有一定

---

① 参考《京东东家投资人规则》第二条：合格投资人认证，https：//www.zczj.com/news/2015-10-12/content_4230.html。

差距，若最终监管细则抬高门槛，无疑对平台发展会产生负面影响。

互联网的大众化与非公开证券发行在特定对象要求和募资人数限制上[①]存在根本矛盾，也使得平台业务面临向不特定对象公开宣传以及触碰非法集资的"红线"风险。对此，目前各大平台通过投资人注册以及对投资人的资质审核来"主张"其面向的投资人为特定对象。虽然从法律解释上此套流程行得通，但仍缺少正式的法律依据。

再譬如，针对类"宏力能源"事件中平台的角色定位问题，《意见稿》中定义平台为股权投融资双方提供信息发布、需求对接、协助资金划转等相关服务的中介机构[②]，属"信息中介"[③]，但实际操作中，由于缺乏监管，很多平台同时扮演"投资中介"[④]角色，领投项目，或越界代融资方宣传，充当裁判和运动员双重角色。

此外，还有融资方责任、信息披露问题、投资人保护以及投资人退出等，在缺乏正式的监管细则的规范下，难免出现前文提到的各种行业问题，增加投资风险。

与国内监管细则"难产"相似，在大洋彼岸的美国，自 2009 年

---

① 《证券法》第十条规定，有下列情形之一的，为公开发行：向不特定对象发行证券的；向特定对象发行证券累计超过二百人的；法律、行政法规规定的其他发行行为。任何向不特定对象公开发行证券的行为，都须经过国务院证券监督管理机构或国务院授权的部门核准。同时非公开发行证券，不得采用广告、公开劝诱和变相公开方式。

② 参考《私募股权众筹融资管理办法（试行）（征求意见稿）》第二章第五条规定。

③ 传统信息中介包括券商分析报告、评级、交易所等，这类金融中介可以直接销售信息，依赖交易佣金盈利。

④ 传统投资中介包括银行、信托、券商自营部门、公募/私募基金等，它们将信息与资金捆绑，依靠自己的信息优势来替投资者做投资决策，然后收取管理费以及一定比例的投资收益提成。

"众筹"兴起，2012 年《JOBS 法案》① 通过，直到 2015 年 11 月相关细则条款才全部落地，前后也等待了将近 6 年的时间。其中《JOBS 法案》的第二章（Title Ⅱ）和第三章（Title Ⅲ）所涉及的内容与我国互联网非公开股权融资和股权众筹较为相似，或可为行业监管和发展方向提供一定的借鉴和参考。

美国立法和监管借鉴

当 2012 年 4 月奥巴马签署《JOBS 法案》时，其初衷在于放松美国证券业对创业企业的融资监管，从而提供更多就业机会，缓解金融危机以来低迷的经济形势和严峻的就业压力②。虽然《JOBS 法案》从起草到签署、生效一直伴随着争议，但在客观上给美国互联网股权融资活动提供了政策空间与支持，并为众多的创业企业拓宽了新的融资渠道。

《JOBS 法案》对创业企业融资活动的政策优惠主要体现在：Title Ⅱ 对私募豁免条件的放松，以及 Title Ⅲ 对互联网公开发行的"小额豁免"。

关于 Title Ⅱ

美国私募股权融资依据 1982 年 SEC 制定的 D 条例（Regulation D)③，为企业提供了通过非公开发行方式融资的重要途径。根据 D 条例，私募融资须满足两个基本条件：一是发行对象的特定性，即

---

① 《创业企业融资法案》（Jumpstart Our Business Startups Act，简称《JOBS 法案》）。
② 资料来源：《解析美国 JOBS 法案》，中证金研究院，资本市场研究网。
③ 美国私募发行通常遵循 D 条例，其中包括规则 504/505/506，前两个规则对私募有融资上限要求，譬如规则 504 为在 12 个月内融资不超过 100 万美元，规则 505 为在 12 个月内融资不超过 500 万美元，而规则 506 无融资上限要求。具体参考：https://www.sec.gov/oiea/investor – alerts – bulletins/ib_ privateplacements.html。

必须是合格投资者（accredited investor，无人数限制）① 或不超过 35 人的非合格投资者(non‒accredited investor)②；二是在发售时不得进行公开宣传。Title Ⅱ针对私募豁免制度，解除了公开宣传的发售禁令，规定那些依据 D 条例中 506（c）法规募资的企业可以采用一般性劝诱（General Solicitation）方式发售证券，譬如 E-mail 交流，或通过各个线上平台、公开演讲论坛、社交网站、公开视频等渠道③，但最终授予对象仅限于"合格投资人"，并要求融资方须采取合理措施（reasonable steps）对合格投资人资格进行必要审核④。此外，由于 Title Ⅱ是基于 506（c）法规的豁免改革，故对募资人数和额度均无限制。

取消发售禁令后，创业企业可以借助互联网平台向潜在合格投资人进行公开的募资宣传，这大大拓展了企业融资的活动空间。据 Crowdfundinsiderm 网站透露，2013 年 9 月 23 日 Title Ⅱ正式生效后的第二天，AngeiList 平台当日累计募资额就超过 100 万美元，也有超过 1 000 家企业通过平台公开自己的融资需求。Title Ⅱ从立法层面

----

① D 条例中对合格投资人数量无限制，这与我国不超过 200 人的私募限定不同。

② 规则 504 除外，依据此法规发行的证券为受限制证券，不可在市场转让。规则 505、506（b）（c）对投资人范围也有一定区分。505、506（b）投资人包括无人数限制的合格投资人和 35 人以内的非合格投资人（an unlimited number of accredited investors, but to no more than 35 non‒accredited investors），其中 506（b）要求非合格投资人也必须是经验丰富的投资人。506（c）投资人仅限合格投资人。具体参见：https：//www. sec. gov/oiea/investor‒alerts‒bulletins/ib_ privateplacements. html。

③ 但在宣布之前，创业公司必须在 15 天之前向 SEC 提交有关将要公开融资需求的资料，并且要让 SEC 了解所有其将要告诉投资人的信息，不然有可能面临一年之内的"不能进行任何融资"的处罚。

④ "合格投资者"被定义为拥有 100 万净资产（资产减去债务和不包括自住的房产）或近两年内个人年收入超过 20 万美元或家庭年收入超过 30 万美元。

上解决了互联网的大众化和私募对特定对象限制之间的冲突问题。①

然而在 Title Ⅱ 颁布后，企业起初对此法案的拥护度并不是很高。其最大障碍是融资方须对投资人的资质进行验证，同时一些创业企业的律师由于没有处理过相关的案例也不敢贸然行动。② 对此，一些平台主动担负起对投资人的资质审核，但与融资方协议中，仍然强调融资方负有最终责任，并愿为融资方验证提供投资人相关信息。③

关于 Title Ⅲ

Title Ⅲ 的核心为"小额豁免"，即对于小额融资（企业在 12 个月内通过股权众筹融资不超过 100 万美元）的创业企业，可以在豁免 SEC 注册情况下，面向所有投资者（包括合格、非合格投资者）进行公开发行，即股权众筹（Crowdfunding），并强调募资企业一次只能在一个中介平台上发行证券。同时，Title Ⅲ 对于所有投资人限定投资金额，避免其遭受超过自身承受能力的损失风险。

当个人年收入或年净资产少于 10 万美元时，12 个月内投资总额不得超过 2 000 美元或者年收入或年净资产中较小者的 5%（二者中较大者）；当个人年收入和年净资产均不少于 10 万美元时，12 个月内投资的最高限额是年收入或年净资产的 10%（二者中较小者）。此外，12 个月内销售给某一投资者的证券总额也不能超过 10 万美元。

Title Ⅲ 拓宽了网上小额融资交易的中介渠道，提升了创业企业

---

① 资料来源：《Brief：Aisgilist Adds Filtered Alerts for investors》，https：//www. crowdfundinsider. com/2014/02/31221 – crowdfunding – angellist – filtered – alerts – investors/ 2014. 02. 03。

② 资料来源：《JOBS 法案 Title Ⅱ 条例颁布两周年记》，Techcrunch。

③ 可参考 AngelList 平台关于投资人协议，https：//angel. co/help/investors。

的融资自由度。譬如，触达更广泛的投资人群、豁免注册以及相对较少的信息披露工作①等。与此同时，与现行的监管思路不同，Title Ⅲ不再从资产角度进行限制，而是通过设定投资额和融资额上限对投融资行为加以约束，在一定程度上可以降低"豁免机制"所带来的投资风险。

除经纪交易商（broker - dealer）外，Title Ⅲ还定义了一种新的从事网上小额融资交易的中介机构——集资门户（Funding Portal），并对中介的资格和限制行为做出了明确规定。一方面，中介机构仍受 SEC 监管，集资门户需要在 SEC 登记，同时注册为全国性交易证券协会的成员；另一方面，禁止中介机构从事不正当的获利行为，包括平台不能提供投资建议，不能招揽生意，更不能持有、管理或拥有投资者基金或证券等；要求中介机构在证券售出 21 天前向 SEC 和潜在投资者发布融资方提供的所有信息；确保投资者充分了解投资风险和进行投资者教育，并采取措施防止与交易相关的欺诈等。②

另外，考虑依据 Title Ⅲ融资的企业规模一般不大，以现金支付平台服务或对企业而言成本过高，同时，融资规模小导致平台的服务收入不高，阻碍其提供众筹服务的动力。因此 SEC 在最终的落地方案中，允许平台可以以股权形式收取服务费用，减少企业支付压力，也使得平台可以合法地分享企业未来增值收益，鼓励更多平台开展众筹业务。与此同时，为避免平台持股可能引发与投资人之间

---

　　①　融资企业信息披露内容包括：发售证券的价格和定价方法、目标融资额、达到目标融资额的截止日期、是否接受超额发售、过去 12 个月的财务报表（融资额在 50 万～100 万美元的公司可以只提交财务概况，而非审计的财务报表）、公司业务介绍、融资用途、公司高管信息及 20% 股权以上所有者信息、部分相关人交易等。

　　②　资料来源：《解析 JOBS 法案》，资本市场研究网，中证金融研究院。

的利益冲突，该条例实施的前提是平台股权与其他投资人的权益须完全一致。

Title Ⅲ 落地后，仍引发不少质疑。美国国会议员麦克亨利的公开信中写道："如今初创型公司在种子轮的平均筹资额大约 200 万美元。他们面对众筹法规中每年 100 万美元筹资上限，可能不得不使费用资本化，或者采取其他措施向合格投资者募集剩余资金。从法律角度来看，成本变得更高了。"针对于此，SEC 又发布了条例 A（Regulation A ＋），进一步有条件地拓宽企业众筹上限至 5 000 万美元（见表 5 –3）。

表5 –3　《JOBS 法案》主要条款比较

	条例 A – 第一等级	条例 A – 第二等级	Title Ⅱ	Title Ⅲ
融资上限	20 000 000 美元	50 000 000 美元	不限	1 000 000 美元
投资者类型	所有投资者	所有投资者	仅限合格投资者	所有投资者
个人投资限额	无	当个人年收入或年净资产少于 10 万美元时，12 个月内投资总额不得超过 2 000 美元或者年收入或年净资产中较小者的 5%（二者中较大者）；当个人年收入和年净资产均不少于 10 万美元时，12 个月内投资的最高限额是年收入或年净资产的 10%（二者中较小者）。此外，12 个月内销售给某一投资者的证券总额也不能超过 10 万美元	无	当个人年收入或年净资产少于 10 万美元时，12 个月内投资总额不得超过 2 000 美元或者年收入或年净资产中较小者的 5%（二者中较大者）；当个人年收入和年净资产均不少于 10 万美元时，12 个月内投资的最高限额是年收入或年净资产的 10%（二者中较小者）。此外，12 个月内销售给某一投资者的证券总额也不能超过 10 万美元

	条例 A – 第一等级	条例 A – 第二等级	Title II	Title III
投资者认证	不适用	自行认证	高度可靠的认证；需要财务信息	自行认证
公开发售	无限制	无限制	无限制	仅限于通知形式；所有活动必须全部在互联网上进行
预申请/市场试水	允许在没有预申请的情况下进行试水；必须将募资材料与首次发行说明一同提交；发行通告必须在首次发售前48小时内提交	允许在没有预申请的情况下进行试水；必须将募资材料与首次发行说明一同提交；发行通告必须在首次发售前48小时内提交	（目前）没有提交申请的要求	在任何发售募资前都必须进行符合SEC要求的预申请（没有市场试水过程）
招股文件要求	健全——要求有SEC授权和州内批准	健全——要求有SEC批准	无明确要求	健全——要求向SEC提交文件
财务披露	已审核的财务报表	已审计的财务报表	无明确要求	50万~100万美元的公司可以只提交财务概况
持续的财务披露/申报要求	无	包括已审计财务报表在内的年度、半年度和现行报告	无	年度财务状况披露/财务报表
可终止持续财务状况汇报的条件	不适用	Reg A + 股票的持有者少于300人	不适用	众筹证券全部退市

	条例 A – 第一等级	条例 A – 第二等级	Title II	Title III
证券转让的限制	无	无	持有时间达到 1 年	持有时间达到 1 年或只能转让给发行人或合格投资者
中介人	不需要	不需要	不需要	需要有资金门户或者经纪自营商
州内优先认购权	没有，要接受协同审查	有	有，但需要昂贵的"蓝天法"申请费用	有，但必须在本州或者拥有超过 50% 参与众筹者的州内提出申请
责任	12（a）（2）标准赔偿责任	12（a）（2）标准赔偿责任	12（a）（2）标准赔偿责任	门户需承担责任；由发行人负责证明已尽到了"尽职抗辩"的义务
投资者教育要求	无	无	无	需要参与测试

资料来源：由长江商学院案例研究中心整理

由此看来，虽然《JOBS 法案》放松了对创业企业融资以及小额公开发行的限制条件，但并未放松监管，而是采取"疏堵结合"的方式，一方面适度放开平台盈利形式、降低创业企业进入资本市场的门槛，允许私募发行在一定条件下可进行公开宣传；另一方面则通过设立投资和融资额度上限，以及约束平台行为等，以控制投资风险，并加强对个人投资者的保护。这种"疏堵结合"模式或可作为我国对互联网股权融资立法和监管的借鉴，也可作为业态发展的方向参考。

从全球范围看，各国对股权众筹的监管有五种模式：（1）监管不做改变；（2）只有小规模的个人要约才能豁免公开发行；（3）仅限于向有限的人群发出要约，如有一定经验的专业投资者；（4）对所有投资者开放，但不单独为股权众筹立法，仅对现有的监管构架做出针对性的修改；（5）对所有投资者开放，且单独对股权众筹立法。[①]

从上文看，美国选择了第五种监管模式，即专门针对股权众筹制定新的立法，且监管覆盖了股权众筹的全部内容，包括发行人、中介机构和投资者。其他国家，譬如英国选择了第三种监管模式，将股权众筹仅局限于成熟投资者（sophisticated investors）和特定种类的普通投资者。但从对投资人的门槛设定看，比较美国的股权众筹模式，英国模式并不符合"大众"特征，与当下我国政策所界定的"公开、大众、小额"的基本思路存在较大差异。

平台运营

如上文所述，互联网股权融资难逃金融本质。业内人士认为"股权投资是非标品，其投资领域、项目筛选、投后管理和发展都很难被标准化。如何把非标的事情通过互联网手段，'募、投、管、退'的流程能够更高效、更完善地形成闭环，这是难点"，[②] 但也是关键。在当前阶段，由于各国监管和风险投资环境不同，平台在实际操作中也有不同表现。

在此，我们从募资阶段的项目筛选、投资人认证以及投资管理、盈利模式、投资退出这几个关键环节来看国内外主流平台在实际运

---

① 资料来源：《详解中外股权众筹监管的差异：都是如何监管的?》，投资界。
② 资料来源：《如何设置退出机制成 2016 年股权众筹最大看点》，众筹家。

营中是如何操作的。由于目前国内真正意义上、带有公募属性的股权众筹尚未开启，因此我们这里所讨论的内容主要集中在私募范畴（国内或称为互联网非公开股权融资）。

项目筛选

如果将互联网股权融资平台认为是一种特殊的电商，则该平台销售的商品为创业企业的股权。与普通电商平台一样，投融资双方能否顺利成交，关键在于创业企业的股权是否"物有（超）所值"。正如上文所述，风险投资行业成功率一般较低，尤其在天使阶段，即使专业的天使投资人，其投资成功率也仅为 5%～10%，但好的创业项目会为投资人带来"丰厚"的超额回报。因此，优质项目比较集中的平台也会吸引更多的投资人注册；反之，缺乏好的项目，平台很难吸引投资人。

虽然，平台作为信息中介并不负担对项目尽职调查的责任，同时，对每个项目进行尽职调查，平台也会面临较高的运营成本。但为持续经营考虑，平台需要采取某种更高效的手段提高在其上融资的项目质量，或按照 AngelList 的 COO（首席运营官）凯文·劳斯（Kevin Laws）所说的"平台需要告知投资人，在 100 000 个创业企业中，某几个企业我们觉得投资人会感兴趣"。[①]

对此，AngelList 根据企业的档案质量、企业在平台上的活跃度以及其他用户对该企业的响应程度对融资企业进行排名。那些受高

---

① 引用 AngelList COO 凯文·劳斯在 2013 年接受哈佛案例中心采访时的讲话。

质量用户①关注的优质企业会被推选为热门企业在 AngelList 首页等多处进行推送。在创业企业档案公开的 72 小时内，AngelList 会和来自顶尖风险投资机构的投资人组成小组，一起对这些企业的档案进行审查，通过评估该公司的产品、团队以及成长空间等来判断该企业是否能成为精品投资项目推荐给投资人。据 AngelList 内部人士介绍，这些排名或推荐机制，很大一部分工作是由平台所建立的数据模型完成，但对于某些复杂情况，也会需要人工做最终审核。②

国内平台在项目筛选上，以 36 氪为例，一方面，采用"对比法"，首先通过项目数量判断最新的创业方向，再在各个细分领域里，将类似的项目联系到一起，依据相对标准化的指标，比如用户量、团队履历等，大致判断出每个细分领域中前三名的创业企业进行推送；另一方面，平台可以记录每个投资人所浏览的项目信息，后台可以据此对项目质量做出合理推测。③

与此同时，为了获得更多的优质项目，平台也需要扩大发现、挖掘和培育好项目的途径与来源。比如，像 AngelList、Wefunder 与线下的孵化器合作，为平台输送好的创业项目，其中，AngelList 平台上已有超过 3 000 家孵化器，Wefunder 背后有 Y Combinator 的支持；或是着力打造创业服务社区/生态，一方面吸引更多创业企业入驻平台，另一方面通过提供增值服务将优质企业"黏在"平台，持续创造投资的"供给方市场"，以此刺激投资的"需求方市场"。譬

---

① 高质量用户是追踪其过往记录来判断的，包括该用户投资过的、创立的或者工作过的公司估值。

② AngelList, Harvard Business School case, N9 – 123 – 456, September 11, 2013, p. 8。

③ 资料来源：《36 氪如何从边缘媒体做到主流金融》，36 氪，刘成城采访。

如，AngelList 增加了求职、社交等功能区块，以增强平台对创业企业的服务黏性；36 氪的媒体频道、氪空间、36 氪研究院等所构建的创业服务生态为股权融资企业的投前、投后提供全方位支持等。

通过互联网平台的信息和数据优势，有助提高线上筛选项目的效率，一定程度上把控项目质量，但前提是平台本身已积累了海量的数据库（包括项目、用户）资源，并可据此进行有效的大数据分析，而这对于大多数草根或早期平台而言，并非易事。即使对于较大平台，数据的维度和信息的可靠性、丰富性也是决定性因素之一，尤其是早期项目，更多的判断基于创始人团队能力和信誉，如何获取这些信息以及如何确保信息的准确程度也是一大挑战。早期风险投资主要凭借投资人多年经验积累所形成的"直觉（Intuition）"或"胆量（Gut feel）"，[①] 这些主观能动目前还很难被平台"智能"取代。

另外，除商业模式、创业经验外，投资人在做投资决策时往往也会受到认知偏见的影响。譬如有研究表明，相较于女性创始人，投资人更易被男性创始人说服，而在男性创始人中，投资人又倾向于信任那些外表较为出众的代表。[②] 投资者的这种认知偏见有时也会成为企业利用其提升估值的手段。譬如，早期的 AngelList，创业企业在线发布产品介绍、团队信息、图书、视频等，据《如何破解

---

① Laura Huang, Jone L. Pearce, Managing the Unknowable: The Effectiveness of Early-stage Investor Gut Feel in Entrepreneurial Investment Decision, Administrative Science Quarterly 2015, Vol. 60 (4), pp00634–670.

② Alison Wood Brooks, Laura Huang, Sarah Wood Kearney, and Fiona E. Murray, Investors prefer entrepreneurial ventures pitched byattractive men, PNAS, Vol. 111.

AngelList 的数据分布并获得更多的融资》① 一文介绍，融资方可以使得材料中某些信息"看起来好看（looking good）"来吸引投资人关注，譬如上传一张"有型"的个人照片或"伪专业"的团体合影、让企业处在招聘状态等。投资人认知偏见的存在以及相应的破解手段，在一定程度上会影响平台筛选参数的准确性。

投资人认证

一般在私募领域，由于投资风险较高，各国法律对投资人都会设定一定的准入门槛，须符合合格投资人的资质要求。从美国 SEC 对合格投资人的定义来看，中产阶层以上被认为具有投资早期项目的风险承受能力和风险识别能力。一方面，他们有足够的资金持续投资，分散风险；另一方面，他们对投资亏损也可做出理性判断、容忍度较高，减少非理性的纠纷事件发生。

另外，对于融资方而言，与线下融资仅面对少数天使投资人或投资机构不同，线上融资所面对的投资人往往数量较多，达成协议和交割的效率会受到影响，符合一定资质要求的投资人也有助于提高成交效率，节省融资时间。因此，对于平台而言，高质量的投资人也会吸引更多的项目集中。

在实践中，例如 AngelList 的投资人需要向平台提交官方出具的收入证明、纳税证明、金融资产市值报告、不动产评估报告、个人信用报告等，或者由注册会计师、律师、投资顾问、投资经纪人出具资产检视函。AngelList 会根据投资人提供的这些原始凭据，出具

---

① Jess Erickson, How to Hack Distribution for AngelList and Get MORE MONEY, http: //500. co/how – to – hack – distribution – for – angellist – and – get – more – money/.

合格投资人验证报告，该报告可以在 AngelList 网站上查阅，具有通用性，可供投资人进行其他品种的投资时使用。①

同时，为降低投资风险，AngelList 在投资人经过认证后，还会对新投资人的交易额度进行限制，规定新投资人的每一笔投资额度不得超过 2.5 万美元，总共投资不得超过 15 万美元。随着新投资人的交易记录和累积经验达到平台认可水平，或有专业投资人推荐等，投资人有机会调整其投资额度。②

在国内，《意见稿》规定，平台须对用户信息的真实性进行必要审核。而现实中，除天使汇等少数平台外，几乎很少平台严格执行合格投资人验证，甚至像 36 氪、京东这样的大平台，只需提交身份信息、联系方式，很快就能获得跟投资格。这样做的可能原因：一是严苛的资质审核会增加平台的运营负担；二是平台大多成立不久，信用度不高，一些富裕阶层也不愿将自己的财务信息提供给平台；三是国内个人征信体系还不完善，数据维度不够丰富，更新缓慢，平台获得数据难度较大。

在缺乏资质审核的情况下，如前文所述，大多数平台对投资人的资格门槛又普遍低于传统私募要求，使得那些不具备风险承受能力的投资人参与早期投资。这些投资人对股权投资的风险意识不足，尤其对较长的退出周期没有做好心理准备，而且对平台功能和责任也不甚了解。一旦出现亏损，平台在陷入纠纷、有损声誉的同时，

① 资料来源：《对于 AngelList 股权众筹，很多人都学歪了!》，虎嗅网，https://www.huxiu.com/article/112169/1.html。
② 资料来源：《AngelList：股权众筹的光荣与梦想》，廖理，《清华金融评论》2015年第 12 期总第 25 期。

可能还会出现生存危机，这也是在目前监管不明确的情况下，平台最担心的事情。上文提到，2016 年上半年投资人维权案例激增。据业内人士透露，为了避免纠纷，一些平台甚至直接向投资人进行刚性兑付，或为投资人的亏损提供"隐性"担保，投资风险变相由平台承担。

投资管理

如上文所述，国内外大多数平台采用"领投—跟投"模式进行投资管理。在该模式下，领投人是项目成交的关键。风险投资的特性使得投前尽职调查和投后管理都极为复杂，对领投人的专业和技术要求相对较高。由专业投资人领投项目，对于众多跟投人而言增加了一层"安全屏障"，而对于项目而言，不仅为其带来资金，而且还能提供人脉、管理指导等经验支持，也能吸引项目资源流入平台。

对领投人的素质要求，AngelList 会在已认证的合格投资人中，选出那些投资或创业经验丰富的投资人为"顶级投资人（Top－investor）"，而其中更少一部分具有优秀投资成绩的职业投资人或连续创业者在投资活动中才可充当领投人角色。由于股权投资的退出周期长，经验教训反馈慢，所以一个职业投资人一般需要 5～8 年①才能"修炼"具备领投人素质，因此对大多数平台而言，领投人资源往往是比较稀缺的。截至 2016 年 6 月数据统计，AngelList 平台上共有 2.54 万名注册并获得批准的合格投资者，其中顶级投资人占 20% 左右，在过去的 12 个月内领投人有 203 位②（从 2013 年到现在累计

---

① 数据来源：《对于 AngelList 股权众筹，很多人都学歪了！》，虎嗅网。
② 数据统计基于在过去 12 个月内成功领投了一个 Syndicate 项目的投资人。

294 位领投人）占所有合格投资者总数的 1.14%。[1]

国内平台对领投人的素质要求基本一致。比如，京东东家要求领投人须在项目所在领域内相对丰富的投资或创业经验，至少有 1 个过往非上市股权投资项目退出案例等。"新众筹"对国内 30 家平台进行调查，我国的领投人资源主要包括投资机构（譬如经纬中国、真格基金等）、天使投资人（沈南鹏、蒋涛、徐小平）、演艺界明星（黄晓明、海泉等），还有些是由项目方自担领投人角色。[2]

然而，据大家投联席 CEO 祝佳嘉在接受采访时表示，目前，领投人资源大多集中在京东、36 氪这样的国内知名平台，很多"草根"平台普遍面临领投人匮乏的难题。据业内人士透露，由于领投人资源短缺，有些平台甚至将单个项目投资金额最大的投资人推选为领投人；而有些平台角色界定不清，既做信息中介，又做投资中介，对于某些项目，干脆由平台自身或其关联机构充当领投人，主导项目的尽职调查、投资审核和投后管理等。譬如，36 氪联合创始人曾直接担任"百米厨房"项目的领投方，以及在"宏力能源"事件中 36 氪事实上也是作为领投人牵头项目融资。在这种情况下，如果投资亏损，平台按理应承担责任，与此同时，平台自身也会成为制约业务发展的"瓶颈"，项目数量和质量严重依赖自身的投资团队。

除普遍采用的"领投—跟投"模式外，各个平台在投资管理上也在不断尝试和创新。

---

① 资料来源：由 Angellist 提供。

② 资料来源：《领投人居然是这些人！！》，新众筹，http://xinzhongchou. baijia. baidu. com/article/154492。

据 AngelList 创始人介绍，由于早期项目规模一般较小，很难吸引顶级投资机构参与投资，这也是天使投资领域的一大空白。"如果你是一家拥有 2 亿美元的家族企业或私人基金，你为什么还要花时间去审查 2 万美元的投资机会？"[①] 有鉴于此，AngelList 通过设立"基金"的方式来吸引顶级投资机构参与天使投资。

在该"基金"模式中，投资人可以直接投资 AngelList 设立的基金，再通过该基金投资大量的创业企业。基金由 AngelList 负责管理，主要选择那些有丰富经验的投资人或投资机构领投的项目进行投资。譬如，由 AngelList 和 Altas Venture 共同募集的 Maiden Lane 基金，规模为 2 500 万美元，AngelList 的 COO Kevin Laws 和 Atlas Venture 的达斯汀（Dustin）负责投资管理，基金的有限合伙人不仅包括知名天使投资人，还有 Top Tier Capital partners、Makena Capital Management 等顶级风投机构参与。Maiden Lane 将资金分给 AngelList 上的优秀天使投资人，譬如 Elad Gil[②]、Gil Penchina[③] 等，每人 20 万美元，这些天使投资人可以拿这笔资金领投项目。该模式下，基金不收取管理费，投资收益的一部分与项目领投人、基金之间进行分成。[④]

在国内，据了解，一些平台也在采取类似"基金"模式（见图 5 - 5）。简单来说，在平台以外独立组建风险投资基金对项目进行投

---

① 资料来源：A disruptor shakes up angel investing, by Dan Primack, Fortune。

② Elad Gil 为连续创业者，资深投资人和投资顾问，投资项目有 AirBnB, Pinterest, Square, Gusto, Optimizely, Stripe, Wish, Zenefits 等，曾为推保负责公司战略。

③ Gil Penchina 为连续创业者和多产的天使投资人，投资项目有 Linkedin, Paypal, Cruise Automotive, Dollar Shave Club, Wealthfront, AngelList, Indiegogo, Fastly 等，曾为 TeBay 公司前高管。

④ 资料来源：techcrunch, AngelList Unveils Maiden Lane, A $25 Million Fund For An-gelList Deals。

资，并将投资组合中一些愿意进行互联网股权融资的优质项目介绍到平台来，基金管理人可同时作为项目领投方为企业再融资。在该模式下，管理人除获得基金管理费、收益提成外，同时又可分享平台上跟投人的投资收益。

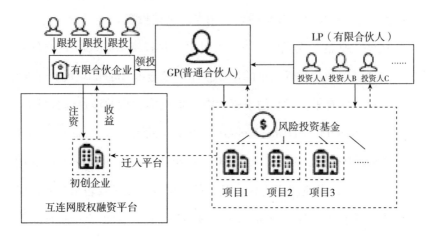

图 5 – 5　国内平台"基金"模式
资料来源：由长江商学院案例研究中心整理

业内人士透露，这种方式比较符合中国本土情况。"这样做可以帮助我们较好地把控项目投资质量，在一定程度上提高项目成功率，降低跟投人的投资风险；同时，我们也投入了一定的资金，对于投资人而言，直接面对更具公信力的平台会更放心些，也可以减少投资纠纷"。但这种"基金"模式也存在一定的利益冲突：平台既做信息中介，负责撮合投融资双方，同时又组建关联基金投资项目，裁判和运动员身份发生重合。与其他投资人相比，平台更具信息优势，如果平台不能自觉约束行为，主动抵制利用其信息优势不正当获利，利益冲突事件迟早发生，对平台上其他投资人而言显然不够公平。

盈利模式

目前国内外各类平台主要有三种盈利模式：一是收取佣金，即撮合费用，当项目在平台上融资成功后，平台按成功融资额的一定比例收取交易费，但如果项目不成功则不收费；二是增值服务费，譬如提供合同、财务、法律、文书等方面的服务费用，或类 FA（Financial Advisor，财务顾问）费用；三是平台分享投资人收益的一定比例作为盈利来源。

国内绝大多数平台收取佣金费用或类 FA 增值服务费用来获取盈利，业内惯例在 5% 左右。这种前向盈利模式虽能在短期内使现金回流平台，但同时也存在一定问题：一是由于创业企业融资规模较小，即使 5% 的佣金费用对小企业而言也是成本颇高，很可能导致好的项目在接洽到投资人后放弃线上融资，"跳票"到线下完成交易，这样可能造成平台上剩下的项目质量偏低，存在逆向选择问题。二是对于平台而言，一方面，由于融资规模一般不大，5% 交易费用提成很难满足平台长期发展的资金需求；另一方面，由于平台收入多少直接与项目成功与否相关，可能引发平台为提高交易规模（以获取更多佣金费用）而模糊角色定位，向投资人兜售、传递诱导性信息等道德风险。

国外平台 AngelList 则主要采取后向收费机制，即与投资人分享投资收益（附带收益）的方式获取盈利。这种后向收费的盈利选择，虽短期内现金回流较少，但平台可分享项目未来增长空间，一方面可避免上述前向收费的诸多问题，获得长期发展动力；另一方面有利于平台自身估值提升，为平台融资助力①。同时，据 AngelList COO Kevin Laws 介绍，AngelList 的这种盈利选择也是基于美国金融法规的相关规定，即只有证券经销商才能收取交易费用，而申请为经销商将面临较高的监管成本。②

投资退出

目前国内外投资退出渠道主要集中在上市、次轮融资、被收购、股权回购等，投资人平均等候时间一般较长。在美国，创业公司平均退出期限需要 5—7 年，目前成功退出的案例在 33 起左右。③ 尤其在国内，大多数投资者已养成短线投资习惯，较长的退出期限恐影响更多投资人参与投资。

对于创业企业来说，真正能走向上市的企业毕竟是少数，一般不足 5%，靠上市退出概率极小。据了解，2015 年第一季度，国内通过互联网股权融资的企业中仅发生三起 IPO 成功退出案例④。相对而言，通过次轮融资来退出的项目稍微多一些，比如，天使客平台上的"积木旅行"获美国风投机构投资，41 位股权投资者成功实现退出并获得 5 倍投资回报，聚募众筹上的 PP 基金项目以 1.5 倍溢价

---

① 公司自 2010 年成立以来共进行了 3 轮融资，2013 年 6 月 AngelLsit B 轮融资 2 400 万美元，其中通过自己的平台为自己募集了 220 万美元，次轮包括机构投资者及超过 100 位个人合格投资者。知名投资机构包括谷歌风投，DFJ 以及知名个人投资家安德森霍洛维茨。

② AngelList, Harvard Business School case, N9－123－456. September 11，2013. p8.

③ 资料来源：由 AngelList 提供。

④ 据国际金融报 2015 年 6 月 8 日刊发的《股权众筹"嫁接"新三板》一文，"2015 年第一季度，国内发生了三起顺利 IPO 的股权众筹成功项目"。不过文中未具体指明项目名称，真实性有待考究。

成功退出等。① 不过总体上，成功退出并不普遍，项目数量"凤毛麟角"。

据股权投资决策参考平台变革家联合创始人王友海指出，融资项目的质量不高、投资人的专业度不够，是实现成功退出的主要障碍。"我看了很多项目，从专业投资人角度来看，质量真的有限。项目的退出还是取决于项目的成长质量。项目质量不好，必然导致项目在退出的时候遇到很大问题。"② 另外，不同于美国较为成熟的非上市股权转让市场，有着一批诸如 SecondMarket、SharePost、纳斯达克非公开市场、Xpert Financial 等交易"玩家"，目前国内缺乏非上市股权转让市场，且为防止平台"资金池"问题，在《意见稿》中明确禁止平台提供股权转让服务，堵塞了"股权转让"的退出渠道，投资人只能通过私下沟通的方式进行股权转让。

除了常规退出机制外，国内很多平台正在寻找新的退出渠道。除对接新三板外，京北众筹近期与北京股权交易中心、北京股权登记管理中心战略合作签约，通过运作"股权众筹企业挂牌股交中心"寻找潜在投资者接盘。同样，36氪也为投资者独创特殊的退出机制，即"下轮氪退"。具体来说，当融资项目正式交割完成后，该企业在两年内的随后两次正式融资，本轮股东均有选择退出的权力；如最终交割后的两年内，融资公司未发生任何一次正式融资，则退出期延长至最后交割后的三年内；三年之后未融资，则跟投人与普通融资项目一样与领投人同进同退。跟投人出让的股份，将按照领投人、

---

① 资料来源：《对比国内外的股权众筹退出方法》，众筹之家。
② 同上。

融资企业股东、新股东、创始人回购的顺序进行购买，最终，确保上轮要求退出的跟投人能够在本轮退出一部分。

理论上，"下轮氪退"为投资者提供了新的退出选择，也在一定程度上保护了投资者的利益。但该退出机制也遭到业内人士的质疑。质疑的焦点在于"谁来接盘"？根据"下轮氪退"的受让股东顺序，领投人首当其冲。但问题是，首先，领投人本身就要承担项目的尽职调查、投资管理工作，还要承受跟投人股权退出的受让压力，对于领投人是否公平；其次，如果项目本身有问题，也很难再进行下轮融资；最后，即使是优质项目，下轮投入的这笔资金首先要拿去与退出跟投人进行结算，而非投入企业谋求发展，这对其他股东是否公平。同时，提前退出，投资人也会遭受折价损失。据知情人透露，截至目前，36氪平台上几乎还没有一桩通过"下轮氪退"退出的案例。

另外，还有一种方式是融资方与投资者签订回购协议，承诺投资者投入的资金在一定期限内会被返还，并获得分红。譬如京东的"自由飞跃"项目中规定：

若2021年自由飞跃项目未能实现合格上市将触发投资人回购权，回购价格不低于年化复利率8%。具体条款如下：若自由飞跃项目在2021年12月31日未能实现合格上市，投资方有权要求公司以相当于下列金额中较高者的购买价格回购其所持有的全部或部分股权（本轮投资方优于前轮投资方行使回购权）：（i）投资方为本次增资而支付的全部价款加上按照8%（复利计算）的年内部回报率（IRR）计算的回报，加上每年累积的、投资方所持股权对应的所有未分配利润（按照本轮投资方要求回购的股权部分所占比例计算）

或（ii）投资方要求回购之股权的市场评估值。

回购协议本质上是一种债券模式，最终返还本金和利息，对于投资者而言，收益稳定、风险低，但这实质上已经偏离风险投资范畴，存在"对赌"行为。到预定时间，融资人是否有能力或有意愿回购股份，谁又能保证？这本身就是一大风险隐患。

正如上文所述，由于监管和投资环境不同，即使同起源于美国，国内互联网股权融资平台在实际运作中也显现出明显的"中国特色"，譬如上述类"基金"的投资管理模式中平台承担的"裁判＋运动员"双重角色；譬如平台为减少纠纷对投资亏损进行担保或兜底，以及在退出方式上的各种创新等。由于监管细则尚未出台，这些"特色"从某种程度上来说也是平台为求生存、谋发展而推出的"无奈之举"。

关于公募性股权众筹的探讨

虽然国内外互联网股权融资平台实质上主要从事的是私募股权融资业务，但在《JOBS 法案》颁布（Title Ⅲ／Regulation A＋）后，从国内已颁发股权众筹试点平台的政策导向看，面向大众投资人（或公募性）的股权众筹或将成为互联网股权融资行业发展的重要方向之一。但从美国情况看，譬如 Wefunder 平台 90％ 以上仍是基于506c 的私募股权融资，真正利用股权众筹进行融资的项目占比不到 10％。[①]

一方面，相对私募，从保护中小投资人利益角度出发，股权众

---

① 资料来源：根据 Wefunder 平台数据。

筹对融资项目的监管要求相对更高，譬如融资前须向 SEC 提前递交文件申请（pre-filing with SEC required before any offer）、年度信息披露（Annual disclosure and financials），超过 10 万美元融资额度的企业须进行财务审核等。对于那些融资需求较大的企业，会优先考虑相对来说较为宽松的私募股权融资，降低监管成本的同时，也更容易接触到优质的投资人资源。而对于规模较小的融资需求，可能会存在一定的逆向选择风险，即往往那些无法得到专业投资人认可的项目才会选择股权众筹。

另一方面，由于股权众筹面向的更多的是不成熟、缺乏经验的非合格投资者，潜在的欺诈风险或更高，平台也相应地被赋予了很高的监管要求，提高了运营成本。为保护中小投资者利益，平台可能需要提供数据、资源的支持，以及相关的投资建议，并为之收取一定的咨询、顾问费用等，费用门槛可能会在一定程度上限制大众投资者参与股权众筹的热情，从而抑制股权众筹在互联网股权融资市场的份额大小。

股权众筹与上文提到的私募性的股权融资类似，也会涉及三个参与主体——融资方、投资方和平台方，其资质门槛会形成一个三角形的"跷跷板"，任何一方的门槛降低，需要提高另外一方或两方的门槛，以便平衡风险。①

譬如，在上文提到的私募范畴，顺应"双创"的中国经济结构调整趋势，融资企业门槛得以降低，各国普遍设定合格投资人准入条件以提高投资方门槛。而对于股权众筹，其"公募性"即表明会

---

① 引用邵海涛对股权众筹评价，其为风投侠股权众筹平台联合创始人兼 CEO。

向大众开放（包括合格投资人和非合格投资人），在低融资门槛下，这就意味着"跷跷板"的第三只角——平台方的资质门槛必须要有相应的提高，这对于平台而言难度较大，也对投资人保护的监管能力提出了挑战。这样也就解释了为何美国《JOBS法案》Title Ⅲ对平台方会有更多的约束和监管。

有鉴于此，风投侠股权众筹平台联合创始人兼CEO邵海涛认为："目前，股权众筹的商业模式仍在探索阶段，监管层不能过早提高平台的资质门槛，如果过早最后只留下几家大平台运营，不利于整个行业的竞争和发展。"①

教授启示

基于互联网的股权众筹给众多的创业者和中小投资者带来了很高的期望，但是经历了几年的尝试，在我国的现有监管政策模糊、众筹平台设计与实践良莠不齐、众多股权投资参与者期待值过高的多重现实下，众筹带来的可能不是共享经济所承诺的，依据技术的力量协调资源的搭配已达到闲散资源的有效利用，更多的却是政策制定者、平台搭建者、科技创业者和股权投资者的"众愁"。

这其中固然有不良从业者对市场秩序与行业规则的扰乱，亦有互联网股权众筹自身的局限。无论是基于互联网的股权众筹平台，还是传统意义上的风险投资，其良好的运营都要直面早期股权投资的三个固有难题：一是创业机会与潜在投资者之间匹配问题——很多创业项目融资失败并不是因为项目本身没有可投资性，而是因为没有

---

① 引用邵海涛对股权众筹评价，其为风投侠股权众筹平台联合创始人兼CEO。

遇到合适的投资人；二是创业者与投资者之间信息不对称性问题——创业者对自己和团队的韧性、团结度、执行力以及技术的可行性的了解往往要高于投资者的认知度；三是投资退出机制问题——股权投资和股票交易最大区别之一就是创业企业的股权流动很小而周期往往很长。

很明显，互联网的强项就是链接，所以股权众筹平台很好地帮助我们解决了上面的第一个难题。但是，我们列出的股权融资的第二个与第三个问题就不是简单的网络技术可以解决的问题了。融资平台可以通过一些方式，比如说产品的网上展示、通过数据挖掘对创业者背景真实性的审核以及创业者通过视频对自己商业模式讲解等，来减少创、投双方的信息不对称性。但是，早期投资项目面临技术、市场和执行力三方面的不确定性，而且技术的应用、商业模式的定位等往往要做多次的调整。团队的韧性、技术能力、执行力到底如何是需要资深投资者耐心观察才能做出靠谱的判断。

对于传统风投公司来说，因为需要投入的资金额度高、自己对市场把握相对深、行业人脉宽广，所以有动力、有能力做专业的尽职调查。而对于众筹平台上绝大多数投资者来说，大家既缺乏专业知识，投资规模又很小，所以不可能去做任何严谨的尽职调查，往往会"搭便车"——或者期待平台给出投资意见，或者"捉风"的跟投。直到今天，以 AngelList 为代表的"领投—跟投"机制，即让专业的、有成功经验的投资者以自己的声誉对领投项目进行背书，让跟投者让出部分利益给领投人，让其有更大的动力和权力进行尽职调研、投后管理。可以说这是在减小信息不对称性上，制度设计最为严谨的。即使如此，我们也需要考虑在多大程度上领投者愿意将最好的项目公开给众多的"除了贡献一些资金外和自己几乎不相关"的零散投资人。

同时，我们更要思考在多大程度上平台可以抗拒既做赛道又做选手的诱惑。不要忘了，相对其他投资者来说，平台自己是有信息优势的：哪个项目吸引了哪些专业投资者的多少眼光，本身就是珍贵的资源。对于一个承载很多好项目的平台来说，很多的机构投资者和实力雄厚的个人会主动寻求系统性的合作，那么平台是否还要保持其开放性，还是转化成半开放的等级会员系统，抑或是排他性的俱乐部制？这些都是（成功）实践者需要考虑的选项。

如果说信息不对称性还可以通过设置不同的机制，以鼓励部分投资者主动做尽职调查的方式来弥补的话，投资退出可能是今天中国互联网股权众筹面临的更大问题。一方面，我国的并购市场并不是十分活跃，而上市（最少到流动性好的资本市场）对大多数科技型的创业企业往往遥不可及；另一方面，我们很多的投资者并不明了早期股权投资的风险性和长期性，往往期待在被投企业下一轮融资的时候退出。在并购和上市两方面都不会有大的改变的情况下，众筹平台可能面临的一个选择是裁剪用户群——与其让众多的、需要长期教育和培养的小散户参与（并承担其投资损失后可能闹事、平台不得不埋单的风险），不如将自己转型成半俱乐部性质，与"合格"投资者深度合作，选择性地开放部分项目给公众。

虽然已经经历了接近十年的风雨，互联网股权众筹整体还在一个摸索的阶段，最后哪几家平台真的能够对创业投资做出实际影响力，还需要新的创新性实践的推出。

京东众筹：众筹行业的中国视角

指导教授：欧阳辉　案例作者：何珊　案例截稿：2015 年 6 月

【案例主旨】　 2015 年被称作众筹元年，在这一年我国的众筹行业异军突起，快速发展。京东众筹更是站在风口，在不到一年的时间内先后推出产品众筹和股权众筹两大主要业务，凭借背后的集团优势迅速发展成为我国众筹行业的领军企业。而京东也把众筹业务当作其布局互联网金融的重要一步。本案例介绍了京东众筹各个板块的商业模式，力图对中国众筹市场一斑窥豹，借此引发对双创时代中国创业和互联网金融市场发展趋势的思考与探讨。

【案例正文】

2015 年 3 月 31 日中午，京东集团 CEO 刘强东坐在盘古七星酒店贵宾室的沙发上闭目养神，静候着下午的京东股权众筹战略发布会。自京东成立以来，刘强东经历过各式的发布会，推出过众多战略、项目和产品。然而刘强东认为，京东十年后 70% 的净利润将来自金融业务。此刻，他在心中掂量着众筹究竟能为京东的未来带来什么。

自创立以来，京东以 B2C 电商为主营业务，逐步发展成为我国同类电商的领军企业。2014 年 5 月，京东商城在美国纳斯达克证券交易所挂牌上市。尽管如此，京东在 B2C 电商行业还是面临着巨大的竞争。刘强东希望通过京东众筹来进一步布局互联网领域。

2014 年 7 月 1 日，京东众筹正式上线，主要集中在产品众筹领域。历时 3 个月，2014 年 9 月，京东众筹已经成为中国各大众筹平台中单月众筹金额最高的网站。6 个月之后，京东众筹再度发力，推出股权众筹。京东众筹隶属于京东集团旗下的京东金融板块，将助力京东进一步扎根互联网金融。京东众筹是京东一颗有力的棋子，京东能否从中获得强大的金融力量？如何在互联网的棋局中走好这一步棋？刘强东自忖还要从长计议。

产品众筹

京东众筹的发起

众筹译自英文单词"Crowdfunding"，即群众集资的意思，是指通过网络平台为某些创业或活动筹集小额资金，并由项目发起人向投资人提供一定回报的融资模式①。由此可见，众筹是随着互联网技术发展出现的一种新的融资方式。

一般说来，众筹可以按照回报的具体类型分为四种：回报众筹、

----

① 资料来源：http：//money. 163. com/14/0701/17/A036QBAT00254TFQ. html#from = keyscan。

股权众筹、债权众筹、公益众筹①。回报众筹，也叫产品众筹，是指出资人对众筹项目进行投资，并获得产品或服务；换言之，就是以实物、服务等作为大众资金支持的回报。回报众筹既可以通过互联网为产品筹集资金，还能在正式销售的前期帮助产品获得潜在的消费支持者，起到一定的预售作用。

在 2014 京东上市之前，刘强东把京东集团拆分成了六个事业部，分别是京东商城、京东金融、拍拍、京东智能、京东到家及海外事业。其中，在海外上市的是京东的主营业务，即京东商城。京东金融下设六条产品线，分别是京东支付、供应链金融、财富管理、京东白条即消费金融、京东众筹以及保险。

2014 年 5 月，在京东商城上市后不久，刘强东很快推出了产品众筹。京东金融副总裁金麟表示，众筹是对电商形态的有益补充，京东是第一家进军众筹领域的 B2C 电商，今后众筹将成为京东金融继供应链金融、消费金融、支付业务、平台业务之后的第五大业务板块。

2014 年 7 月 1 日，京东宣布推出新业务："凑份子。"顾名思义，"凑份子"是指大家凑钱来完成某件事情。"凑份子"首期上线的项目有 12 个，其中 7 个是智能硬件项目，5 个为流行文化项目。这是京东众筹的最初形态。"凑份子"在正式上线后不久更名为京东产品众筹。

2014 年 9 月，京东众筹上线了一款新产品"三个爸爸孕妇儿童空气净化器"，在短短 2 个小时内实现了 100 万元人民币的众筹。

---

① 资料来源：京东众筹官网，http：//help. jr. jd. com/show/helpcenter/137. html。

"三个爸爸"与"雷神""大可乐"等产品共同成为京东产品众筹平台的三大标杆。

截至 2015 年 6 月，京东众筹持续获得了超过 50% 的市场份额，已稳居行业第一。[①]

从"三个爸爸"透视产品众筹流程

2013 年冬天，我国雾霾天气严重，对人体的危害很大，空气质量已经成为全社会持续关注的热点问题。2014 年年初，已为人父的戴赛鹰、陈海滨和宋亚南三人找到了有着五年净化器研发制造经验的合伙人李洪毅，成立了三个爸爸家庭智能环境科技（北京）有限公司，组建起了一支包括净化器科研机构、电子产品制造和移动互联网领域的团队，致力于打造一款保护儿童和孕妇呼吸系统的空气净化器。

公司成立之后，三个爸爸团队获得美元基金高榕资本合伙人张震注入的 1 000 万美元启动资金。2014 年 3 月，三个爸爸完成了空气净化器的技术设计方案。4 月，团队确立了产品外观和结构设计。6 月，空气净化器第一代的工程样机完成，并进入试用阶段。9 月，团队对空气净化器进行小批量试制，进入量产环节。在这个过程中，三个爸爸联系到京东众筹平台，计划通过众筹获得 50 万元的量产资金。

发起

京东众筹平台一般通过两种方式来寻找合作项目。一种方式是

---

① 资料来源：腾讯科技，http://tech.qq.com/a/20150530/029933.htm。在成功筹款金额方面，截至 2016 年第一季度，淘宝众筹以 31 969 万元位居榜首，京东众筹以 26 591 万元位居第二。（来源：零壹财经）

项目方通过京东众筹平台上的项目发起入口申请，另一种方式是京东众筹平台主动去寻找合作项目。

评审

项目发起后，京东众筹的相关部门会进行相应的评审、筛选以决定项目的去留。在正式评审之前，京东众筹要求必须能够看到产品样品。样品可以是首版，或者是小批量试产产品。能够提供样品表明项目方不是仅有想法或设计草稿，而是拥有可实施的产品；此外，项目方所承诺的各项功能应都能在应用中得以实现。

在项目方提交产品样本后，京东众筹派出相应的专业团队对产品的功能进行前置审核，分为智能硬件、生活美学和流行文化等多个品类团队。例如，三个爸爸的产品是空气净化器。京东专业的智能硬件技术团队会从技术层面来进行评判，对空气净化器的技术参数进行分析，对空气净化器的零配件的数量、质量、生产厂商等进行调查，对整机的装配和生产过程也要把关。当涉及行业中并不成熟的技术时，京东的专业团队会对项目方提出质疑。项目方如果能够提供合理的解释和解决方案，才能说明项目方的产品过硬，具有通过审核的资格。在通过专业团队的前置评审后，产品将交给评审团队正式审核。

京东众筹的评审团队共有三个评审小组，分别评审三个项目，每个评审小组约十人组成。评审小组的成员来京东众筹的各个部门，如业务发展部、运营部门、市场部门等。京东众筹要求项目产品是具有一定创新或创意点的新品。京东众筹对接触到的所有项目信息保密。项目评审不再邀请公司以外的第三方参与。

评审小组不仅要从用户群的角度来考察产品的品质、安全性、合法性、创新点等，同时还要考量市场预期、预估客户反馈。此外，评审小组还要考虑产品的品质与特性是否与京东众筹平台整体基调吻合。

筛选

在通过评审之后，项目产品将进入筛选阶段。京东产品众筹分为智能硬件、生活美学、流行文化三大板块，不同板块的产品有不同的筛选标准。智能硬件的筛选标准首先是能实现智能化，其次是新奇、好玩。生活美学板块包括良品家居、生活健康、母婴儿童以及设计师原创等方面，其筛选标准更强调品质和设计。

京东众筹在审核、筛选的过程中力求保护产品的原创性和独特性。为了保证产品的原创性，京东众筹会建议项目组去申请专利。申请专利要交一定的费用，且专利审核期长达几个月。只有真正的原创产品才会去申请。这可以间接地帮助京东众筹筛选项目。

筹集资金

通过评审和筛选的项目产品在京东产品众筹平台上线，进行筹资。

2014 年 9 月 21 日，三个爸爸孕妇儿童空气净化器项目在京东众筹平台上正式上线。众筹目标是在 2014 年 10 月 29 日之前筹集 50 万元。如果不能达标，将取消已经支持的订单，用户的支持金额，除了京东钱包退款到钱包账户外，储蓄卡和信用卡都是原路返回。

在进行众筹时，三个爸爸为众筹客们提供了 7 个选择，根据不同的预支金融提供不同的回报，见表 6-1。此外，京东众筹的用户还可以选择无私奉献。选择此项，项目成功后，发起人将不会发送任何回报。

表 6-1　三个爸爸众筹回报

预支金额（元）	限额众筹人数（位）	回报形式
799	500	三个爸爸空气净化器伊娃伴侣型一台
999	无限额	三个爸爸空气净化器伊娃伴侣型一台，以及伊娃伴侣款滤芯两套
3 499	500	三个爸爸空气净化器高达卫士型一台
3 999	无限额	三个爸爸空气净化器高达卫士型一台，以及精滤 HEPA 两个
4 999	500	三个爸爸高达卫士、伊娃伴侣各一台，精滤 HEPA 两个，滤芯两套
34 990	40	成为三个爸爸空气净化器首批合作经销商，获得 10 台量产标准版高达卫士，同时获得三个爸爸的终身扶持和技术支持
49 990	40	成为三个爸爸空气净化器首批合作经销商，获得标准版高达卫士和伊娃伴侣各 10 台，同时获得三个爸爸的终身扶持和技术支持
无私奉献不限额	不限额	无回报

资料来源：由长江商学院案例研究中心整理

9 月 22 日，三个爸爸的众筹在半小时内，一举冲破 50 万元大关。10 月 22 日 11 点，众筹结束，筹集总额超过 1 100 万元。随后，三个爸爸空气净化器进入发货期，10 月 25 日开始发货，由京东物流配送。

在完成配送之后，项目产品将面临售后服务等一系列问题。由于京东众筹上线的产品以新品为主，尚未经过市场的考验，常常会面临较为严重的售后问题。京东众筹主要承担平台的角色，众筹售后由项目方来负责。京东众筹对项目产品的售后有一定的硬性规定。法律规定商品出售后 7 天无理由退换，京东规定 15 天无理由退换。此规定虽然不能从根本上解决售后使用的问题，但是可以间接提升

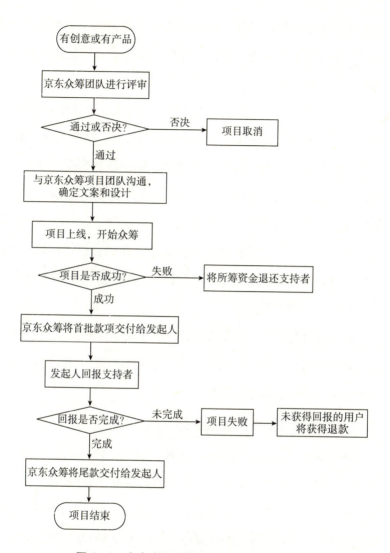

图 6 - 1　京东产品众筹项目发起流程图

资料来源：京东众筹

用户体验。

　　此外，京东众筹还鼓励项目方对首批参与众筹的用户予以特别的保护和回报。每个项目方所能提供的售后服务水平不同，会根据自身能力去调整售后保障。例如，京东众筹大可乐手机的首批众筹支持者可以享受终身免费换新。有些产品会给众筹的用户只换不修的权益，或者把延保从一个月增加到一年等。

除公益项目外，京东众筹作为平台方会收取项目募集资金的3%作为平台服务费。为了保护众筹支持者的权益，在产品众筹募集期，所有支持款项由网银在线第三方监管。如果项目募资成功，京东众筹在确认收款信息无误后的3个工作日内，将募集总金额扣除3%作为平台服务费后的70%交给发起人，并预留余下的30%作为确保项目成功并保证支持者获得回报的保证金。在项目返还回报、无纠纷且所有支持者都得到回报的情况下，京东再将剩余30%交给发起人。[1] 至此，项目结束。

在京东众筹平台上募集资金后，三个爸爸除销售了大量的产品，也起到营销推广的作用。现在，三个爸爸空气净化器已经顺利登陆京东旗下的拍拍商城进行销售。

产品众筹与京东主营业务的关联

产品众筹是京东主营业务的延伸。刘强东曾经提出"十节甘蔗"理论，即他认为零售和消费品行业的价值链可以分为创意、设计、研发、制造、定价、营销、交易、仓储、配送、售后十个环节，就好像甘蔗的十节，其中前5节归品牌商，后5节归零售商，见图6-2。

"一节甘蔗的长度在短期内是可以发生变化的，但长期来说是固定的。当进来的品牌过多时竞争变激烈、利润减少，那么这节甘蔗就变短了。这种情况下行业又要发生并购整合，例如，整个电子商

---

[1] 资料来源：京东众筹。

务行业之前有 40 多家（公司），现在剩下的只有 10 多家了。所以从长期来看，市场规律使得行业和品牌的利润相对固定在一个合理的水平上。"①

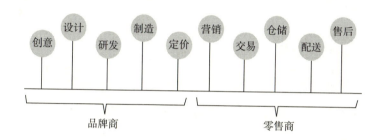

图 6－2　十节甘蔗理论

资料来源：《刘强东：解密京东十节甘蔗理论》，引述自第一财经日报，http：//www. yicai. com/news/2014/08/4001883. html

　　刘强东认为，京东要想在零售的价值链中占据更重要的地位，就必须吃掉更多的甘蔗节数。通过京东商城的主营业务，京东已经吃掉了交易、仓储、配送、售后这四节业务。通过产品众筹，京东又要将业务向前延伸到研发、制造、营销，乃至创意、设计等重要的前端环节。

　　京东当年正是从 3C 垂直电商起家，因此对 3C 相关的供应链和供应商非常了解。2014 年以后，智能硬件产品市场火热。京东众筹可以帮助项目方实现对供应商的考察，以及产品、供应链的相关调研。此外，京东有上亿的消费用户，流量巨大。凭借巨大的品牌优势，京东众筹平台在上线 3 个月的时间里，占据了中国众筹 50% 以上的市场份额，产生了超过五个筹资千万元的项目。

---

　　①　资料来源：《刘强东：解密京东十节甘蔗理论》，引述自第一财经日报，http：//www. yicai. com/news/2014/08/4001883. html。

在京东众筹正式上线的时候，刘强东没有把目光仅仅局限在产品众筹领域，而是早已在筹谋股权众筹领域。

股权众筹

京东股权众筹

2015 年 3 月 15 日，北京 3W 咖啡馆举行了一场特殊的分享会，主题是"众筹下一站，全民创客潮"，这也是京东股权众筹内测上线的发布会。3W 咖啡馆是由中国互联网行业多名领军企业家、创业家、投资人众筹创建的一家咖啡馆，是我国众筹行业的典型案例。3W 以咖啡馆为契机，搭建了中关村创业大街上最大的创新型孵化器。京东之所以选择在这样一个特殊的场所召开分享会，是为其股权众筹项目的正式上线预热。3 月 20 日，京东正式开启股权众筹内测。

3 月 31 日下午，京东在盘古大观召开了一场主题为"做东"的股权众筹战略发布会。刘强东亲自出席，同时还邀约了徐小平、袁岳等投资名人参加。在这次发布会上，刘强东对外宣布了三件事：一是京东金融股权众筹项目正式上线；二是开始打造"京东创业生态圈"；三是成立"京东众创学院"。京东股权众筹平台自称"东家"。

京东股权众筹采取"领投—跟投"模式，由专业投资人"领投"，公众选择"跟投"。作为回报，跟投人将向领投人支付投资收益的 20%，以此吸纳有丰富经验和战略资源的优质投资者作为领投人，带动更多跟投人的加入。跟投人不参与日常性管理，领投人负责与企业沟通，并具有相应的决策权。项目财务只对投资者公开。

正如刘强东在"做东"发布的内容，京东开始打造"京东创业生态圈"，京东股权众筹也在产品众筹铺好的前路上得到了进一步的发展。

通过"雷神游戏本"解析京东股权众筹流程

2015 年 3 月 31 日，在京东金融股权众筹上线的当天，共上线 11 个股权众筹项目，其中雷神科技 1 300 万元的股权众筹项目上线 1 小时即被抢光。

雷神科技是海尔内部孵化的 200 多个小微企业之一，是一家致力于专业游戏装备的互联网公司，产品线涵盖游戏笔记本相关软硬件产品，见图 6 – 3。

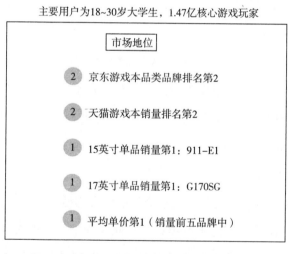

图 6 – 3　雷神笔记本众筹期间市场地位
资料来源：京东众筹网站

雷神创始人路凯林拥有 10 年 IT 行业从业经验，是原海尔笔记本事业部总经理，在海尔内部创业潮中成立了雷神科技有限公司。

另外 6 位联合创始人也在各自的领域拥有丰富的专业经验。

发起

京东股权众筹平台上的融资人应满足三个规则：第一，经京东东家（后文简称东家）认证的注册用户；第二，应当为中小微企业或其发起人；第三，应与京东签订《私募股权融资信息服务协议》。

在融资项目经过东家初步审查通过后，融资人可自愿选择是否需要领投人。选择有领投人融资的，融资人应当在融资项目预热阶段与有意投资的领投人接洽。有意向的领投人会对项目进行尽职调查并出具尽调报告或领投理由。最终确定领投人后，由融资人及领投人共同向京东提交项目上线申请。

雷神科技的领投人是紫辉创投。紫辉是国内的移动互联网投资基金，曾成功投资过锤子手机、陌陌、足记等，在这轮众筹中买下雷神 1 000 万股权。

2014 年 11 月，雷神拿到 A 轮 500 万元风险投资。随着风投的进入，雷神创业团队跟投入股。在京东股权众筹平台发布之前，雷神科技的投前估值是 1.35 亿元人民币，计划在京东众筹上融资 1 300 万 ~1 500 万元，出让股权比例为 8.75% ~9.95%。

路演

在确定领投人之后，京东众筹平台会为融资公司安排一场路演，目的是让跟投人充分了解项目。在此过程中，领投人有义务协助融资项目完善《融资项目商业计划书》、确定估值、投资条款和融资额，还要协助项目路演和完成本轮对跟投人的融资。

在开始股权募集之前，京东众筹会事先安排一个公告，把路演的排期公布出来。路演当天，领投人、跟投人与项目方交流沟通。

由于实地路演成本太高，此外很多身处异地的投资者难以参与实地路演，京东私募股权一般采取网上路演或者微信路演的方式。

估值

2015年3月31日，雷神科技在京东股权众筹上线时的融资目标是1 300万元，目标人数是15人。在此过程中，京东将平台服务佣金按对价折算入股，其股权众筹平台收取雷神科技5%的股份作为平台服务费①。

本轮众筹中，领投人投资金额1 000万元，获得雷神科技6.66%股份。实际融资共1 443.5万元，跟投22人，完成了融资目标的111%。

与传统风险投资通常采用投后估值不同，京东股权众筹平台采用按照区间目标金额估值的方式，根据投前估值来计算股权比例。因此，投资人所获得的份额＝其投资金额/（投前估值＋本轮实际融资金额＋平台服务佣金）。由此可以计算出，紫辉创业股权份额＝1 000万元/（13 500万元＋1 443.5万元＋1 443.5万元×5%）＝6.66%。如果一名跟投人投资300万元，则其获得股权份额＝300万元/（13 500万元＋1 443.5万元＋1 443.5万元×5%）＝2.00%。

表6－2　雷神股权众筹项目投资列表

	东家/人数	投资金额
领投人	紫辉创投	1 000万元

① 京东众筹平台发起人协议规定：发起人使用京东众筹平台服务，京东将向发起人收取募集总金额3%～5%的平台服务费。项目筹款未成功，或众筹期限内发起人取消项目导致众筹失败的，不收取平台服务费。项目筹款成功后，支持者要求退款或存在其他纠纷的，由发起人负责，此种情况下不影响京东收取的服务费。发起人与京东另有约定的除外。

	东家/人数	投资金额
跟投人	1 人	300 万元
	1 人	50 万元
	1 人	40 万元
	2 人	20 万元
	1 人	3 万元
	1 人	2 万元
	2 人	1 万元
	13 人	5 000 元
总计	领投人 1 人　跟投人 22 人	1 443.5 万元

资料来源：京东金融

筹资

跟投人分为"东家"和"小东家"。东家的起投金额为 20 万元。起投金额指投资人参与本项目投资的最低资金额度。投资金额以 1 000 元递增，招募人数 5 人。接受超募，超过目标人数后将作为候补。小东家起投金额 5 000 元，投资金额在投资基数上以 1 000 元递增。小东家与东家同时开放募集，招募人数 10 人。接受超募，超过目标人数后将作为候补。

根据《公司法》，有限责任公司的股东人数不能超过 50 人，股份有限公司股东人数不能超过 200 人。此外，创业公司还会为未来发展预留股东名额，因此京东股权众筹平台上单次私募股权释放的募集人数一般在 50 人以内。为了保证不突破人数限制，股权众筹项目的最低起投金额会设定得比较高。

私募股权融资成功后，领投人与跟投人将私募股权融资资金转入东家委托的第三方机构的资金账户或托管账户。投资人与融资人根据项目认购结果签订投资协议。待融资人办理工商变更手续并经东家审核通过并满足交割条件后，该第三方机构根据相关方指令将相应款项转入有限合伙企业，再由该有限合伙企业转入融资项目公司，见图6－4。

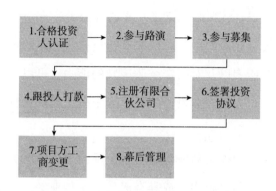

图6－4　京东股权众筹项目投资流程图

资料来源：由长江商学院案例研究中心整理

投后

领投人代表投资人跟踪融资项目进展情况、参与公司重大决策，尽最大努力为项目提供有价值的帮助。领投人会代表投资人选择合适的时机以合理公允的市场价格退出。退出前，要求书面告知全体跟投人。

平台监管

京东股权众筹主要从三个方面把控项目质量。

第一，京东股权众筹对项目风险做好严格把控。京东股权众筹主要接受天使轮后的项目。处于创业最初期的公司刚刚组建团队，大多还停留在概念阶段。投资这样的公司风险比较大。基本上，种子轮项目的死亡率是99％。京东不接受种子轮投资。接受过种子轮融资或者天使融资的企业已经经过了前面投资人的评审，这是京东股权众筹剥离的第一层风险。

京东股权众筹的第二层风险剥离是通过领投人制度来实现的。股权众筹是一个大众投资的概念，但是向没有投资高风险企业经验的投资者募集资金，风险非常高。在股权众筹平台上，可能是相对富裕但没有投资经验的中产阶层等进行投资。专业的投资公司有专业的投资服务能力以及对投资企业谈判的能力，可以对企业进行完善的尽职调查。先让专业投资的领投人来做出投资选择，再让大众跟投人跟进。

京东规定，领投人必须有成功的投资经历，即至少有过1个非上市股权投资项目已退出，或具有成功自主创业经历。每个股权众筹项目的领投人原则上只有一名。领投人对一个融资项目的认购金额通常应不低于该融资项目实际募集金额的30%，并且不高于该融资项目实际募集金额的80%①。

虽然京东对领投人的要求相对较为严格，但是对跟投人资格的考察相对较为宽松。普通民众如果想要申请成为跟投人，只需在网上注册京东金融的账号，绑定一张自己名下的贷记卡，按照要求提交自己的真实信息以及工作经历。其中必须满足下列条件之一：1. 最近三年个人年均收入不低于30万元人民币；2. 金融资产不低于100万元人民币。大约一周内，申请人会接到东家客服打来的一个电话，口头询问申请人的身份和经历，并对申请人做一些金融投

---

① 目前，京东领投人均为行业内知名的风险投资公司或者知名的风险投资人，其中包括红杉资本的沈南鹏、IDG资本的李丰、戈壁投资的蒋涛、今日资本的徐新、真格基金的徐小平、高瓴资本的张磊等。

资风险的简要说明。整个过程中申请人无须提交任何凭证。再过一周左右的时间，申请人则可获得跟投人资格。

京东对风险的第三层剥离主要是通过专业的法务团队和财务团队，对项目企业进行风险控制。

第二，京东股权众筹的定价模式是跟随市场机制。先由领投人给出公司估值及评估理由。东家根据同行业中同等用户量级的企业或者生产同等产品企业的估值进行比较。大部分领投投资占项目融资额的50%。因为领投人投资比重较大，所以领投人不希望自己的钱被太多稀释。无论估值过高，还是过低，估值偏差太大都会损害投资人的利益。京东认为，领投人定价估值，风险基本上是可控的。京东股权众筹平台会去寻找权衡点。当领投人确定估值并进行投资的时候，跟投人也会跟进。如果跟投人觉得估值贵了，可以选择不投。

领投人之间在报价的时候会有分歧，对项目也会有竞争。股权投资是双向选择，领投人可以选择融资企业，融资企业也可以选择领投人。例如，雷神科技在融资的时候，紫辉创投估值1.5亿元，另外一家投资机构估值3亿元，涨了一倍。最后项目方还是选择紫辉创投。估值太高会提高市场对企业的预期。此外，紫辉创投是较知名的投资机构，长远来看对企业成长的帮助更大。

第三，京东股权众筹退出的主要方式是等待下一轮投资，或者企业上市。暂时还没有已退出的案例发生。京东股权众筹对退出方案没有强制要求，但是也有一些融资方案在路演的时候会标记清楚退出方案。

例如，2015年9月京东东家推出的"3D打印创客教室"融资项目。该项目致力于让 4～12 岁小朋友也能自由进行 3D 建模，体验 3D 打印的神奇。在网络路演阶段，3D 打印创客教室和其领投人华凌津杉创业投资有限公司就把基本的退出方案列到了路演信息中。

融资方表示，由于领投机构的国企背景，不能承担后续有限合伙的出资人（LP）角色，因此该项目的投后管理工作将由京东承担，而未来退出等业务性决策需要由跟投人做出。未来涉及退出等业务决策时，京东将为跟投人提供领投人退出情况、京东建议等作为决策参考，跟投人按照其在合伙企业中持有的合伙份额行使表决权，具体方式如下：

A. 有限合伙份额超过 1/2 的投资人决议退出，则投资人全退；

B. 少于 1/2 的投资人决议退出，全体投资人都不退出。

表 6-3　3D 打印创客教室退出方案　　　　　　　　（％）

具体收费标准如下：	
LP 退出时的总收益率	京东按有限合伙人（跟投人）实缴注册资本收取的管理费率
<10	0
10～30	1.5
30～100	5
>100	12

资料来源：由长江商学院案例研究中心整理

股权众筹是更为原生态的风险投资

京东金融进军众筹板块显然是力争在互联网金融领域扳回一城。如果以阿里系的蚂蚁金服做对标，在京东金融旗下的产品线中，京东支付对应的是阿里的支付宝，在支付领域显然支付宝已经一骑绝尘；京东白条即消费金融对应的是支付宝中的花呗和芝麻信用，虽然双方均刚刚起步，但是阿里巴巴凭借更为广大的客户群体和流量，优势更多；财富管理以及保险其实更多的是依托支付体系发展起来的，因此阿里较京东势头更猛。京东众筹在京东金融的全力支持下快速发展，很快在众筹市场上获得领先的地位。

目前，京东众筹平台上线的股权众筹业务属于私募股权业务[①]。股权众筹和金融市场中的风险投资有异曲同工之妙。风险投资，即Venture Capital（VC），广义的风险投资泛指一切具有高风险、高潜在收益的投资；根据美国全美风险投资协会的定义，风险投资是由职业金融家投入新兴的、迅速发展的、具有巨大竞争潜力的企业中的一种权益资本。那么股权众筹和风险投资又有什么关系呢？区别主要体现在以下几点。

1. 投资平台不同。根据《中国人民银行指导意见》，股权众筹融资必须通过股权众筹融资中介机构平台（互联网网站或其他类似的电子媒介）进行。此外，股权众筹平台可以在符合法律法规规定的前提下，对业务模式进行创新探索，发挥股权众筹融资作为多层次资本市场有机组成部分的作用，更好地服务创新创业企业。股权众筹是要通过互联网中介机构平台来进行的。风险投资一般是投资人或投资机构直接对融资项目进行投资。

2. 投资方不同。股权众筹的投资方一般是进行小额投资的民众。传统的风险投资基金管理人是普通合伙人，相当于京东股权众

[①] 私募股权，即Private Equity（PE），是指投资于非上市股权，或者上市公司非公开交易股权的一种投资方式。从投资方式角度看，私募股权投资是指通过私募形式对私有企业即非上市企业进行的权益性投资，在交易实施过程中附带考虑了将来的退出机制，即通过上市、并购或管理层回购等方式，出售持股获利。

筹平台上的领投人，多是专业的投资人或投资机构，他们比股权众筹投资人更有资金实力和风险承受能力。

3. 融资方不同。股权众筹的融资方主要是小微企业，多为创业公司筹集资金，集中在 A 轮到 B 轮的投资。风险投资虽然多以投资高新技术及其产品的研究开发领域为主，但是并不局限于小微企业。

4. 融资结果不同。股权众筹项目多为难以在风险投资市场上获得资金的项目。股权众筹为这样的创业企业或项目提供了新的生机。一般来说，企业更倾向于获得风险投资。在投融资市场上，股权众筹是对风险投资的一种补充。

5. 融资方自律方式不同。通过众筹进行融资的公司，需要定期向半公开市场即投资群体发布项目进展、经营业务状况。但是风险投资的项目没有义务完全公布自己的内部信息。股权众筹的义务更为烦琐，同时所获得的权力也更大。股权众筹的大多数投资人不参与日常性管理，但是主要投资人，如领投人，应该参与公司事务管理。风险投资的普通合伙人通常参与企业的决策。

未来与挑战

众筹业务是京东第一次系统化跟创业企业打交道。以前，京东是以自营采销为主，主要是跟规模较大的品牌商、供应商打交道，接触的以大企业为主，小企业主要是在京东第三方平台开店的各种零售商。京东众筹首先通过提供产品众筹服务接触一批创业企业，特别是以智能硬件的创业企业为主。有大量的创业企业通过众筹业务与京东合作。

在与大量的创业企业合作的过程中，京东众筹发现了创业企业在融资需求难以实现方面的痛点，并由京东金融搭建了股权众筹的融资平台。创业企业的需求是多元化的，不仅需要融资，还需要人才、团队的创业培训，资源的对接，以及各种基础服务。为了实现对创业者的全方位的支持，京东创建了创业生态圈，目的是在众筹融资平台的基础上完善整个创业企业的生态链。

众筹是一种新型的互联网金融融资方式。京东众筹试图通过众筹这种模式搭建一个创业生态链。京东产品众筹除了为创业企业的新产品提供预售渠道和相应资金，还可以通过自身的品牌力量为新产品背书，从而达到营销的目的。京东股权众筹更是直接为创业企业提供了一个融资的平台，同时聚集民间资本，实现风险投资的平民化。创业企业可以根据自身的需求在两个众筹平台上交互寻求帮助。京东众筹致力于建立一个以产品众筹、股权众筹和创业生态为一体的业态。

目前，我国在互联网金融以及众筹方面的法律法规还在不断地完善中。未来，京东众筹可能需要根据相应政策的变化进行战略调整。此外，淘宝等其他互联网巨头也纷纷布局众筹领域，不能不说会对京东带来一定的竞争压力。京东众筹是否能真正助力京东主营业务的发展，也有待时间的考验。

教授启示[①]

在"大众创业、万众创新"的大潮中，小微企业应是最有活力、

---

① 节选于欧阳辉教授《财经》发表文章《众筹："大众创业万众创新"中的新金融力量》。

最为积极从事创新活动的群体，尤其是科技型小微企业。在当前经济形势下，我国企业融资难，特别是小微企业融资更难，已经对我国企业成长和经济发展形成一定阻碍。众筹模式的推广和应用，将有助于小微企业破解发展中的融资难题，从而保护我国创业创新事业的活力。

企业融资主要有两种方式：债权融资和股权融资。目前，在我国金融市场上，债权融资的渠道非常丰富，包括债券市场、银行、小贷公司、P2P（对等网络）等。然而，在我国，股权融资的渠道相对有限。由于债券融资和股权融资的性质截然不同，因此难以相互替代。

股权资本是企业的永久性资本，企业无须偿还，投资者获得的回报与企业的经营成果成正比。债权融资则需要企业承担按期付息和到期还本的义务，这种义务与公司的经营状况和盈利水平无关。通过债权融资的企业，抵御风险的能力更差，特别是对于科技型小微企业。相对生产型、贸易型等其他类型的小微企业，科技型小微企业几乎没有固定资产，并且初期投入大、投入周期长，风险更高，更是难以通过债权方式实现融资。众筹是具有互联网时代特色的新型融资方式，丰富了小微企业的融资渠道，为小微企业乃至大众创业带来了更多可能和动力。股权众筹更是开拓股权融资的新模式。

更进一步说，我国的经济转型也需要有充足的股权融资渠道来配合。经济转型本质上就是通过转变资源配置和经济发展方式，来实现经济的持续快速发展。然而对于企业来说则是翻天覆地的革命，是企业生产模式、经营模式和管理模式的全方位变化。这就意味着，经济转型对于企业来说具有极大的不确定性，而在此过程中企业也无法找到相应的风险对冲方式。想要实现这种高风险的变革，经济转型中的企业需要寻找到与之相匹配的高风险偏好的投资者，借助股权融资的形式来获得资金。股权众筹正是在经济转型中顺应企业需求的融资方式。

附录 中国三大众筹网站对比[①]

表 6 - 4 三大众筹网站对比

	众筹网	京东金融	淘宝金融
简介	网信金融集团旗下的综合类众筹网站	网上购物商城京东的金融方案	个人网上交易社区淘宝的一个子页
目标用户	项目发起者	有创意的个人或团队、小微企业	淘宝卖家、买家、学生、白领、艺术家、明星等
核心竞争力	中国最具影响力的众筹平台	从京东的优势领域——智能硬件、流行文化切入	依托淘宝这个大流量平台
客户基础		京东在 3C、数码等领域有着长期的积累和稳定的客户群	淘宝平台拥有用户规模优势和平台知名度优势
众筹板块上线时间	2013 年 2 月	2014 年 7 月 1 日	2013 年"双十二"期间
众筹定位	为项目发起者提供募资、投资、孵化、运营一站式综合众筹服务	旨在打造门槛极低、新奇好玩、全民都有真实参与感的众筹平台	协助个人发起创意、梦想的平台
众筹模式	股权众筹、奖励众筹、公益众筹、房产众筹	产品众筹、股权众筹、轻众筹	预购平台
众筹涵盖领域	科技、艺术、设计、音乐、影视、出版、动漫游戏、公益、公开课、农业	智能硬件、流行文化、生活美学、爱心公益、其他	影音、公益、书籍、娱乐、科技、设计、动漫、游戏、农业、其他
广告语	相信自己，让奇迹发生	梦想，是你每天起床时微笑的原因	
盈利模式	对成功的项目收取 1.5% 的资金支付渠道费；行业内其他相关服务费；营销服务费	向发起人收取募集总金额 3% 的平台服务费	不直接收费

---

① 资料来源：http：//mp. weixin. qq. com/s？ __ biz = MzAxNTAwMjIyMA = = &mid = 2134216 02&idx = 3&sn = 9eafd0647fcac7d30ffbace07bf2d155&3rd = MzA3MDU4NTYzMw = = &scene =6#rd

	众筹网	京东金融	淘宝金融
2014 年融资规模	4 903.9 万元	14 031.4 万元	3 905.7 万元

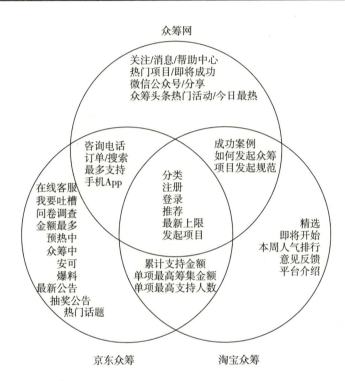

图 6－5　三大众筹网站功能分析

资料来源：http：//mp. weixin. qq. com/s？＿＿biz＝MzAxNTAwMjIyMA＝＝
&mid＝213421602&idx＝3&sn＝9eafd0647fcac7d30ffbace07bf2d155&3rd＝
MzA3MDU4NTYzMw＝＝&scene＝6#rd

第三部分

金融与产业的互动

通用电气：产融一体化的得与失

指导教授：李伟　案例作者：邓迪　案例截稿：2016 年 9 月

【案例主旨】　最初由爱迪生电灯公司起家的美国通用电气有限公司（GE）是全球最大的提供技术和服务业务的跨国公司之一，是美国道琼斯榜上从创立至今唯一仍留在榜上的企业。GE 先进的电器与电动机制造技术使其曾经代表着美国工业时代的典范。随后，伴随着美国经济进入后工业时代，时任 CEO 杰克·韦尔奇指导 GE 快速转舵，从制造业转型服务业，开始大力发展金融业务。在韦尔奇模式下，GE 依靠壮大金融业务和快速的并购和出售，使得业绩和股价直线上升，同时韦尔奇自身也一时荣誉等身，被捧上了领导力的"神坛"。GE 的诸多战略管理实践如多元化经营、群策群力、六西格玛均被奉为最佳实践，GE 的产融结合模式一度成为众企业学习模仿的对象。

然而，金融危机的爆发给了 GE 沉重的一击。曾经是"香饽饽"的金融部门暴露出巨大的风险敞口。金融部门利润跳水，集团股价和业绩受到连累，信用评级被调低，GE 被评为系统重要性金融机构，受到更严苛的监管。在金融危机中元气大伤的 GE 决心瘦身金融，降低金融色彩并回归工业。本案例将系统梳理 GE 产融结合模式兴起与衰落的来龙去脉，探讨实业与金融结合下可能的得与失。

【案例正文】

中国某实业集团的董事长张先生正坐在办公室内，翻看着战略规划部为他准备好的资料。该资料是有关美国通用电气有限公司的产融一体化模式。

张先生正在思考是否要为自己的企业成立金融子公司，通过金融来加速产业的发展。他看到目前在中国商界已有多家公司正在探索产融一体化的发展模式。比如，海尔已经开展了供应链金融和消费金融，新希望集团成立财务公司来服务旗下各产业，还有方正、联想、中粮等企业都开始尝试产融一体化，而他们学习模仿的对象都是 GE。

他看到 GE 最初由爱迪生创立，经过 130 多年的发展，已成为全球最大的多元化跨国公司之一。GE 提供各式各样的服务与产品，包括飞机发动机、重型燃气轮机、大型工业设备、医疗成像、新型内燃机车等，被视为第二次工业革命的代表、美国工业化的典范。然而，GE 也曾有庞大的金融业务，GE 金融（GE Capital）曾位列全美前十大银行，旗下消费信贷业务 GE Money Bank 的服务曾遍布全球40 多个国家和地区。然而，2008 年的金融危机却对 GE 金融产生了巨大冲击，随后 GE 开始剥离金融业务，宣布回归工业。

张先生看着资料，不禁陷入沉思：GE 的产融一体化模式有什么得与失？GE 金融在金融危机后为何面临大幅剥离的命运呢？

产融一体化的起源

通用电气的前身是爱迪生电力照明公司（Edison Electric Light Company）。1896 年，道琼斯工业指数榜设立，通用电气公司成为其时榜上的 12 家公司之一，也是时至今日仍在榜上的唯一一家公司。GE 从爱迪生发明的电灯泡开始，围绕着"电"开发了发电机、电路输送、开关插头等各类产品，开始多元化发展。到了爱迪生的接任者科芬时代（1892—1922 年），GE 已经把产品线扩大到了"小到烤面包机，大到电动机车"的各类电力、电器业务。

为服务于主营业务的市场开拓，GE 于 1932 年成立通用信贷公司，为消费者提供分期付款服务来带动大型家电如冰箱、电炉的销量。当时美国正处于"大萧条"时期，大量企业破产、银行倒闭，失业率高企、投资消费大幅紧缩。垄断、间接融资与直接融资的混合被监管层认为是造成经济危机的主要原因，为此罗斯福总统接连签署了国会起草、通过的《格拉斯－斯蒂格尔法》《银行持股公司法》等，限制商业垄断并实行银行业与证券业分业①。在这种背景下，产业资本可以自由进入金融市场筹资，而银行、非银行金融机构和工商企业之间的市场准入、相互持股和投资则实行严格的限制②。同时，为保证银行稳健经营，政府限制银行存款利率上限。这些政策对 20 世纪 30 年代美国恢复金融市场秩序起到了一定作用。政府对银行的严厉管制反而减轻了 GE 进入金融市场所面对的竞争压力，使其"由产而融"逐步发展起金融业务。1943 年，GE 依照

---

　①　李扬，王国刚 . 产融结合：发达国家的历史和对我国的启示 . 财贸经济，1997，9：3 – 10.

　②　限制包括如限定存贷款机构付给存款者的利率上限、禁止商业银行跨州设立分行、限制银行从事某些业务如证券和保险承销等。然而，虽然当时美国监管对银行业（特别是商业银行）有诸多限制，但后来银行还是创造出银行持股公司的形式，参与了金融市场的融资活动。资料来源：李扬、王国刚，《产融结合：发达国家的历史和对我国的启示》，《财贸经济》1997 年第 9 期，第 3 – 10 页。

《纽约银行法》将其消费信用业务拓展到其他公司和市场。

20 世纪 60 年代 GE 的产业业务加快了多元化的步伐。博尔奇时代（1963—1972 年）制定了全面发展的 9 大产业战略，而琼斯时代的 GE 成为当时美国最典型的大规模多元化企业之一，涉及大小行业近 60 个，包括矿业、石油开采、照明器材、家用电器、电机、电力运输、塑料、发动机、医疗设备等①。顺应产业多元化的趋势，GE 信贷公司也逐渐突破主营业务的限制。60 年代后期，银行和独立的财务公司开始加入消费信贷领域。面对实体产业中日益激烈的竞争，GE 开始拓展其他金融业务，比如给产业客户提供大型设备租赁。到 70 年代末，GE 涉足的金融业务已包括房屋贷款、二手贷款、商业地产、工业贷款、个人信用卡等，尽管当时的整体规模仍然较小。

产融一体化的发展

韦尔奇与 GE 金融

从 1981 年开始，杰克·韦尔奇成为 GE 的领导者。杰克·韦尔奇 1960 年获伊利诺伊大学化学工程博士，随后进入 GE 工作。他身高五英尺七英寸（约 1.7 米），精力充沛，语速极快像机关枪一样。他对 GE 的战略和业务条线进行了大刀阔斧的调整。他将 GE 的重心从传统的电机制造业转向服务业，并对之前过度多元化的业务进行收缩，一方面关闭和出售大量盈利不佳的产业，另一方面大举投资进入成长期或者成熟期初期的产业。韦尔奇强调"以速度取胜"，强调要在 GE 所经营的每个行业做到数一数二，注重短期回报。在他

---

① 博尔奇和琼斯分别为 GE 两任领导人。

"执政"期间，GE 一共出售了 350 项业务，收购 900 项业务，总共花费 1 500 亿美元。由于他在企业业务重组中大幅裁员，韦尔奇一度被称为"中子弹杰克"。

韦尔奇挂帅前的 GE 面对的是一个较为疲软的制造业市场。20世纪 70 年代美国经济陷入滞胀，1974 年和 1975 年 GDP（国内生产总值）连续两年负增长。企业关门、通货膨胀、石油价格上涨、失业率增加等问题纷纷出现，传统制造业发展疲软。同时，强有力的制造业竞争对手如日本崛起。美国经济整体开始向价值链的市场、研发两端延伸，而低附加值、处于中间环节的制造业开始趋势性萎缩①。各制造企业纷纷转型服务业，将利润增长点从产品转移到下游的产品售后、服务和融资活动上。韦尔奇挂帅后提出在产品以外为客户提供服务，其中最重要的一项就是金融服务。

而与此同时，美国金融业开始了监管放松、较为自由的发展阶段。美国经济的不景气使公众对大萧条后政府直接干预经济产生了怀疑。美国金融机构也在进行放松监管的游说，还发明了各类"绕过"监管的金融创新形式，如银行创造出银行持股公司形式来参与金融市场的融资。到 1981 年，里根政府上台，开始提出降税、解决通货膨胀、放松管制的政策。长达 30 多年的利率管制也于 20 世纪 80年代开始放松。美国从 1970 年开始讨论研究利率管制可能的问题，

---

① 数据显示，20 世纪 50 年代初，美国制造业增加值占世界总和的近 40%，2002 年降至 30%，2012 年跌至 17.4%。资料来源：李光斗，《美国如何实现经济转型？》，新浪专栏，http：//finance. sina. com. cn/zl/management/20150430/075922081321. shtml，2015－04－30。

如导致"金融脱媒"① 现象明显，银行经营成本增加等。从 1980 年到 1986 年，美国进行了利率市场化。金融自由化的政策逐渐成为主流②。各类金融工具或衍生品层出不穷，高风险证券、资产证券化、杠杆购并等逐渐兴起。各类非银行的新型金融机构开始大量出现，产业与金融、直接融资与间接融资的界限逐渐被打破。

到了 1999 年 11 月 4 日，美国国会通过《1999 年金融服务现代化法案》，正式拆除银行、证券和保险业之间的樊篱，实行混业经营。

在这样的市场环境下，韦尔奇制定了"三圆圈战略"，锁定服务、高新技术、传统制造三大板块为业务重点，其中金融业务正处在"服务圈"的首位。韦尔奇认为传统业务过于按部就班，周期性更强、市场竞争也更激烈，因此更青睐节奏快、杠杆率高、股权投资回报率高的金融业务③。他表示 GE 需要"做市场领导者，具有明显的竞争优势，投资报酬率要高于一般水平，充分利用企业特有的杠杆优势"④。在韦尔奇的领导下，GE 金融借由并购和国际化的方式快速发展。

与此同时，GE 也成为韦尔奇展现他的战略理念和组织领导力的大舞台。他推翻了很多过去的管理思路，提出 GE 要以速度取胜，各

---

① "金融脱媒"是指在金融管制的情况下，资金供给绕开商业银行体系，直接输送给需求方和融资者，完成资金在银行体系外部的循环。当时大量资金从美国各银行提出，投到货币市场上不受利率管制的高利率的金融资产上，以获得优厚收益。这导致严重的"金融脱媒"现象，美国各银行出现经营困难。

② 李扬、王国刚，《产融结合：发达国家的历史和对我国的启示》，《财贸经济》1997 年第 9 期，第 3—10 页。

③ 托马斯·欧博伊尔，马爽、陈焱（译），《逐利为赢》，辽宁人民出版社，2004。

④ 罗伯特 - 史雷特，《杰克·韦尔奇与通用之路》，机械工业出版社，2001。

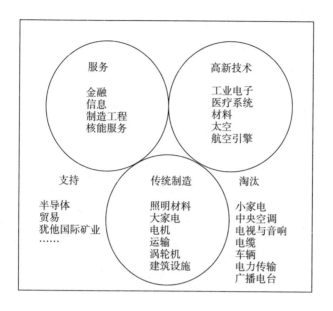

图7-1 韦尔奇的"三圆圈战略"

资料来源：公开资料整理

业务要么在其所在行业数一数二，要么被淘汰。他倡导"快速、简单、自信"，告诉经理人要重拳出击，时时出击，可以屡次不中但挥棒不止。他削减了 GE 内部层叠的等级结构，力图消除 GE 大公司的官僚体制。他还发明了 work - out "群策群力"并在全公司强制执行，让不同级别和职能部门的员工与经理人聚在一起讨论他们发现的问题，以期打破官僚体制、快速解决问题。此外，韦尔奇还曾斥资将纽约克劳顿韦尔的培训中心翻修，作为自己演说和培训自己的管理理念的主阵地，随后将该地打造成了 GE 著名的领导力培训中心。

在韦尔奇任期，GE 集团的营业额从 1981 年的 250 亿美元升至 1 250 亿美元，市值增长 30 倍，2001 年市值突破 6 000 亿美元，位列世界第一。GE 当时拥有 13 个业务集团，其中 8 个工业产品集团、4 个金融产品集团（伊梅尔特上任后合并成 GECS）和 1 个新闻媒体，每个业务集团都是行业内数一数二的。GE 成为美国商业的代表、媒体的宠儿，被誉为"美国最受倾慕的公司""世纪公司"和"世界上最受尊敬的公司"（分别为《财富》《时代》和《金融时报》）。而韦尔奇，也被他的追随者誉为"英雄式的 CEO""当今最伟大的商界领袖"和"世纪经理人"，《财富》杂志更是将其誉为"同时代最令人敬佩、最值得研究和仿效的 CEO"。2001 年出版的杰克·韦尔奇自传《赢》更是掀起了管理界的韦尔奇热。GE 的群策群力、数一数二、多元化等管理实践开始被不少企业视为典范，被大量研究、学习和效仿①。

产融结合：以商务航空服务为例

在金融危机前，助力韦尔奇时代的 GE 成为全球"商业典范"的主要因素之一正是 GE 的产融结合模式②。可以看到，GE 金融最初作为产业的协同部门，为产业客户提供与产业密切关联的金融服务，包括 GE 商务航空服务（GECAS）、能源金融服务以及商业贷款和租赁等。

韦尔奇提出了为客户提供"全套解决方案"的口号，把以金融为主的产品服务捆绑在一起销售给产业部门的客户，以获取更高的

---

① GE 的多元化、产融结合模式被很多中国企业视为典范并学习模仿。然而，中国的企业自身条件与所处商业环境和通用电气有巨大差异。联想柳传志在阐述联想的多元化战略时曾表示"我仔细研究了韦尔奇，确实学不了"。而曾想在中国复制 GE 模式的德隆，在失败后表示"忘掉韦尔奇"。

② 万晓晓. GE 去金融化欲重拾工业荣光. 经济观察网. http：//www. eeo. com. cn/2015/0505/275626. shtml，2015–05–05.

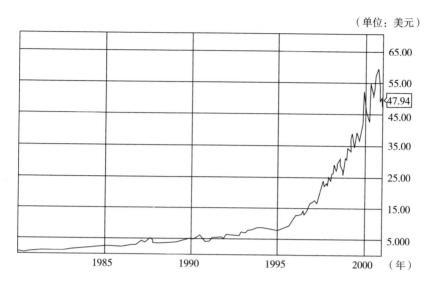

图7－2　韦尔奇任期 GE 股价

资料来源：公开资料整理

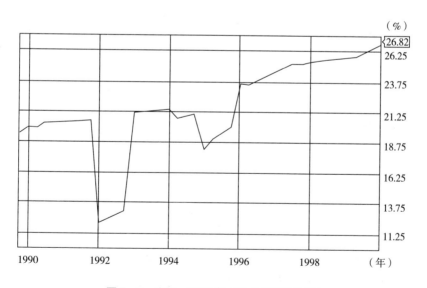

图7－3　1990—2000 年 GE 的股东回报率

资料来源：公开资料整理

利润。GE产业部门产品众多，往往可以挖掘出客户的相关金融需求，自然延伸出了金融业务，而金融为产业客户提供的消费信贷、设备租赁等服务也使GE产业部门获得了成本、增值服务方面的优势。此外，相比一般的金融机构，GE金融依托产业，掌握更多相关的管理资源、市场经验与知识，可以提供差异化服务，降低和规避违约风险。

表7-1　GE与产业联系紧密的金融业务

服务	描述	对应产业
商业贷款和租赁	为生产商、经销商和终端用户提供大型、高价值设备设施（如轮船、卡车、大型建筑设备等）的贷款或融资租赁等服务	基础设施
能源金融服务	为能源、水利工业等项目提供结构性权益、负债、租赁、合伙融资等服务，或直接对项目进行投资	能源
GE商务航空服务（GECAS）	为商用飞机提供租赁和融资，中型地区性机场的投资，基础设施私募权益基金投资等	航空交通

资料来源：公开资料整理

以航空交通业务与相关金融为例，GE于20世纪90年代成立GECAS（GE Capital Aviation Services），成为世界上最大的飞机租赁融资公司之一[①]。航空业特有的周期性和购买飞机的一次性高额成本（一架飞机动辄几亿元至几十亿元）使得航空公司自购飞机面临较高的财务风险，GE提供的飞机租赁业务可以给予航空公司更大的财务灵活性和现金流管理优势。

在飞机制造商到航空公司的这一条飞机产业链条里，GE介入的环节主要有发动机制造以及飞机融资租赁。首先，GE航空部门向飞机制造商出售发动机。飞机发动机是飞机制造中技术要求最高、最

---

① 20世纪90年代初，GE收购了当时最大的飞机租赁公司GPA，成立了GECAS。

昂贵的部件。一台发动机造价 1 000 万 ~ 3 000 万美元，而一架飞机需要 2 ~ 4 台发动机，每次发动机进厂维修约花费 100 万美元①。GE发动机技术领先行业，曾研发出世界上第一台喷气式飞机发动机、第一台涡轮螺旋桨发动机等。作为全球三大航空发动机生产商之一〔GE、罗罗（Rolls – Royce）和普惠（Pratt & Whitney）〕，GE 占据着发动机市场约一半的市场份额，宣称"全球每 2 秒就有一架由 GE 发动机提供动力的飞机起飞"②。

GE 在售卖发动机给飞机制造商的同时，也通过 GECAS 为其提供融资来促进销量。GE 在研发 CFM56 发动机时，为了与普惠的JT8D 发动机争夺市场，通过金融租赁的方式使得进入市场的波音737 客机基本采用了 CFM56，将普惠几乎挤出了单通道干线喷气客机市场③。随后，GECAS 与航空公司签订飞机租赁合同，大批量购买飞机。GECAS 背靠集团 3A 评级优势，可以低成本融资、大批量采购，从而以较低的价格买到飞机。作为飞机购买者，GE 或者 GE融资客户也可以要求所购买的飞机优先使用 GE 发动机④。GECAS 将购来的飞机出租给各航空公司，并提供营业租赁、售回租赁、抵押贷款等金融服务。GE 会按期收入飞机租赁费用，租金按照合同预先约定数额进行支付，即使油价波动导致航空公司业绩不佳，也不会

---

① 资料来源：波音官方微博。

② 资料来源：GE 靠两项"黑科技"占据全球航空发动机半壁江山，澎湃新闻，转载于网易，http：//tech. 163. com/16/0718/08/BS89D5T300097U81. html，2016 – 07 – 18。

③ 严格来说，CFM56 由 CMF International 生产，该公司是由 GE 和法国 Safran 集团旗下的 Snecma 公司以 50：50 比例合资成立，其中 GE 公司负责发动机最重要的核心机部分。

④ 吕波，《资本的博弈》，机械工业出版社，2011 年 1 月 1 日。

对 GE 的飞机租赁业务产生巨大影响①。

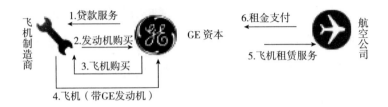

图7-4　GE飞机租赁业务图解

资料来源：由长江商学院案例中心整理

GE 金融高层曾表示，管理层中有大约一半的人是从工业领域成长起来的，比起其他金融公司更加了解如何经营实体企业②。如果出现了不良资产，GE 会优先选择改善经营而不是直接注销坏账。如当客用飞机租赁期满而市场疲软时，GE 就将飞机改造成货机，并成立独立的空运航线。GE 产业经验也使得 GECAS 懂得如何进行飞机维修保养、二次翻修、飞机拆卸和零部件置换、二次售卖等从而最大化飞机的价值③。

除了业务层面推动产业发展，GE 金融也是 GE 集团从事战略收购的核心部门，每天有近 200 人的职责即寻找潜在的收购目标。从韦尔奇时代开始，GE 金融承担了大大小小数百个并购项目。

日益庞大的金融业务

2000 年，GE 金融收入与净利润已分别占集团 51% 和 41%，资

---

① 吕波，《资本的博弈》，机械工业出版社，2011 年 1 月 1 日。

② GE 金融全球副总裁凯瑟琳·卡西迪（Kathryn Cassidy）。来源："产融结合，遥望 GE"，《互联网周刊》，2004 年 4 月 5 日。

③ Trading places：Lessors take on the aftermarket，https：//www.gecas.com/en/common/docs/AviTrader_ Monthly_ MRO_ e - Magazine_ 2014 - 03b. pdf.

产达3 700亿美元，如果剥离出去将位列全美资产规模前十大银行。并购和金融部门支撑着 GE 的高增长模式，美林前分析师让娜·泰瑞尔（Jeanne Terrile）曾跟踪 GE 15 年的动态，她在 2001 年发表的一份报告中写道："没有通用资本的存在，通用工业每年约增长 6%，和同时的 GDP 增长几乎持平。"①

有批评认为，GE 在大规模并购、发展金融的同时，忽视了对制造业的创新与升级②。韦尔奇的商业模式更多的是一种借助金融的高风险、高收益的扩张模式，并没有实际解决技术创新的问题或发明超越一般企业的商业成功密码③。当 2001 年伊梅尔特上任时，GE 已经从一个注重内部成长、技术革新者转变成关注短期利润的相对成熟、财务驱动的多元化企业④。不同于前任领导，伊梅尔特认为技术和创新才是公司创造性的核心。他加大了研发投入，但也保持着不少韦尔奇的发展策略。

伊梅尔特任期，GE 金融保持扩张。GE 金融业务全部被放入 GE Capital Service Inc., 简称 GECS⑤。在金融危机之前 GE 金融已贡献了集团营业利润总额的一半以上。一些外部人士认为 GE 当时看上去"更像是一个主要提供金融服务的公司，附带一些退居次位的制造业务"⑥。

---

① 赵文广，"争鸣：就 GE 产融结合与郎咸平教授商榷"，新浪财经，http://finance. sina. com. cn/jygl/20040621/1823825482. shtml，2004 – 06 – 21。

② 托马斯·欧博伊尔，马爽、陈焱（译），《逐利为赢》，辽宁人民出版社，2004。

③ 同上。

④ 威廉·罗斯柴尔德，杨斌（译），《通用电气成功全书》，机械工业出版社，2008。

⑤ 除了资本金融，GE 的技术基础设施等其他非金融板块仍保留了一些金融业务。来自王增业、任克娟、姚淑瑜，《解读 GE Capital Service》，《会计之友》，2009 年第 33 期，第 98 – 102 页。

⑥ 威廉·罗斯柴尔德，杨斌（译），《通用电气成功全书》，机械工业出版社，2008。

与主营业务关联性较小的业务如消费者金融业务（GE Money）以及房地产业务（Real Estate）开始占据越来越大的比例。数据显示，2007 年，消费者金融和房产业务合计约占据 GE 金融收入 48%、利润 30%。GE Money 前身是 20 世纪 30 年代 GE 最早开展的家电分期贷款业务。2004 年，伊梅尔特将 GE 旗下所有消费金融业务全部归入 GE Money 这个统一品牌，为消费者、零售商和汽车经销商提供信用卡、个人贷款、汽车贷款和租赁、商务旅行和采购卡等业务。在金融危机爆发前，GE Money 已经成为全球最大的零售金融项目提供商之一，为全球 54 个国家的 1.3 亿客户提供服务[①]。Real Estate 房地产业务则提供房地产相关的资本或投资解决方案，如为并购、办公室再融资和修缮、公寓、零售物业等提供融资服务。

数据显示，截至 2006 年年底，GE 金融与集团之间的业务往来并不多，相较对外业务，GE 金融的应收账款中只有 2% 是来自集团内部。快速壮大的金融业务，更多的是基于产业部门对金融部门的信用担保以及相应的融资成本优势。GE 并不依靠 GE 金融来融资，反而是 GE 发行债券募集资金，再转由 GE 金融使用。

当时，跻身全球七家 AAA 评级的机构之一，GE 金融享有比花旗、汇丰等银行更低的融资成本[②]。穆迪高级分析师认为，"如果不是得到 GE 实业的支持，GE 金融是不可能获得 AAA 评级的，因为金融机构很少获得高评级"。CNN 引用咨询公司 EVA Advisers 的数据

---

① 王增业、任克娟、姚淑瑜，《解读 GE Capital Service》，《会计之友》，2009 年第 33 期，第 98–102 页。

② 金融危机前，穆迪给予国际金融机构的评级中，只有 GE Capital、UBS、加拿大皇家银行、苏格兰皇家银行拥有 AAA 评级，而花旗、汇丰、巴克莱、德意志银行等为 Aa1，摩根大通为 Aa2，高盛 Aa3，中国四大国有银行为 A1。

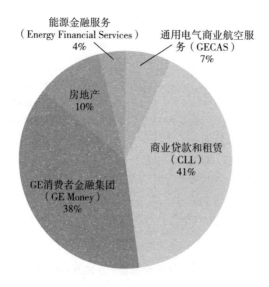

图 7 – 5　2007 年 GECS 各业务收入比例

资料来源：GE 年报

称，GE Capital 在金融危机前债券融资成本几乎低于任何一家纯粹的金融机构，摩根士丹利的融资成本为 10.6%，范旗集团为 8.4%，巴菲特的伯克希尔公司为 8%，然而 GE 的成本仅为 7.3%[1]。金融杠杆下几个点的差异可以放大几十倍，低成本融资成为 GE 金融的核心优势[2]。此外，由于 GE 产业部门稳定的盈利能力，GE 金融可以不用在账面上放入太多资金即可维持其评级。

　　根据 GE 集团和金融部门在 1991 年签订的协议，尽管 GE 集团和 GE 金融分开评级，但是 GE 金融的评级由集团做出担保[3]：如果 GE 金融的利润与固定支出比低于 1.1∶1，则 GE 承诺将向 GE 金融追

---

①　CNN, How GE Capital puts all of GE at risk, 2008 – 10 – 10.

②　杜丽虹，《大玩家的游戏：在标准之间渔利》，《深圳特区科技》2008 年第 6 期。

③　杜丽虹，《大玩家的游戏：在标准之间渔利》，《深圳特区科技》2008 年第 6 期。

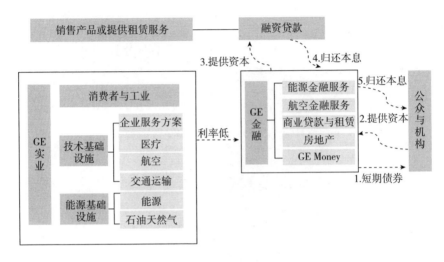

图7-6 GE金融与产业的互动模式

资料来源：《资本的博弈》

加资本。而如果GE金融发行在外的优先股被投资人要求赎回，并由此导致负债权益比大于8时，GE集团也要追加资本金。此外，GE也为GE金融的某些次级借款提供直接担保。由GE金融发行的部分证券化产品，其融资成本是与GE集团的信用评级挂钩的，即，如果GE的长期信用评级被降至AA-/Aa3以下，或短期信用评级被降至A-1+/P-1以下，则GE金融将被要求再提供几十亿美元到几百亿美元的保证金或被要求全额回购这些证券化贷款。GE金融发行在外的所有衍生品也是与GE集团评级挂钩的，如果GE集团的整体评级被降低至A-/A3以下，或短期信用评级被降至A-1/P-1以下，交易对手有权要求立即平仓。

GE享有的AAA评级则建立在GE超稳定的投资回报率（业绩）上。伊梅尔特任期，GE可以给予股东持续的15%~20%的回报率

（韦尔奇任期最高可达到26%）①。维持各项业务稳定的回报率也成为GE经营业务组合的原则，曾屡次剥离一些高波动性、无法产生稳定现金流的业务。如GE一度偏爱的保险业务，因为反复无常的气候因素以及"9·11"等恐怖袭击，使得保险业务的风险隐患越发变大，随后GE选择退出该项业务。GE曾涉足煤炭业务，该业务虽然赚钱但波动性高，一次亏损就可能消耗掉其他部门的所有盈利，所以GE也选择退出。GE会回避那些成长性差的业务，并购目标是高回报率、低资本支出的行业，投资标准为五年内能产生15%的资金回报的业务②。GE曾宣称，GE的战略目标是使整个组织沿一条可靠且可预测的路径增长，各项业务需产生稳定的正现金流，从而实现稳定的收入增长③。韦尔奇提倡的"以速度取胜"，使得GE在他任期呈现越来越偏向追求短期利润增长回报、忽视产业技术研发的发展趋势。伊梅尔特上任后虽然加大了对研发、技术的投入，但是没有扭转GE整体重金融、轻制造的倾向（直至金融危机爆发）。

高负债高风险的金融扩张

GE金融的快速发展为GE集团带来了丰厚的利润，数据显示2004—2008年GE金融占集团整体利润比重均在40%上下。

然而与此同时，GE金融以资本推动扩张的发展模式使得相应风险资产规模也逐渐膨胀，GE金融部门逐步成为集团内部的"负债大户"。数据显示，2008年GE金融的借款额与股东权益比例为8.76：

---

① Wind资讯。

② 吕波，《资本的博弈》，机械工业出版社，2011年1月1日。

③ 杜丽虹，《只做全明星业务：现代金融体系下企业如何多元化》，《证券市场周刊》，2007年12月4日。

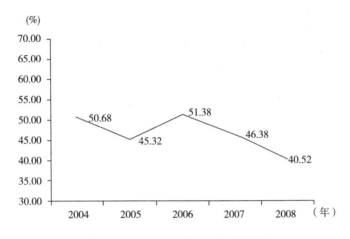

图7-7　GE金融对GE净利润贡献

资料来源：GE年报

1（产业部门仅为1.1：10）。福布斯评论认为，在韦尔奇将金融引入 GE时，一开始的确取得了很好的效果，时间长到足以让韦尔奇在任 时一直处于"神坛"，然而这种模式也逐步暴露出短期思维的局限性 和高风险性（随后在金融危机中爆发)①。和制造业相比，金融业务 短期发展速度快，回报率高，然而技术进步和TFP（全要素生产率） 上升有限。如果需要追求进一步的业绩提升，则需要进一步扩大资 产规模，同时抬高杠杆、涉足各类复杂的金融衍生品和进入更陌生 的业务领域。

---

① 福布斯中文网，《成功难以反驳？通用电气告别韦尔奇模式》，转载于网易财经，http：//money. 163. com/15/0414/09/AN5C81O200253IOM. html，2015－04－14。

表7-2　GE 集团与 GE 金融（GECS）负债结构

（单位：百万美元）

	2006 年		2007 年		2008 年	
	GE	GECS	GE	GECS	GE	GECS
总资产	697 311	565 296	795 683	646 560	797 769	661 009
总负债	577 681	511 199	672 120	588 884	684 157	607 730
资产比（GECS/GE）	81.07%		81.26%		82.86%	
负债比（GECS/GE）	88.49%		87.62%		88.83%	

资料来源：GE 年报

2004—2007 年的 GE 金融年均资金缺口达 211 亿美元，2007 年一度达到 400 亿美元[①]。与之相反，GE 产业部门产生年均 210 亿美元的净经营现金流，在扣除投资并购、股息支出后，GE 产业部门年均保持 63 亿美元的自由现金流[②]。伴随金融业务的扩张，产业部门逐渐沦为协助金融业务发展的配角。GE 将产业部门产生的大部分资金放入 GE 金融的现金池。

表7-3　GE 产业部门和金融部门的债务构成

（单位：百万美元）

	短债			长债	
	2006 年	2007 年		2006 年	2007 年
GE 产业					
商业票据	1 098	1 799	优先级债券	6 488	8 957
一年内到账的长期借款	32	1 547	银行贷款	1 836	1 988
其他	763	571	其他	454	445
小计	1 893	3 917	小计	8 778	11 390

---

① GE 年报，由长江商学院案例中心整理。
② 同上。

续表

	短债			长债	
	2006 年	2007 年		2006 年	2007 年
GE 金融					
商业票据	1 000 181	105 878	优先级债券	241 762	288 625
一年内到期的长期借款	44 553	56 301	可展期债券	6 000	8 500
GE 的利息及票据	9 161	9 590	次级债券	5 201	3 313
其他	9 690	2 250			
小计	163 583	174 019	小计	252 963	300 438
合计	165 478	177 936	合计	26 1 741	311 828

资料来源：GE 年报

仅靠留存收益拓展金融业务的速度比较缓慢，为了弥补资金缺口，GE 金融依靠发行商业票据进行债权融资。在金融危机前 GE 集团是全球最大的商业票据发行商，2006 年和 2007 年商业票据借款分别达到 1 012.79 亿美元和 1 076.77 亿美元。GE 用俗称"摇会"的形式来处理商业票据，即使用下一次商业票据发行的资金回笼来偿还上一次的债款。GE 金融的负债和风险积累也被快速放大，逐渐超出了产业可以支撑的范围。数据显示，2007 年，GE 金融部门的权益乘数高达 11.21，GE 集团整体的权益乘数[①]也达到 6.89 左右，远高于一般的制造业公司[②]。在金融危机之前，GE 金融的资产规模、负债比例和收入利润均超过产业板块，占据了集团内的最主要地位。

---

① 权益乘数，代表公司所有可供运用的总资产是股东权益的几倍。权益乘数越大，代表公司向外融资的财务杠杆倍数也越大，公司将承担越大的风险。

② 2007 年，GE 产业部门的竞争对手如 ABB 集团权益乘数为 2~3，西门子 3.09，劳斯莱斯 3.23 左右。数据均来自 GE 年报，由长江商学院案例中心计算整理。

表 7 – 4　GE 金融负债情况　　（单位：百万美元）

	2008 年	2007 年	2006 年	2005 年	2004 年
总资产	618 614	540 584	565 296	646 560	661 009
股东权益	54 379	50 812	54 097	57 676	53 279
总负债	564 235	489 772	511 199	588 884	607 730
权益乘数	11. 38	10. 64	10. 45	11. 21	12. 41
资产负债率	91. 21%	90. 60%	90. 43%	91. 08%	91. 94%

资料来源：Wind 资讯

产融一体化的调整与反思

金融危机的冲击

2002—2006 年，GE 金融大力向国际化扩张。当时各个国家保持着良好的经济形势，GE 的金融业务似乎蒸蒸日上。然而，2007—2008 年金融危机的爆发使得美国多家银行与非银行金融机构濒临破产，GE 也难以独善其身。2008 年第四季度，银行业拆借利率高居不下，商业票据市场流动性收紧，消费者信贷和房产信贷违约率大幅上升①，GE 金融一时成为风险中心。年报显示，GE 金融净利润从 2007 年的 100 亿美元缩水至 2008 年的 70 亿美元，下跌近 30%。GE 金融之前采用的高杠杆被当时较高的业绩所支撑，然而金融危机爆发后，金融业务利润下降，GE 一时陷入了经营紧张状态，引发市场恐慌与股价暴跌，资本运作陷入困境。

数据显示，2008 年 GE 集团总资产 7 977. 69 亿美元，净资产 1 046. 45 亿美元，资产负债率达 86% 左右，同时流动负债为流动资产

---

① 　次贷危机后，美国所有银行消费贷款撇账率和房地产贷款拖欠率分别从 2% 左右激增至 6. 7% 和 10. 24%（2010 年）。

的近 2 倍。和银行不同的是，GE 金融本身吸收存款有限，更多靠发行商业票据等短期债务获取资金。在经济正常时期，GE 庞大的商业票据债务尚可正常运作，然而危机导致商业票据市场流动性缩紧，市场上传言 GE 无法偿还其商业票据借款。

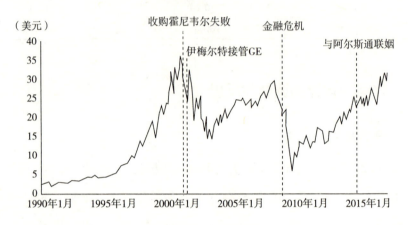

图 7-8　GE 股价

资料来源：由长江商学院案例中心整理

　　GE 一时陷入市场信心的危机中。为了挽救形势，2008 年 9 月 30 日 GE 向巴菲特发行优先股，以 10% 高额股息的代价换取了 30 亿美元的资金和巴菲特的信誉保证。同时，GE 宣布 120 亿美元股票增发计划①。增发筹集的资金全部用于 GE 金融。2008 年 11 月 GE 获得联邦存款保险公司的"临时流动性担保计划"支持，发行政府担保债券。2009 年 2 月 GE 自 1938 年以来首次下调股息。GE 开始削减对商业票据的依赖性、降低杠杆率（从 8∶1 降至 6∶1 及以下），减缩融资规模并逐步退出高级复杂衍生品业务。

---

　　①　GE 增发股票的价格是 22 美元，然而一年前 GE 是以 30 多美元的价格从二级市场上回购了 140 亿美元的股票，所以是高买低卖。

　　金融危机爆发后，由于投资人对 GE 金融的担忧，GE 集团股价从次贷危机前 40 美元跌至 20 美元以下，2009 年 3 月更是一度跌至 6 美元，市值比次贷危机前缩水 80%。2007 年 4 月 2 日至 2009 年 3 月 24 日，道琼斯工业指数最高点与最低点之间波动率为 17.77%，而同期 GE 股价波动率达 32.15%[①]。尤其从 2008 年 4 月开始，GE 股价呈持续下跌状态。金融的"内在不稳定性"放大了市场波动对 GE 集团整体的股价影响。

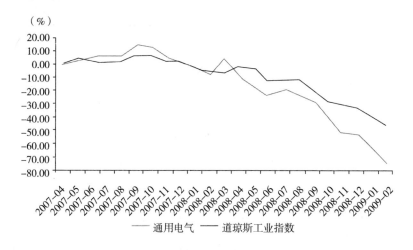

图 7 – 9　金融危机后 GE 与道琼斯对比
资料来源：长江商学院案例研究中心

　　除了股价的影响，2009 年 3 月 12 日，标准普尔下调了 GE 及其下属通用电气金融服务公司（GE Capital）的 AAA 信用评级至 AA（自 1956 年以来首次）。12 天后，穆迪也下调 GE 的 AAA 信用评级，下调的主要原因是其金融业务因消费信贷、房地产泡沫等风险敞口

---

　　① 王增业、任克娟、姚淑瑜，《解读 GE Capital Service》，《会计之友》，2009 年第 33 期，第 98 – 102 页。

过大。不仅如此，评价机构还警告称，如果 GE 金融在集团中的比例继续扩大，GE 有可能被当作一个金融机构而不是实业公司，彼时 GE 整体的评级将被继续下调。

金融危机后 GE 面对的变化

在金融危机前，投资者和外界面对 GE 日益庞大的金融业务就存有一个疑问：GE 到底是一家工业公司还是一家金融公司？在 500 强的分类里 GE 被归为多元化金融（diversified financials），而不是工业。韦尔奇在任时华尔街就有拆分 GE 的"企图"，因为只要剥离不良资产，GE 的大量固定资产就可以卖出好价①。然而韦尔奇通过内部转型、剥离和并购避免了这一情况的发生。伊梅尔特上任时，GE 股价为每股 40 美元，而随后大多数时候低于 40 美元。同时，自 2001 年开始，GE 的股价几乎一直低于标普 500 的表现。

尽管 GE 的产融结合模式有一定的协同互补效应，然而在发达成熟、体制健全的美国资本市场，市场交易风险与成本较低，很多情况下可替代企业内部交易。同时，美国投资者可以自行在资本市场进行投资组合的配置，更希望企业专业化发展。郎咸平曾评论韦尔奇时代的 GE："我不需要你这么忙，帮我把它们收购起来。作为一个股民，有 100 家好的公司我们买 100 家股票不是很好吗，何必买 GE 一家的呢？"② 在金融危机后，GE 金融暴露出相应的漏洞与风险，投资人对 GE 回归专业化、削减金融施加了更大的压力。花旗银

---

① 吴军，《浪潮之巅》，电子工业出版社，2011。
② 郎咸平炮轰韦尔奇——是他制造了 GE 泡沫，《商界》，2004 年第 8 期，第 22–23 页。

行分析师 Jeffrey Sprague 也指出①，"尽管业务经营稳健，GE 的股价五年来（2006—2010 年）却基本上是横向波动的。我们认为 GE 的规模和复杂性令投资者对其股票望而却步，这是导致其估值下滑的主要因素之一"。研究表明，多元化折价是拥有发达的（金融）市场以及机制的高收入国家的典型特征之一②。

GE 内部人士对媒体表示，金融板块尽管盈利，但是资本回报率没有想象中的高。在美国股市，工业股比金融股估值高，因而被算作金融股的 GE 和竞争对手相比，股票是被低估的③。如果想获得更高的估值和股价，GE 就需要降低金融板块的色彩。GE 人士表示，当 GE 拿掉了与工业关联性较低的地产金融、消费金融后，所剩余的与产业紧密结合的业务如设备租赁、航空融资等则可以成为 GE 区别于竞争对手的优势④。长期低迷的股价成为 GE 选择剥离金融业务的一大考虑因素。2015 年 4 月 10 日 GE 宣布剥离金融业务时，当日股价上涨 11%，是 2009 年 3 月 12 日以来单日涨幅最高的一天。

此外，GE 金融业务开始面对更严格的政府监管。在金融危机后，美国"金融危机调查委员会"在向美国总统和国会提交的《金融危机调查报告》中强调了此次危机是"本可避免的"。美联储和美国政府反思认为金融监管不力是导致金融危机的重要原因，开始改革金

---

① 巴菲特股池系列：通用电气，雪球财经，https：//xueqiu.com/9255413612/21923703。

② Fauver, Larry, Joel Houston and Andy Naranjo, 2003, "Capital Market Development, International Integration, Legal Systems, and the Value of Corporate Diversification: A Cross - Country Analysis", Journal of Financial and Quantitative Analysis, 38（1），pp. 135 - 157。

③ 财新无所不能（caixinenergy）官方微信。

④ 同上。

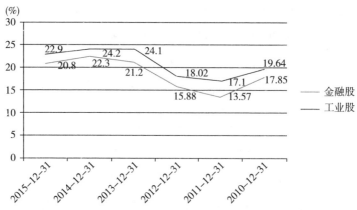

图 7 - 10　美国资本市场工业股和金融股的席勒 PE①

资料来源：由长江商学院案例研究中心整理

融业监管框架。2010 年 7 月 21 日奥巴马正式签署《多德—弗兰克华尔街改革与消费者保护法案》（即《金融监管改革方案》），出台了对 SIFI "系统重要性金融机构" 的监管。系统重要性金融机构（Systematically Important Financial Institution，SIFI）是指由于规模、复杂性、系统性关联等原因，其无序破产将会对更广泛范围的金融体系和实体经济运行造成显著破坏的金融机构。金融稳定监管委员会②（FSOC）和消费者金融保护局（CFPB）等监管机构成立，并由前者统一协调负责具体对系统重要性机构的监管、风险识别与防范。

多德—弗兰克法案创立了 "沃尔克规则"（Volcker Rule），限制大型金融机构及其附属机构开展自营交易；限制其拥有或投资于对冲基金和私募股权基金（投资总额不得超过银行一级资本的 3%）；分拆商业银行的掉期交易等高风险的衍生金融交易等。此外，多

---

① 席勒 PE 即 Shiller - PE，由股价除以经过通货膨胀调整后的过去十年的平均年利润所得，这样的市盈率有效地规避了经济和企业利润的周期性波动，也照顾了通货膨胀水平。

② FSOC 由包括美国财政部和美联储在内的多个部门成员组成。

德—弗兰克法案也加强了对资产证券化、对冲基金、私募股权基金以及各类金融衍生品交易的监管，例如资产规模超过 1 000 亿美元的大型对冲基金和私募股权基金必须在美国证券交易委员会登记、披露交易信息并接受定期检查，同时限制金融机构大量持有各类复杂的金融衍生产品等，填补了美国影子银行①监管方面的空白。

由于金融危机对全球广泛的影响，包括 IMF、FSB 和 BIS（国际清算银行）等国际金融监管组织先后出台了对系统重要性金融机构更严格的监管政策。巴塞尔银行业监管委员会于 2013 年 1 月 6 日出台了《巴塞尔协议Ⅲ》，美国等各大经济体也开始实施更严厉的资本金要求和监管条例②。

2013 年 7 月，FSOC 将首次运用多德—弗兰克法案将 GE 和 AIG（美国国际集团）两家非银行金融机构列为 SIFI，以防止"影子银行体系"的非传统银行成员对金融稳定性构成威胁。经济学家克鲁格曼认为 GE 是影子银行崛起的典型代表，在危机前扮演类似银行的角色，有系统性风险，却因监管不足而套利③。

被评为 SIFI 后，GE 面临多方监管机构（包括美国消费者金融保护局和州级金融监管机构）的监督，而且面临更高的资本要求

---

① "影子银行"一词是经济学家 Paul McCulleys 在 2007 年创造的，指的是导致 2005—2007 年信贷膨胀的"以杠杆撬动的非银行投资渠道、工具及结构的总汇"。这些杠杆较高的投资工具依赖于短期批发融资（如商业票据），而且不具有各银行由联邦存款保险公司承保存款的稳定性以及美联储贴现窗口的支持，因此当债市流动性枯竭时容易遭到挤兑。虽然其中有很多工具与银行紧密相关或由银行创造，但基本在美联储监管范围之外运作。

② 美联储批准了美国银行业资本金标准的新规定，要求全美各家银行机构将银行股本与留存收益组成的核心资本比率至少提升到7%，其中一级普通资本充足率将至少提升到 4.5%，并设立 2.5% 的一级普通资本留存缓冲。

③ Paul Krugman, "Financial Reform's Effect on Shadow Banking", La Repubblica 转载于未央网 http://www.weiyangx.com/127808.html。

和流动性要求。如《巴塞尔协议Ⅲ》要求签署国银行资本充足率达到8%，核心资本充足率①达到6%，这使得金融业务的开展成本更高。GE方面称消费信贷业务（GE Money Bank）的推出曾填补了当时银行未覆盖到的业务空白，成为金融危机前GE金融的重要利润来源，然而在监管趋严后难以开展②。

此外，2009年美国证监会调查发现GE曾数次粉饰财务报表误导投资者，处以5 000万美元的罚款。SEC调查发现1995—2004年，GE盈利一直达到或超出分析师预期，哪怕是在20世纪八九十年代美国房地产市场出现危机或者GE贷款了数以亿计的Montgomery Ward公司破产时。处理收益数据一度是GE内部默认的惯例③。金融自身特性使其可以成为利润的调节器和储水池，GE的产业和金融业务可以看作两个"口袋"，通过从一个口袋向另一个口袋转移的过程，创造流动价值④。

伊梅尔特谈道："在监管层面，我们要接受跟JP摩根、高盛这样的金融机构同样标准的监管。但事实上，我们是跟它们类型截然不同的金融机构。现在，我们只想保留为GE主要产业部门服务的那

---

① 资本充足率反映商业银行在存款人和债权人的资产遭到损失之前，该银行能以自有资本承担损失的程度。资本充足率越高，银行抗风险能力越强，但同时资金成本也越高。一级核心资本充足率（Core Tier 1 Ratios，CT1）＝（核心资本/加权风险资产总额）×100%。

② 万晓晓，GE去金融化欲重拾工业荣光，经济观察网，http：//www.eeo.com.cn/2015/0505/275626.shtml，2015年5月5日。

③ GE的收益数据处理earnings management，曾是内部的默认操作之一。比如经理人员可以在将价值转为资产上做文章，改变收益值；移动存货，让飞机载着存货夜间飞行或提前关闭工厂码头，减少存货，从而使收入看起来变高，收购中将各类旅行餐饮花销记作收购价格而非延期运营收入，从而降低支出额、增加经营收入等。托马斯·欧博伊尔，马爽、陈焱（译），《逐利为赢》，辽宁人民出版社，2004。

④ 吕波，《资本的博弈》，机械工业出版社，2011年1月1日。

些金融业务。现在金融服务的内容和方式，跟过去相比已经发生了很多新变化。我认为这并不是一个周期性的变化，这是一个在代际更迭中发生的、长期的、趋势性的变化。我们不必用跟过去同样的方式去经营金融业务。"

相比之下，工业似乎给了 GE 发展的机会。金融危机暴露了美国经济过度金融创新、制造业萎靡、债务驱动型增长等问题，促使美国政府开始反思之前的以资本市场为主体的虚拟经济占主导、制造业空心化的经济模式①。奥巴马政府在强化金融监管的同时，也提出了再工业化战略。通过出台相关法律、给予财政支持、减少监管负担、签订相关自由贸易协定等手段，美国政府希望振兴先进制造业，并吸引外国制造业企业投资②。

表 7-5　美国"再工业化"相关关键文件

	产业类政策	时间
国情咨文	强调"制造业回归本土、发展技术密集型新兴产业"以及"更为强硬的贸易措施"	2012 年
先进制造业国家战略计划	将促进先进高端制造业发展提高到国家战略层面	2012 年
先进制造业伙伴计划	强调对制造业前沿领域的人才、资源、创新投入，以保障美国在全球创新方面的领先优势	2011 年
清洁能源制造业及出口补贴法案	推动清洁能源技术投资、创造就业机会、减少对石油的依赖	2010 年

---

①　自 20 世纪 80 年代起，美国金融业监管放松，快速发展的金融业等虚拟经济对制造业产生一定挤出效应。美国经济向价值链两头的研发和市场转移，作为中间环节的制造业开始经历趋势性萎缩，整体外迁。2010 年中国取代美国成为世界第一的制造大国。资料来源：扑克投资家，老帝国的新野望：美国再工业化，一个对全球影响深远的战略，华尔街见闻，http：//wallstreetcn.com/node/253158，2016-07-09。

②　王茹，美国再工业化和工业互联网的启示，中国经济新闻网，http：//www.cet.com.cn/ycpd/sdyd/1732679.shtml。

	产业类政策	时间
重塑美国制造业框架	涉及工人培训、创新型科技、资本市场、物流运输、市场环境等多个方面	2009 年

资料来源：华泰证券研究所

2010—2014 年，美国制造业平均增速为 3.46%，高于同期 GDP 增速。伊梅尔特称，GE 工业业务的回报率是 17% ~18%，而金融服务的回报率是 6% ~7%，所以将资本从低回报业务转到高回报业务是自然的举动。他认为，大规模资金支撑的金融公司模式已经发生了变化，未来很难持续产生理想的回报[①]。

回归工业

鉴于诸多因素，在金融危机后，GE 开始出售包括 GE 信用卡和零售金融、房地产金融等业务，强调"专注"。2015 年 GE 宣布出售旗下金融业务，并表示计划在 2016 年将金融占公司净利润的比例降至 25%，2018 年降至 10%。伊梅尔特希望调整 GE 的业务组合后，可以为公司股票带来更高估值。他表示："这是 GE 战略的重要步骤，GE 将专注于打造自己的竞争优势，聚焦于建立下一个工业时代。"路透社评论认为[②]，"终于，通用电气开始驱除杰克·韦尔奇释放的金融恶魔"。

截至 2015 年 10 月 22 日，GE 已经签署了约 1 260 亿美元的资产变卖协议，完成了其 2 000 亿美元金融资产出售计划的 60%。被保

---

① 万晓晓，GE 去金融化欲重拾工业荣光，经济观察网，http：//www.eeo.com.cn/2015/0505/275626.shtml，2015 – 05 – 05。

② 引用于福布斯中文网，"成功难以反驳"？通用电气告别韦尔奇模式，转载于 http：//money.163.com/15/0414/09/AN5C81O200253IOM.html，2015 – 04 – 14。

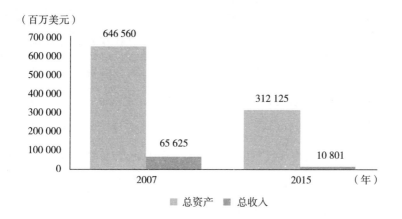

图 7 – 11　GE 金融 2007 年 vs. 2015 年

资料来源：GE 年报

留下来的金融业务主要为那些和工业高度关联、能够支撑产业发展的业务，包括工业金融服务（如医疗器械融资等）、能源金融服务以及航空服务。2016 年 6 月 29 日，GE Capital 成为首家被移除系统重要性机构标签的公司。

伊梅尔特强调[①]，"在工业优势与重要的金融服务能力相结合方面，GE 公司仍然是独一无二的，但是，GE 首先是一家工业企业，这一点毋庸置疑。GE 金融集团必须能够提升我们的工业竞争力，而非使之下降。GE 金融集团的规模大小，最终将取决于其竞争力和回报，以及对整个公司的监管影响。哪里能成功，哪里就是我们的市场"。Smaller，Simpler and Safer 是 GE 金融新的口号。

与此同时，GE 加大了对工业板块的投资布局，并提出了"工业互联网"的战略思路。随着计算机技术和互联网技术的成熟，工业

---

① 万晓晓，GE 去金融化欲重拾工业荣光，经济观察网，http：//www. eeo. com. cn/2015/0505/275626. shtml，2015 – 05 – 05。

领域服务化和智能化的趋势越发明显①。"制造＋服务"延伸了传统制造业业务，帮助企业获得更高的利润和差异化优势，而智能化则通过互联网将机器、人和流程联系起来，可能会颠覆既有制造业模式。GE 的工业互联网将会通过互联网技术、大数据分析、云计算和移动技术等将分布在全球的机器连成一张数字化网络，通过数据收集与分析来优化现有工业制造流程，从而提升效率、降低成本②。2015 年 GE 成立了数字集团，开发了工业互联网平台软件 Predix，预计 2016 年会有 2 万开发者使用 GE 的 Predix 平台③。

伊梅尔特称，"如今一辆火车头就是一个奔跑的数据中心，飞机引擎是飞行的数据中心，它们每天产生巨量的数据，这些数据可以反馈给客户，用于提升燃油效率，改善它们的环保表现"。GE 对中国媒体表示，工业互联网能够帮助中国航空、电力、铁路、医疗、石油天然气等主要行业提升 1% 的生产效率，未来 15 年有望为这些行业节省约 240 亿美元的成本④。

强调回归工业、降低金融色彩的伊梅尔特表示⑤，"经济萧条，金融制度也发生变化，我的目标就是把通用电气带入 21 世纪，因此

① 李全伟，GE 去金融化的玄机，《哈佛商业评论》，http：//www. hbrchina. org/2015 – 04 – 15/2889. html，2015 – 04 – 15。

② 2014 年，亚航通过使用 Flight Efficiency 服务对航班流量的序列管理和航线设计的优化，GE 估算至 2017 年，仅燃油费用亚航就可以节省近 3 000 万美元。另外，圣 – 卢克医疗中心使用了 GE 公司提供的软件分析病人和设备数据，病床转换腾位时间缩短了 51 分钟，减少了病人的等候时间。来源：万晓晓，GE 去金融化欲重拾工业荣光，经济观察网，http：//www. eeo. com. cn/2015/0505/275626. shtml，2015 – 05 – 05。

③ 万晓晓，GE 去金融化欲重拾工业荣光，经济观察网，http：//www. eeo. com. cn/2015/0505/275626. shtml，2015 – 05 – 05。

④ 同上。

⑤ "杰夫·伊梅尔特：通用电气愿意自我颠覆"，中国网，http：//henan. china. com. cn/tech/2015/0717/597907. shtml，2015 – 07 – 17。

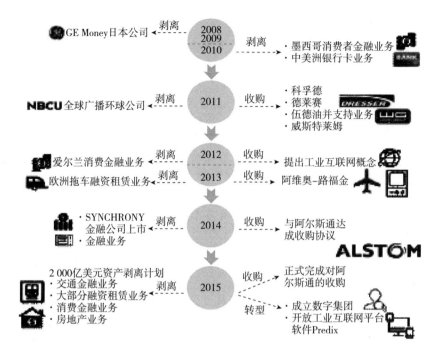

图 7 – 12　金融危机后 GE 的动向

资料来源：由长江商学院案例研究中心整理

我必须以我的个性和方式来领导企业，我不会走韦尔奇的老路，而且我也不想同韦尔奇相比"。

教授启示

为什么金融危机后通用电气受到了这么严重的打击？其实这背后暴露出通用电气产融结合模式的高风险性。韦尔奇的战略看起来很风光，引得众人追捧，但实际上这是一个高杠杆、高风险、高收益性质的发展模式，并没有真正找到一个卓越的、超越其他公司的创新模式。

新金融风向标

韦尔奇喜欢强调以速度取胜，求快，自然青睐金融业务这种高回报、快速周转的业务，有一定的短视性。他紧跟潮流，在美国经济整体向服务业转型的同时，也将 GE 向服务业（尤其是金融）转型。GE 从主要做产品到变成做产品服务。然而我们知道，制造业的公司技术进步快，生产率上升很快，销售量上升的同时员工数量下降。如果专注于制造业，企业人员规模就有可能逐渐缩小（这是很多管理层不愿意的，管理层愿意管人）。而服务业技术和生产率上升缓慢，举个例子，比如 100 年前和今天相比，理发师和教师的工作性质和效率并没有太大的改变。同样道理，GE 开始向金融业倾斜的时候，一开始是会带来不错的业绩回报，但随着时间的流逝，相应的生产率、效率增长不快，同时人员越来越多，也需要更多的经理来管理领导他们。为了更多的业绩，员工不得不去开拓新的金融业务、加高杠杆，或授信给违约率更高的人，这就积累了更多的风险。

同时，我们会看到 GE 一开始做金融是为了协同产业发展，通过提供相关服务、进行低成本直接间接融资来提高产业资本的利润率。然而随着 GE 金融部门的发展，GE 的很多业务如信用卡、房地产等和 GE 的核心产业没有直接关联，金融业务逐渐异化成独立的业务板块。这会抢占产业资本的资源，成了一种狮虎相争的博弈。

在金融危机前，各项指标和数据已经表现出 GE 金融部门高收益、高风险的特点。金融危机爆发时，其金融业务无论资产规模、负债比例还是收入利润均超过产业板块占据集团内最主要地位，已经累积了较多的风险与泡沫。危机爆发前，GE 集团权益乘数高达 6~7，GECS 高达 11~12。高杠杆是靠着当时较高的业绩所支撑的，但随着金融危机爆发，集团利润下降，现金流出增加，高杠杆不但无法重现业绩辉煌，反而使 GE 一度陷入经营紧张状态，引发市场信任危机和股价暴跌，丧失相应最高信用评级，融资优势消失，金融资本运作陷入困境。

金融行业具有"肥尾效应"的特点，金融崩溃带来的经济极速下行显著高于金融发展带来的经济温和上涨。美国金融危机前，各类金融创新和发展温和地刺激经济发展，而金融危机爆发则导致经济急剧下滑。这使得 GE 也难以独善其身。金融危机后 GE 产业部门的收入和利润仅受到了些微影响，而 GE 金融则明显"跳水"，显著拖累了整个集团的业绩和股价。同时，也可以看到，GE 股价恢复速度、资本市场表现明显低于专业化的苹果公司、制造业公司飞利浦。

归根结底，这个案例所涉及的一个基本问题是：GE 做金融的效率有多好？或者引申一下，企业多元化好还是不好呢？根据科斯的企业边界理论，企业的边界是由内部管理、交易的效率对比外部市场交易的效率来决定的。当外部市场越发达，企业边界就越小。也许 GE 做金融，是可以和产业形成一定的互补、平滑不同行业的经济周期，然而在美国发达成熟、制度健全的资本市场，外部交易完全可以替代许多内部交易，GE 自己做金融的效率值得怀疑。如果 GE 不能做到最优，那么对于投资者来说，这就是坏事。因为投资者完全可以自己买不同的股票来组合投资，达到收益最大化。这也是为什么美国投资者整体倾向于企业专业化经营，强调"多元化折价"。

然而，并不能一概而论说产融结合（或者更广义范畴的多元化企业集团）就一定会损害股东价值。这取决于在不同的环境体制下，多元化是否为企业增添了足够的价值来冲抵多元化后协调困难带来的成本。发达国家的资本市场发展完善，并且有各类降低风险的机制如财报披露机制、分析师群体以及独立的财经媒体，并有相应的监管机构和组织来负责督察市场，外部交易风险与成本较低，企业倾向于专业化经营。然而，在新兴市场，资本市场相应体制不健全或者可能未起到良好作用，投资者投资会面临较大风险和不确定性。在这样的情况下，企业集团内部资本市场的建立，可以降低信息不完善、不对称的风险，可能会比引入外部潜在投资者更加有效率和有保障。

此外，在我们纵观 GE 几十年来产融结合模式的变动时，不能忽视的是企业所处的特定的经济环境和政策监管的影响。韦尔奇大力发展金融业的时候正是美国经济整体从工业向服务业转型之际，同时美国实施了高度自由化的金融监管政策。而伊梅尔特上任后，GE 所面对的经济、社会环境有了很多变化。尤其在金融危机后，美国政府推动经济回归工业重心，并加强了金融监管力度，这也成了 GE 去金融化、回归工业的战略转型选择的直接动因。

国内首单公募房地产信托投资基金（REITs）的创新实践

指导教授:欧阳辉　李学楠　案例作者：刘晓婷　案例截稿：2016 年 1 月

【案例主旨】　在发达国家，REITs（Real Estate Investment Trusts）被投资者视为现金、股票、债券之外的第四类资产。我国的 REITs 起步较晚，直到近几年，随着市场环境的改善以及相关政策的出台，才先后发行了首单私募和公募 REITs 产品。而作为首单公募 REITs，鹏华前海万科 REITs 的出炉可谓历经周折。其通过创新性的交易结构设计，同时辅之以业绩补偿机制、激励机制以及增信机制，跨越贴现率、税收以及估值三大屏障，并经过参与各方反复磋商妥协，才得以在当前的政策环境下破茧而出。

【案例正文】

经过几个月紧锣密鼓的准备，2015 年 9 月 30 日，鹏华前海万科 REITs（以下简称万科 REITs）正式登陆深交所。作为国内首款公募 REITs，这一产品的认购门槛较低，单个投资者只需 10 万元，便可分享出租率100%、定位于高端写字楼的前海万科企业公馆的租金收益。因此在认购期间，产品受到了投资者的追捧，比计划时间提前募集完成。

上市后，众多参与及业内人士对其进行了评价。万科高级副总裁兼董秘谭华杰表示，这款产品主要在两个方面取得突破，一方面，它是国内首单公募 REITs；另一方面，不同于以往国内一些名为 RE-ITs，实为房地产信托的产品，它是真正意义上的 REITs。

中国 REITs 联盟秘书长王刚认为："产品的公募化，使得持有 REITs 产品份额的投资者从少数私募投资变为多数投资者，这是万科 REITs 的主要意义。"

深交所副总经理林凡则表示，万科 REITs 是资本市场借助前海政策优势、创新场内交易品种、服务实体经济和发展普惠金融的一个重要探索和突破，也是对国内市场传统证券产品的有效补充。

那么究竟什么是 REITs？万科 REITs 的交易结构如何设计？产品出炉中突破了哪些屏障？参与各方是否均从中获得相应的收益？与美国成熟市场的 REITs 相比，国内 REITs 产品的差距在哪里？未来发展 REITs 仍需突破几重障碍？

REITs 产品背景

REITs 产品概要

REITs，是一种以发行收益凭证的方式汇集特定多数投资者的资金，由专门投资机构进行房地产投资经营管理，并将投资综合收益按比例分配给投资者的一种信托基金。在成熟市场，REITs 已被投资者视为现金、股票、债券之外的第四类资产。

REITs 的分类方式较多，按照投资范围的不同，可分为权益型、抵押型和混合型。按照组织形态的不同，分为公司型和契约型。此外，依据基金募集方式的不同，REITs 还可划分为公募型和私募型。

REITs 最早起源于美国，自 1960 年美国国会批准《房地产投资信托法》以来，经过半个多世纪的发展，美国已成为全球最大且最为成熟的 REITs 市场。彭博数据显示，美国 REITs 的数量从 1971 年的 34 个增加至 2014 年的 216 个，市值也由 1971 年的仅 15 亿美元飙升至 2014 年的 9 074 亿美元。

与此同时，过去几十年 REITs 在美国之外的其他地方也获得了快速发展。彭博统计，目前全球已有 30 多个国家和地区推出了 REITs 产品，其市值规模从 1990 年的 89 亿美元增长至 2014 年年底的 1.46 万亿美元[1]。除美国作为全球最大的市场，市值占全球比例高达 62%，澳大利亚、日本、英国、加拿大等地区 REITs 规模也都在 500 亿美元以上。

REITs 本质上是房地产资产证券化的一种形式。其之所以能在世界各地开疆拓土，主要源于这一产品所具备的四大独特优势[2]。

一是税收优惠。REITs 产生于美国，而美国的 REITs 是税收驱动型的，其从最初的组织结构到后来的结构创新都是围绕如何合法避税。REITs 采用税收透明机制，即税法赋予 REITs 在企业层面无须缴税或少缴税，同时在 REITs 的转让环节也给予税收优惠，投资者仅需在个人收益层面缴纳个人所得税，从而避免重复征税。

---

① 数据来源于齐鲁证券《鹏华前海，REITs 出海》。
② 《REITs 投资的海外经验与中国实践》，海通证券，2015 年 1 月 20 日。

二是收益率高且相对稳定。REITs 的收益来源于两部分：租金收入和房产增值。其中租金收入波动小，且每年大部分都用来分红，收益稳定；房产增值则与房地产市场相关性较强，波动较大。从过去 40 多年美国 FTSE NAREIT 指数[①]来看，全部 REITs 的平均收益率为 12.11%，其中股利收益约为 8.48%，贡献率达 70%，而增值收益率上下波动较大，42 年中有 15 年为负值，股利收益在一定程度上熨平了整体收益的波动性。

此外，REITs 的长期回报较高，与股市、债市的相关度较低。1971—2015 年，长达 44 年时间内 REITs 的年化回报率达 9.75%，而同期的标普 500 和道琼斯指数只有约 7%。同样，过去 20 年（1995—2015 年）REITs 的年化回报（10.32%）也显著高于标普 500（6.18%）和道琼斯指数（6.32%）。

三是流动性好。REITs 多数采用公募形式筹集资金，发行后可在公开市场自由交易。房地产投资的风险之一在于流动性较差，而 REITs 通过房地产证券化提高了流动性。

四是投资门槛低且具有风险分散功能。一般来讲，不动产投资单笔金额较大，门槛较高，很难做到风险分散，是一种小众的投资品。而 REITs 以公募形式，降低了投资门槛；且通过投资于不同地理位置、物业类型及市场区域的不动产，可实现多元化投资、分散风险的目的。

国内 REITs 进程

国内早在 2002 年就开始了对 REITs 的研究，但受制于制度瓶

---

① FTSE NAREIT 美国房地产指数以所有上市交易的 REITs 为样本编制。

颈，发展缓慢。2005 年 1 月，联华国际信托曾发行了国内第一单准 Pre‑REITs 产品——联信宝利中国优质房地产投资信托计划。同年年底，越秀投资作为内地企业在港交所发行了内地第一单标准 RE‑ITs。该产品以信托资金取得越秀投资在广州的四处物业的控股权，并成功在港交所公开上市，成为港交所第二个 REITs 产品。但之后随着房地产限制外资政策的发布，国内企业海外发行 REITs 计划受阻。

2008 年，国务院出台金融"国九条"，首次从国务院层面高度提出发展 REITs，REITs 又重新回到人们的视野。随后，国务院发布了细化的"金融 30 条"，明确提出"开展房地产信托投资基金试点，拓宽房地产企业融资渠道"。2009 年，央行联合 11 个部委制定 RE‑ITs 试点管理办法及方案，并于 2010 年批准北京、上海、天津开展 REITs 试点，但试点后并无项目跟进。

2014 年后随着市场环境的改善，REITs 的发展进入提速阶段。2014 年 5 月，国内第一个私募类 REITs 产品"中信启航"发行，该产品融资额为 52.1 亿元。随后，证监会发布《关于进一步推进证券经营机构创新发展的意见》，提出研究建立 REITs 的制度体系及解决方案。2015 年 1 月，住建部发布通知，支持物业租赁市场发展，推动 REITs 试点项目的发展。随后，2015 年 2 月，国内第二个私募类 REITs 产品"苏宁云创"在深交所挂牌。至此，国内已成功发行两单私募类 REITs 产品，这是迄今为止与国外成熟市场的典型 REITs 最为接近的两款产品，标志着国内 REITs 的启航。

首单公募 REITs 出炉始末

在私募类 REITs 有所突破的同时，国内也在酝酿首单公募 REITs 的出炉。2015 年 9 月，在集合了天时、地利、人和等优势条件下，多方参与者经过反复磋商，突破重重屏障，对交易结构进行了精心设计，终于使国内首单公募 REITs 顺利发行上市。这一产品的上市不仅让参与各方均获得了一定收益，同时也具有重大的历史意义。

天时、地利、人和

国内首单公募 REITs 的诞生集合了天时、地利、人和的优势。

2014 年后，REITs 相关政策的稳步推进，积聚了不可多得的"天时"条件。该年 9 月 30 日，中国人民银行发布了《中国人民银行　中国银行业监督管理委员会关于进一步做好住房金融服务工作的通知》，提出将积极稳妥开展房地产投资信托基金（REITs）试点工作。2015 年 1 月 14 日，住房建设部又印发了《关于加快培育和发展住房租赁市场的指导意见》（以下简称《意见》），该《意见》指出，"将积极推进房地产投资信托基金（REITs）试点"。

而深圳这片以创新著称的土地，特别是新兴设立的前海自贸区，作为金融创新的桥头堡，更是不可忽略的"地利"因素。早在 2013 年年初，前海就曾联手深圳证监局着手开展试点设立公募房地产投资信托基金（REITs）的相关研究。2014 年 2 月，原证监会主席肖钢到前海调研时，现场明确表态支持前海试点 REITs 等多项金融创新。同年 10 月，证监会又发布了关于支持深圳资本市场改革创新、加快推进前海金融先行先试的 15 条意见，为探索金融创新与前海基础设施建设相结合的路径，设立前海公募 REITs 奠定了基础。

与此同时，前海管理局及旗下的前海开发投资控股有限公司（以下简称前海投控）、万科和鹏华基金作为重要参与方，它们所做的积极筹备以及各自的利益所在，也是促成该产品落地不可多得的"人和"因素。

出于自贸区之间的竞争压力，前海管理局及旗下的前海投控一直都在积极探索并推进金融创新。事实上，早在前海企业公馆项目之前，前海投控就曾计划以前海的人才公寓①为标的资产来开展 REITs 的创新和试点，后来由于此公寓在产权归属和划拨方面流程复杂且费时，才决定先从简单的项目做起，将优质资产前海企业公馆作为新的选择。

而鹏华基金多年来对 REITs 产品丰富的研究，也使其成为国内首单公募 REITs 创新的不二人选。2011 年，在国内 REITs 推进受阻的情况下，该基金曾开发了国内首支投资美国房地产的基金。这是一支专门投资于美国市场 REITs 的 QDII。此后，基于 REITs 产品前景的预期，鹏华基金决策层从未停止过对这一产品的研发，积极探讨公募 REITs 在中国的落地，并积累了多名专业人才。

至于万科，其在房地产行业中金融创新一直走在前列。过去几年，公司提出轻资产运营模式，并尝试过多种金融创新，从早期的"合作拿地"到之后的"小股操盘"，再到近两年与凯雷、领汇、东方藏山等有基金背景的商业房企宣布达成合作。资产证券化作为轻资产运营的重要方式，试水 REITs 也正是万科纳入计划下一步想做的事情。

---

① 深圳市政府计划划拨前海旁边部分公租房作为人才公寓。

交易结构设计

汇集各方力量后，经过几个月的努力，2015年4月22日，首支公募REITs被证监会受理。6月26日，该产品正式对外发行，并受到了投资者的热捧，仅四天就全部募集完毕，比原计划提前1天收官。作为资本市场具有里程碑的意义，这款产品有着精心的结构设计。

首先是整个产品的交易架构。如图8-1所示，该产品设计的参与主体众多。万科集团为了履行前海投控与万科签订的BOT协议专门成立了目标公司作为运作实体，即深圳市万科前海公馆建设管理有限公司，由目标公司代表万科集团签订和履行所有与前海企业公馆项目相关的业务。鹏华基金负责公募REITs产品的设计与管理，并收取相应的资金管理费。公募REITs投资组合为：以不超过50%的基金比例投资于前海企业公馆项目即目标公司股权，其他基金则投资于固定收益类资产（如国债、金融债、企业债等）或权益类资产。该基金公开发行募资，投资人可从中获得投资收益，其中部分收益来自万科前海企业公馆项目正常运营后每月的租金收入。

接下来，具体介绍该交易两个核心部分——REITs的基本要素和前海企业公馆项目构成。

REITs产品的基本要素（见表8-1）。该公募基金总发行规模为30亿元，其中12.668 2亿元（参考戴德梁行的评估报告并结合利率水平确定）用于以增资的方式投资目标公司50%的股权；其余部分用于投资固定收益类、权益类工具。基金的运作方式为契约型，成立前10年为封闭运作期，在深交所上市交易，此后转为上市开放式基金（LOF）。业绩比较基准以十年期国债收益率+1.5%为参照。

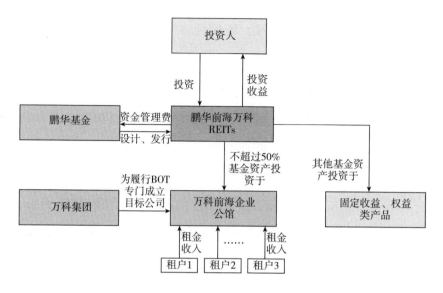

图 8 - 1　鹏华前海万科 REITs 交易架构

资料来源：由长江商学院案例研究中心整理

费用方面，该基金涉及管理费（0.65%）、托管费（0.1%）及投资顾问费（0.2%），综合成本为 0.95%。而在利润分配上，基金采用现金分红方式，每年至少分配一次，年度内须将不低于 90% 的可分配利润分配给投资者。

表 8 - 1　鹏华前海万科 REITs 基金基本要素

1. **基金名称：**鹏华前海万科 REITs 封闭式混合型发起式证券投资基金

2. **基金类型：**契约型、混合型的封闭式基金，基金合同生效后 10 年内（含 10 年）为封闭运作期，在深交所上市交易。封闭运作期届满，转为上市开放式基金

3. **业绩比较基准：**十年期国债收益率 + 1.5%

4. **投资范围：**封闭期内，该基金以不超过 50% 的基金资产投资于深圳万科前海公馆建设管理有限公司即目标公司股权；其他基金资产可投资于固定收益类资产（如国债、金融债、企业债等）或权益类资产

5. **收益分配：**采取现金分红方式；每年至少分配一次；每年分配比例不低于年度利润的 90%

6. **相关费用：**管理费（0.65%）、托管费（0.1%）、投资顾问费（0.2%），综合成本为 0.95%

前海企业公馆项目构成。该项目总投资预计 7.7 亿元，占地面积为 9.3 万平方米。全馆分为特区馆区和企业公馆区，特区馆区包含一座约 1.2 万平方米的特区馆，企业公馆区包含 36 栋建筑面积 200 ~ 1 600 平方米的企业公馆、一座约 3 300 平方米的商务中心、约 3 000 平方米的商业配套以及约 6 000 平方米的半地下停车场。

该项目收益权主要来源于前海投控和万科签署的 BOT 协议，合作时间为 2013 年 9 月 8 日至 2021 年 9 月 7 日。此外，前海投控还将 2021 年 9 月 8 日至 2023 年 7 月 24 日的收益权转让给目标公司。考虑到 2015 年前为建设期，因此目标公司享有该项目 100% 收益权的时间段为 2015 年 1 月 1 日至 2023 年 7 月 24 日，总长度约 8 年半。

在此期间，深圳戴德梁行[①]对项目每年的营业收入（不含物业管理费收入）进行了预测和评估（见表 8 - 2），并结合市场利率水平确定项目现值为 12.668 2 亿元。鹏华 REITs 以此价格通过增资入股的方式获得目标公司 50% 的股权，并分享企业公馆项目 100% 的收益。在退出方式上，该基金采用股权回购的方式逐步退出，即万科集团分别在 2015 年年底、2018 年年底、2021 年年底和 2023 年 10 月底回购目标公司 14%、18%、17.5% 和 0.5% 的股权。而项目收益方面，则主要以目标公司代万科集团支付股权回购款及利润分配的方式来实现。

---

① 戴德梁行为国际房地产顾问"五大行"之一。

表8-2 前海企业公馆项目预测营业收入（不含物业管理费收入）

（单位：万元）

年度	2015	2016	2017	2018	2019	2020	2021	2022	2023
预测营业收入	12 633	17 575	19 314	20 980	22 536	23 407	24 987	25 437	15 183

资料来源：深圳市戴德梁行土地房地产评估有限公司出具的评估报告；招募说明书

此外，为了保障投资人的利益，该基金还设立了业绩保障机制、激励机制和增信机制。

业绩保障机制。由深圳万科开立保证金账户，一次性存入不低于2 000万元并确保每年维持不低于2 000万元的保证金。当目标公司实际业绩收入（即营业收入减去物业管理收入）低于比较基准（以戴德梁行每年预测的收入为基准）时，使用该保证金账户补足收益。从每年的营收测算来看，剔除有免租期的2015年及月份不完全的2023年，前海企业公馆项目平均每年的收益在2.2亿元左右，保证金账户对业绩收入提供了约9%的保护。

激励机制。若实际业绩高于基准，对于高于基准5%以内部分，该基金按超额的20%支付万科收益分成；对于高于基准5%~10%的部分，按超额的30%支付万科收益分成；对于高于基准10%以上的部分，则按超额的50%支付万科收益分成。该机制设立的目的在于，将REITs产品与万科物业运营团队的利益进行有效捆绑，激发物业管理团队运营好此项目。

增信机制。前海投控作为基石投资人，以自有资金或其指定机构认购3亿元，相当于基金总规模的10%，且两年内不得转让。鹏华基金作为发起人，以自有资金认购1 000万元，三年内不可转让。通过此种方式，前海投控和鹏华基金将自身利益与REITs产品利益进行捆绑，来增加投资者信心。

三大屏障[①]

鹏华前海万科 REITs 的出炉并不容易，历经周折。深圳万科财务总监陈杰提到，自项目启动之时，该基金就面临三个需跨越的屏障，直到各方反复磋商妥协，才最终促成了国内首单公募 REITs 的落地。

屏障一是价格高。作为基金管理人的鹏华基金经过市场询价，一开始就提出万科前海企业公馆经营收益的年化贴现率应设定为9%，如果低于该水平，将对 REITs 的投资者不构成吸引力，导致产品难以顺利发行。但其实对万科集团而言，其 2014 年的加权平均融资成本不超过 6.5%；而且在谈判过程中，万科集团于 2014 年 12 月成功发行 18 亿元中期票据，年利率仅为 4.7%。这就加大了万科集团接受高达 9% 贴现率的难度。

在此后的谈判中，为了弥合双方在预期价格上存在的巨大差异，万科集团提出三点举措，才促使各方满意。首先，必须把产品设计为经营收益权的实质转让，项目经营的收益和风险应当大部分转移给 REITs 投资者，而不能将产品定位于一笔债权融资，由此万科集团才能接受一个较高的贴现率；作为降低 REITs 投资者风险的平衡措施，万科集团设立每年 2 000 万元的滚动保证金，以此补足每年实际业绩相比承诺基准业绩的差距，这也是前述的业绩保障机制来源。其次，万科集团在总计 30 亿的 REITs 份额中承担一半的销售任务，

---

① 此部分参考万科集团财务总监陈杰为《新财富》撰写的文章《国内首单公募RE-ITs破茧解密》。

以减少 REITs 的销售佣金，从而在维持 REITs 投资收益率不变的情况下降低产品的贴现率。最后，万科集团的前海企业公馆属于 BOT（建设—经营—转让）项目，根据合同约定，项目到期后将无偿移交给业主方前海投控，万科集团提出通过承担项目的后续经营管理来获取合理收益。

屏障二是税负重。鹏华基金提出按照 9% 的贴现率计算经营收益权的转让价格，那么这笔 9% 的年化收益应当如何支付给 REITs 投资者呢？作为收益权转让方的万科集团，自然联想到通过债权投资的方式引入 REITs 资金，然后通过利息的形式向 REITs 投资者支付投资收益，这笔利息就得以税前列支，从而降低部分所得税支出。然而受限于相关法规的限制，公募基金投资于具体项目的形式不允许债权投资，而只允许股权投资。若是如此，则 9% 的年化收益自然通过税后利润的方式分配给 REITs 投资者。若将 9% 的税后利润换算为税前利息，其利率就相当于 9%/（1–25%）＝12%[①]。如前所述，9% 的贴现率对于万科集团已经难以承受，如果贴现率从 9% 提高至 12%，那么项目谈判几乎可以直接终止。

后来，万科留意到国税总局 2013 年发布的第 41 号公告《关于企业混合性投资业务企业所得税处理问题》（以下简称 41 号公告），其中提到在满足一定条件的情况下，可将股权投资视同债权投资，从而将股权回购溢价视同利息予以当期税前列支。由此，万科受到启发——如果 REITs 先以增资的方式成为项目公司的股东，然后万科集团通过回购 REITs 持有的股权让其回收投资本金及收益，那么

---

① 此处的 25% 为企业所得税税率。

相应的股权回购溢价将有可能实现税前列支，从而让9%的贴现率等同于税前成本。于是，在仔细研究41号公告提及的五项前提条件①后，万科决定放弃原有的直接分配税后利润的设想，改以"先增资、后回购"的交易模式，并让股权回购溢价能够在当期有效地税前列支，最终合法规避潜在的额外税负。这就是前面交易结构中为何采用增资入股和回购退出的原因。

屏障三是估值难。在国外成熟市场的REITs项目中，所谓的估值难主要体现在三点：（1）投资标的往往是带有产权的经营项目，评估机构需对项目到期后的残值做出估计；（2）经营项目主要是收取浮动租金的商场或其他物业，评估机构需对各项浮动参数（例如，承租人的经营收入）做出估计；（3）对于经营波动较大的商场、酒店或其他物业，评估机构还需在每年的租金增长率预测上下不少功夫。整个评估过程涉及大量假设和估计，即便在国外已有各种专业机构和人才积累的情况下，大都会颇费周折，几经妥协各方才能达成一致。那么作为国内首单公募REITs，如何破解这一难题？

从事后的情况来看，前海管理局选择万科企业公馆项目为标的，正是这一项目的特殊性，使其规避了评估过程中的种种难点。首先，该项目属于一个经营期满无偿移交给业主方的BOT项目，所以无须估计到期残值；其次，企业公馆项目的经营收益主要来源于租金收益，而该收益都以固定租金的形式体现在租赁合同中，且每年的租金增长率也在租赁合同中明确拟订，故评估所需要的大部分属于现

---

① 这五项前提条件分别是：被投资企业定期支付固定利润；被投资企业到期赎回投资本金；投资企业对被投资企业净资产不拥有所有权；投资企业不具有选举权和被选举权；投资企业不参与被投资企业日常生产经营活动。

成的数据，涉及的假设和估计较少，使得第三方评估机构出具的报告并不存在太大争议。实际上，鉴于前海自贸区的优势，早在2014年9月企业公馆项目就已基本完成招商工作并锁定经营期限内的大部分收益。具体来讲，自2014年12月开业，截至2015年3月，该项目已签约的面积比例达到100%，其中三年期、五年期和七年期的租约占比分别为11.3%、42%和46.7%。2015年每月租金的平均水平为240~250元/平方米，三年后租金每年递增9%。已签约的企业49家，包括汇丰银行、民生银行、中国联通、广发证券等大型企业和单位，覆盖了银行、保险、现代物流、信息科技、文化产业、专业服务等产业领域。

各方利益及产品的意义

2015年9月30日，国内首支公募REITs成功登陆深交所。综合盘点来看，万科财务总监陈杰认为，参与各方从这单产品中均获得一定收益。对于万科集团，虽然承担较高的价格，但一来实质转让了经营收益权、通过REITs获取大笔现金，二来也能从项目的后续经营中获益；对于鹏华基金，在万科集团的协助下成功完成产品销售，每年也能从REITs中获取稳定的管理费收入；对于前海投控，参与首单公募REITs的创新，大大增强了前海自贸区金融创新的品牌效应，同时担任REITs的基石投资人也能获取合理回报；对于其他REITs投资人，投资于一款风险略高于债券型基金但远低于股权型基金的产品，每年可以稳定获取大约7%的收益率。可以说，这是一个各方共赢的局面。

与此同时，就这款产品本身而言，不少业内人士认为其在诸多方面实现了突破和创新。

首先，该产品代表着国内首单公募性质的 REITs 破冰，历史意义非凡。在此之前，国内发行的几款 REITs 产品，如中信启航和苏宁云创，都是私募型，只有合格投资人才能参与认购，投资门槛高，流动性较差。而万科前海 REITs 以公募的封闭式基金的形式作为投资载体，可以上市交易，提供了良好的市场流动性。同时，相比之前的私募型，投资门槛降低为 10 万元，交易门槛为 1 万元，可吸引大众投资人参与。

其次，该产品以优质资产为基础，投资人可分享前海红利。万科前海 REITs 的投资标的前海企业公馆位于前海特区，是中国的金融试验田和自由贸易区。该产品创新性地将此优质商业地产资产证券化，能让普通投资者分享前海政策红利及未来发展机遇。

再次，高比例红利，收益稳定。遵循国际 REITs 做法，万科前海 REITs 也采用现金分红方式，将每年可分配利润的至少 90% 用来收益分配，现金收益回报稳定可期。

最后，业绩保障和激励机制，将各方利益捆绑。为提高增信，该基金由万科开立保证金账户，确保每年账户有 2 000 万元的滚动保证金，一旦业绩未达基准目标，就用保证金来弥补差额。同时，该基金还对实际业绩超过基准目标的部分，设立了分档奖励提成，激励万科物业团队运营好此项目。

万科 REITs 与美国主流 REITs 比较

REITs 发源于美国，经过半个多世纪的发展，美国已建立了较为成熟的制度体系，并发展为全球规模最大的市场。与这一成熟市场相比，我国的 REITs 尚处于试点阶段，国内首单公募产品于近期才发行。下面我们不妨将这款产品与美国主流 REITs 进行对比，来一窥中美差异。先来看相同点。

第一，就是否公开募集来看，美国大部分 REITs 都采用了公募的形式，通过 IPO 上市后，其股票一般都在证券交易所流通，方便投资者低门槛参与交易。同样，万科前海 REITs 也采用了公募形式，将资产装入公募基金，待产品募集成功后以封闭式基金在深交所挂牌上市，最低 1 万元的转让金额也给了大众投资者参与的机会。

第二，就基础资产而言，美国 REITs 一般都投资于那些具有稳定现金流的优质资产，在物业资产的选择上非常慎重。万科前海 REITs 的基础资产同样优良，企业公馆项目依托前海自贸区优势，在项目尚未完工前，就已基本完成招商工作并锁定经营期限内的大部分收益。目前，该项目出租率达到 100％，以金融和科技类企业居多。

第三，就收益分配而言，美国设定了 REITs 的法规，要求每年 90％ 以上的应税收入必须作为股利分配给股东。这一要求被认为是 REITs 取得免缴公司所得税资格的一系列条件之一。万科前海 REITs 效仿这一做法，也规定每年至少分配一次利润，年度内须将不低于 90％ 的可分配利润分配给投资者。

然而，与成熟市场的 REITs 相比，万科前海这款产品与美国典型 REITs，还存在较大差异，具体体现为：

1. 就收益来源而言，美国典型的 REITs 包括两部分：租金收入和物业增值。装入 REITs 中的资产经过真实出售后，其产权相应地也转移给了 SPV，所以投资者不仅能获得日常的租金收益，还能分享物业的升值红利。而我国首单公募 REITs 的收益只包含项目未来的租金收入，不动产增值收益并未纳入其中。究其原因在于，该产品的基础资产即前海企业公馆项目本身是个 BOT 项目，即万科出资建设前海企业公馆，并通过 8 年的运营来回收项目投资，最后再无偿移交给前海管理局。也就是说，不动产的产权并不在万科手里，也不可能转移到基金手上，产权的问题从根本上就断了其享受物业增值的可能。这点备受市场人士诟病。有人甚至指出，这一产品的实质是 BOT 项目"特许经营权"的证券化，与收费公路、隧道等基础设施收益权的证券化并无区别。

2. 就上市类型而言，美国较为常见的是公司制 REITs，即 REITs 本身为公司制实体，上市流通的凭证是公司制实体的股票。前海万科 REITs 采用的是基金型的 REITs 结构，即 REITs 本身为基金实体，REITs 持有人持有的是上市的基金份额。一般来说，公司型 REITs 的治理结构能更好地保护投资者，通过设立一个独立、有效，按照投资者最佳利益行事的董事会，公司 REITs 的股东就可参与选举董事会，董事会直接对公司发展和运营负责，而不像基金型或信托型 REITs 的投资者必须在 REITs 成立伊始就全权委托外部管理人负责 REITs 的发展和运营，这也是在美国市场上 REITs 产品越来越多采用公司制组织结构的原因。然而，由于我国《公司法》对 REITs 公司制实体的设立、组织结构等立法缺失，使得当前采用基金型，将 REITs 做成有期限、可上市交易的封闭式基金，更符合国内的实际情况，也容易被管理层和投资者接受。

3. 就 REITs 的管理而言，美国上市的 REITs 大多采用主动管理，投资对象多元化，且具有扩张性，能通过出售已有物业或再融资获得新资金来投资更多物业标的。对照来看，前海万科 REITs 更多为被动管理（这里指的是投资不动产的管理，而不包括万科 REITs 中部分投资于固定收益类、权益类的资产），投资对象单一，不动产标的仅前海企业公馆项目一个，且封闭期结束后转为开放式基金，投资标的已与 REITs 无关。

4. 就投资组合而言，美国 REITs 规定至少要有 75% 的总资产投资于房地产及其相关贷款和证券。这也是其获得税收优惠的条件之一。但我国当前采用公募基金作为 REITs 的投资载体却在这方面有一定的障碍。根据《证券投资基金运作管理办法》规定，公募基金持有单一上市公司的股票市值，不能超过基金净值的 10%，且持有单一公司发行的股权比例，不能超过该公司的 10%。万科前海 REITs 作为试点的金融创新产品，虽然得到了证监会的特殊批准，突破了这两个 10% 的限制，但也只能以不超过 50% 的资产配置在商业物业股权上，低于国外 75% 的标准，未完全体现商业地产投资的特征。

5. 就税收优惠而言，美国的 REITs 是典型的税收驱动型，REITs 几十年的发展与演变基本也都围绕如何合法避税而进行。美国的税收待遇大致包括 REITs 自身的税收优惠和 REITs 股东的税收待遇两部分。前者是指依托信托税制的"导管原则"，REITs 自身可被视为收入传递工具而免征所得税；后者则是将 REITs 红利收入视为证券组合投资（如股票、债券）收入，仅在投资者层面缴纳红利所得税，两方面结合从而避免了双重征税。反观国内，至今尚未有 REITs 税收优惠的政策出台。此前有市场传闻称，中信证券发行的国内首单私募 REITs，曾缴纳了数亿元人民币的税费。前海万科 REITs 利用现有公募基金税收政策，虽然通过巧妙的结构设计最大限度地降低了交易环节的税负，但不存在复制推广的意义。

6. 就投资及服务而言，伴随 REITs 多年的发展，美国市场已形成了具有专业投资管理的人才队伍、精细化的物业管理商以及围绕 REITs 为中心的各种服务商。相较而言，国内的基础较为薄弱，基金或信托的投资管理能力不足，过去以开发为主导的地产商业模式对物业管理的重视度也不够。前海万科 REITs 之所以能顺利发行，得益于各方的精心准备，不仅选择了相对有经验的鹏华基金作为管理人，而且万科作为物业管理方在行业内竞争优势也较为显著。最重要的是，前海企业公馆项目的特殊性避免了评估过程的种种难点，保证了估值的平稳进行。然而，这一点同样很难复制到以后形式多样的经营性资产中。

未来仍需突破几重障碍

尽管国内首单公募 REITs 跨越重重屏障最终得以出炉，但不少专业人士认为，鉴于前海项目的特殊性，这一产品并不具备推广意义。未来要想复制更多的 REITs 出来，国内仍需突破几重障碍。

1. 出台相关的税收优惠政策。当前我国还没有 REITs 的税收支持政策，装入 REITs 的物业既要缴纳营业税、房产税、所得税等，分红时还要交纳个人所得税。如果按此条件全额纳税，税收可能接近租金的一半，这无疑会给国内本就不高的租金回报率雪上加霜，使得 REITs 产品的回报率难以满足投资者需求。为此，借鉴美国经验，国内应逐步出台税收优惠政策，避免双重征税问题。

2. 克服收益率的难题。当前国内推进 REITs 面临的市场问题是较低的租金回报率难以满足投资者的期望，主要原因在于：一方面，过去几年国内资产价格飞速上涨，导致租金收益和售价不相匹配，商业地产租金回报率较低；另一方面，国内的刚性兑付环境使得无风险利率长期维持在较高水平，投资者对 REITs 产品有较高的预期回报。当前在利率市场化的背景下，如何打破刚性兑付，加强投资者教育，降低其过高的预期回报，是摆在监管层面前的一道难题。

3. 放开公募投资限制。既然在当前国内的政策环境下，公募基金不论从法律程序，还是税收政策，都不失为推进 REITs 的一种可行投资载体，那么监管层就应创造良好的环境，努力在其他方面突破一些障碍，如公募基金关于投资单一股权的比例限制。根据当前法规，公募基金不得以超过 10% 的净资产投资非上市商业物业，这与国外投资房地产比例需达到 75% 以上的标准相比，还有很大差距。因此，未来应拓宽基金投资范围，放大公募基金投资商业地产的股权比例，使其更好地达到 REITs 产品初衷。

4. 允许公募设立 SPV 等实现风险隔离。除了投资比例限制外，当前公募基金作为投资载体，另一个障碍是无法设立 SPV 或资管计划，导致投资的商业地产项目难以与其关联的地产公司做到彻底的风险隔离，与资产证券化的实质有所背离。如前海万科此次创新只能以直接投资商业地产项目公司股权的方式来设计 REITs 产品，使其很难大规模推广。为此，参考海外经验，应允许公募基金通过设立 SPV 或资管计划等方式来达到风险隔离的目的。

5. 健全投资管理及物业运营等基础设施的建设。考虑到目前国内机构在 REITs 方面的投资管理能力，以及后续地产公司在物业运营上与国外成熟市场相比尚有很大差距，未来不仅要加强投资性专业人才的培养，地产公司也应重视物业营运能力，来提高 REITs 收益率。此外，以 REITs 为中心，国内还应完善相关的服务商建设，如建立合理成熟的评估机构、估值体系以及其他配套的基础设施。

教授启示

鹏华前海万科 REITs 是在监管机构创新政策的鼓励下，由鹏华基金联合国内地产领军企业万科，在改革的前沿阵地——深圳前海自贸区，利用自贸区优势进行的一次商业地产资产证券化的创新实践。作为国内首支公募 REITs 基金，该产品具有重大的历史意义，不仅标志着国内 REITs 在公募领域的破冰，还意味着资本市场期盼已久"第四类资产"的到来，能丰富国内金融市场层次和产品。但与此同时，也应该看到，在当前的政策环境下，这一产品尚不具备很强的推广性。未来要想复制更多的 REITs 产品出来，国内仍需在税收政策、商业地产回报以及相关的配套措施方面跨越多重障碍。

滴滴 vs 神州：C2C 与 B2C 的模式之争

指导教授：黄春燕　案例作者：刘晓婷　案例截稿：2016 年 9 月

【案例主旨】　进入 2015 年，互联网约车领域事件不断，先是滴滴宣布与快的"联姻"，其后神州租车又选择以别样模式杀入专车领域，与滴滴展开正面交锋。随着竞争日益白热化，市场对于以神州优车为代表的 B2C 模式和以滴滴出行为代表的 C2C 模式，究竟孰优孰劣，展开了激烈的争辩。本案例围绕客户体验、成本结构、未来布局以及共享经济等几个方面，来探讨滴滴和神州各自的优劣，分析其模式的差异所在。

【案例正文】

2016 年 8 月，北京某知名投资机构研究员张帆刚到办公室，就接到同行的电话，对方想听听他对神州优车和滴滴出行两家公司的看法。此前张帆曾对网络约车市场有过研究，但半年来，这一行业变化不断。

3 月，因阿里投资风波，国内 B2C 专车服务商神州优车，一时间引发了高度关注。不少市场人士将阿里的投资动向解读为对神州模式的青睐。进入 4 月，神州优车开始递交新三板挂牌申请。尽管市场质疑声不断，但经历了几轮问询与回复后，7 月神州优车成功登陆新三板，摘得"国内专车第一股"的桂冠，让人不得不对这个后起之秀刮目相看。

与此同时，国内 C2C 平台滴滴出行也利好不断。先是 7 月底，网约车新政出台明确了网约车的合法地位，滴滴模式运营的合规性得以确立。之后 8 月初，滴滴和 Uber（优步）中国联姻的消息又正式宣布，滴滴的市场份额进一步扩大，行业地位得以巩固。

张帆注意到，随着神州优车的崛起，继补贴烧钱大战之后，出行领域的竞争似乎转移到了模式之争上。以神州优车的 B2C 模式和以滴滴出行为代表的 C2C 模式，孰优孰劣，市场争议非常大。有人甚至将神州和滴滴分别比作京东和淘宝，把出行模式之争类比到电商模式争夺战上，在业内掀起了轩然大波。

在对两家公司评价前，张帆决定花时间先好好做一番梳理。

滴滴出行

滴滴出行（以下简称滴滴）① 于 2012 年 6 月，由原支付宝产品经理程维创立。同年 9 月，滴滴正式上线产品。借力移动互联网的发展，滴滴通过一端连接海量的司机与车辆，另一端对接有出行需求的乘客，在自身不拥有一辆车、一名司机的情形下迅速崛起，并通过与快的、Uber 等竞争对手一轮又一轮的"补贴大战"，不断实

---

① 滴滴出行平台有多种业务，本案例主要以滴滴的快车、专车业务与神州的专车进行对比。

现自身规模的扩张，成为国内共享经济的代表。

目前，滴滴已从早期的出租车打车软件，成长为涵盖快车、出租车、顺风车、专车、代驾、巴士等多项业务在内的一站式出行平台。根据易观智库最新数据显示，截至 2016 年第一季度，滴滴已覆盖国内 400 个城市，位列专车服务城市覆盖数第一名；同时其活跃用户覆盖率①在行业中也遥遥领先，以 85.6% 的比例高居首位。

神州优车

与滴滴相比，神州优车（以下简称神州）② 是网络约车领域的后来者。直到 2015 年 1 月，神州租车董事长兼 CEO 陆正耀才宣布正式进军专车市场。作为后来者，神州选择了不同的切入方式。在细分市场上，将自己定位成比出租车层次更高的专车，以区别于传统的出租车服务；在运营模式上，神州没有采取以往滴滴、Uber 等竞争对手的轻资产模式（也被称为 C2C 模式），而采用了重资产的 B2C 模式，即从神州租车那里租来车辆，再聘用专业司机提供安全、舒适、标准化的服务。

运营一年多来，凭借 B2C 模式的差异化经营和主打安全牌，神州专车获得了迅猛发展。有数据显示，截至 2016 年第一季度，神州专车已覆盖了国内 66 个城市，活跃用户覆盖率达到了 10.75%，超过了易到专车，跻身行业三甲。

---

① 活跃用户覆盖率，即定义周期内，至少使用过一次该服务的用户在至少使用过该领域任一服务的用户中的占比。

② 神州专车是神州优车的主营业务，本案例也主要以神州专车与滴滴专车业务进行对比。

在研究梳理过程中，张帆发现，针对滴滴和神州的模式讨论，市场主要围绕客户体验、成本结构以及未来布局三方面展开。其中，客户体验方面涉及车辆来源稳定与否、用户服务如何，以及模式的合规性讨论；成本结构方面，市场的争议则聚焦于成本孰高孰低、哪种模式能实现盈利、两者估值是否合理；而在未来布局上，市场的关注点主要集中在两者互相切入对方阵营的意图，以及双方在生态圈的动作和优劣势。此外，在共享经济风靡几年后，对这种模式是否靠谱，市场亦产生了不同看法。

争辩一：客户体验

车辆供应：神州的"稳定"vs. 滴滴的"弹性"

滴滴和神州的区别之一，体现在车辆的来源不同，这使得它们在用户体验方面各有优劣。

神州专车几乎所有车辆均由其关联公司神州租车以租赁的方式提供，来源单一、供应稳定，被认为能较好地对车辆进行把控。根据《公开转让说明书》披露，神州优车会与神州租车签署汽车租赁协议，租赁价格由公司和神州租车按照市场情况进行商定，定价公允。租赁服务按照租赁期限分为长租和短租共享，长租的租期一般为5年，短租则以天为单位。目前公司的租赁方式主要为长租，并辅以短租共享车队，以最大限度地满足出行需求的动态变化。神州租车披露的年报显示，2015年年底，神州租车有19 883辆长租车辆以及超过10 000辆短租车辆交给神州优车运营。

滴滴打车的车辆则主要来源于私家车，优势在于能调动社会运力满足不同时段的出行需求。出行的一大特征是高峰期有波峰，平峰期有波谷。滴滴投资人朱啸虎认为，通过动态调价在高峰期吸引更多司机上路提供运力，在平峰期以低价来降低车辆供给，滴滴能够以弹性化方式解决波峰波谷问题。而神州专车却很难做到这一点，囿于固定且有限的车辆，和传统出租车公司一样，神州会面临高峰期叫不到车、平峰期司机没有活的问题。进一步讲，尽管神州专车采取了长租与短租相结合的方式，但这种方式依然很难灵活到与上下班高峰期匹配，也就无法从根本上解决传统出租车行业存在的供应恒定而需求波动的难题。

用户服务：神州的"安全＋舒适"vs. 滴滴的"低价＋效率"

神州的客户群体主要为中高端用户，滴滴则主要服务于范围更广的用户，定位的差异造成两者在用户服务上各有千秋。

在陆正耀看来，神州专车 B2C 模式具有"安全、舒适、标准化"的特点，能给用户带来优质的体验。神州的车队和司机均由公司直接运营，严格审查租赁车况及司机素质背景，能够对车队和司机形成有效管控，从而最大限度地保障出行的安全性。与此同时，神州专车全部车辆都来自神州租车，旗下中高端车辆以及精心设计的车内设施布置可以为用户带来舒适的乘车体验。此外，神州还对司机进行统一管理培训，对司机的着装、行为举止进行严格的要求，为用户提供可预期的标准化服务。

反观滴滴，私家车加盟的模式导致平台很难全面掌控服务质量，难以给用户提供优质且持续的乘车体验，往往会出现很多标准化的服务难以执行的情况。例如，乘坐滴滴的用户经常会遇到叫车车牌与实际乘车车牌不符的情况；不熟悉路的司机跟着导航错兜了一个大圈子；甚至还有在一些特殊情况下会有司机主动拒单；在安全方面媒体更是曝出了此前滴滴司机劫杀老师、砍伤电竞选手等事件。正是由于对司机的掌控难以做到像公司劳动雇佣关系那样严格的程度，滴滴提供的服务水平参差不齐，品质无法保证。

与神州的安全、舒适相比，滴滴更强调自身模式在"低价""效率"上的竞争力。从价格来看，滴滴最基础的普通型快车（0元起步 + 1.8 元/公里 + 0.5 元/分钟）定价要比神州专车基础款公务轿车（15 元起价 + 2.8 元/公里 + 0.5 元/分钟）便宜不少。同时，滴滴的订单量也远高于神州，滴滴每日订单超过 1 000 万，而神州只有 26 万，两者根本不在一个量级。滴滴信奉"赢家通吃"的网络效应，即更多的乘客会带来更高频的使用，同时会吸引更多的司机加入，继而给乘客带来更好的体验，如更快的响应、更低价的服务。

滴滴投资人朱啸虎对这种效应进行了更深入的剖析，他认为，在累积了大量的用户和车辆之后（滴滴有过亿的用户和上千万注册司机），滴滴可以应用最先进的机器学习和大数据技术，智能地调度每一辆车，并让同行的用户实现拼车，从而极大地提高每一辆车的使用效率，将空驶率降到最低，也将用户的出行成本降到最低。而神州的模式不过就是在传统的出租车公司基础上，加了一个手机上的 App 罢了。在没有以大规模的用户、车辆和世界级的大数据分析能力为前提的情况下，神州很难实现滴滴式的低价与效率。

表 9 – 1　滴滴出行与神州专车用户服务对比

	滴滴出行	神州专车
价格对比	0 元起步 + 1.8 元/公里 + 0.5 元/分钟	15 元起价 + 2.8 元/公里 + 0.5 元/分钟
司机数量	约 1 000 万	3.6 万
注册用户	25 000 万	近 1 500 万
活跃用户数量	1 700 万	近 500 万
每日订单量	1 000 万	26 万
单均金额	20 ~ 35 元	76 元

注：滴滴的司机数量和注册用户数据截至 2015 年年底，活跃用户和日均订单数量截至 2016 年 2 月，单均金额数据用网约车行业平均额估计。神州专车的司机数量、专车用户数据截至 2015 年年底，活跃用户、每日订单量、单均金额截至 2016 年第一季度。

资料来源：开八，"独家爆料滴滴融资数据"，参见 http://oicwx.com/detail/831371；神州优车公开转让说明书

网约车新政：利好滴滴 or 利好神州？

合法性一直是制约网约车正常运营的重大难题之一。近期，这一难题终于迎来了重大突破。2016 年 7 月 28 日，国家出台了《网络预约出租汽车经营服务管理暂行办法》。该暂行办法不仅明确了网约车的合法地位，还对从事网约车的平台公司、网约车车辆和驾驶员等做出了明确规定，这被认为是网约车行业的重大利好。然而，这一新政究竟是更利好滴滴，还是对神州更为有利，市场却存在分歧。

一方认为，新政显然对滴滴更为利好。因为相对于 B2C 的"专业车辆、专业人员"，C2C 模式采用的是私家车加盟，此前在合规性方面一直没有明确，早先竞争对手甚至以此为攻击点，指出"B2C 模式的合规性已经非常确定，C2C 的合规性目前来看肯定是确定不合法的"。而新政的推出，让滴滴、神州等网约车平台站到了同一个起跑线上，滴滴不再有合法性的困扰。新政出台当天，滴滴官方的

声明，就显示了其对这一政策持积极拥抱心态。

另一方认为，新政对神州更为有利。摩根士丹利研报指出，网约车的合法化并不能与"没有监管"画等号。中央和各级政府希望将网约车放在出租车的监管框架下，参与运营的车辆将需要向当地主管部门申领"网络预约出租汽车运输证"，驾驶员也需要申领相关证件，以平衡传统出租车与网约车之间的利益。根据新政，网约车被定位为公共交通系统的补充，需提供高品质、差异化服务，与出租车实现错位经营。新政还强调，各平台不得以低于成本价运营。因此，得益于作为出租车升级产品的差异化经营，以及更好的用户体验、更严格的司机管理支撑起来的溢价，神州优车在新政出台后，将处于优势地位。

争辩二：成本结构

成本结构：孰高孰低？

谈到成本结构，这是神州"重资产"模式被市场广为诟病的一点。根据《转让说明书》的披露，神州专车的成本包括租赁车辆费用、司机工资、燃油费和其他成本。2015 年神州这四项成本分别为14.9 亿元、15.7 亿元、8 000 万元和 9 000 万元，占总成本的比例为31%、33%、17% 和 19%。2015 年全年，神州专车营收 17 亿元，成本支出却高达 47 亿元。

但在陆正耀看来，神州的成本其实是可控的。因为 B2C 模式的成本相对固定，固定的人力成本、固定的车辆成本，随着整体规模和运营效率的提高，单均成本（租赁车辆费用和司机工资）都会显著下降。他认为"这符合规模经济的规律，同时不会受到竞争的影响"。最新的数据似乎印证了他的这一说法，神州专车单均成本从2015年第一季度的135元下降到了2016年第一季度的65元，下降幅度高达50%（见图9－1）。

此外，相对滴滴，神州在车辆租赁和燃油费方面还有一定的成本优势。由于神州租车可以大批量集中采购车辆，相比滴滴个人的零星采购能享有一定的折扣。据《转让说明书》数据显示，这一折扣区间在5%～15%，因此神州租车可以将这一折扣转嫁给神州专车，并最终体现为车辆租赁成本的节约。在燃油费供应上，神州目前采用集中采购方式，从中石化、中石油等主要油气公司统一购买加油卡并分发给专车司机，因此预计神州的油价可能比零售价便宜。

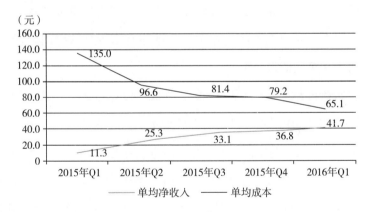

图9－1　神州专车单均净收入和单均成本数据
资料来源：神州优车公开转让说明书

但看好滴滴的人认为，成本恰恰是滴滴模式的优势所在。因为滴滴的共享经济模式可以充分利用社会闲散资源，从而大幅降低成本。例如，一个小餐馆老板在闲散时间可以开他自己的车接送乘客，赚一些外快。这时候，除了燃油费，他几乎没有增加额外的成本，共享模式节省了车辆和人的时间成本。但神州不同，它的运作成本远高于滴滴，因为它需要租赁车辆和雇佣司机，多出了两部分成本。

对此，也有人提出了不同意见。他指出，当一辆专车服务时，涉及三块成本：汽车折旧成本（可按照汽车购置价格÷预期行驶公里数计算）；驾驶员时间成本；行驶燃油费。无论是哪种模式，燃油费显然都是逃不掉的；但是否有折旧成本和驾驶员时间成本，不取决于 B2C 还是 C2C，关键在于车辆是否为闲余共享。

在初期，滴滴的确有不少兼职司机，使用自家闲余车辆在下班后开几个小时专车作为副业。这种情况下，他们不会考虑汽车相应里程的折旧成本，只要开专车收入扣除燃油成本后的报酬还算满意，他们就会继续开专车，显然兼职模式比专职司机更具成本优势。但发展到现在，滴滴庞大的运能中，究竟还有多少是这样闲余资源共享的司机和车辆值得商榷。

假如滴滴大部分司机是专职的，其成本核算和 B2C 模式下的神州专车就不会有本质区别，只是后者的成本账目记在公司上，前者的账目算在司机头上。例如，对神州专车而言，可能 8 000 元/月租用一辆汽车，再支付 8 000 元/月（"四险一金"等暂时忽略不计）雇佣一个司机，然后再承担 3 000 元/月的油费，合计 1.9 万元记在其成本账目中。对于专职开滴滴的司机，他们不论是自己购买车辆还是在租赁公司租用车辆，每月也需支出 8 000 元的车辆折旧或租赁费用，也要承担 3 000 元的油费，同时也希望自己的劳动能够换来 8 000 元/月的收入。也就是说，专职司机每月需要从滴滴那里获得 1.9 万元的收入，他干这个活才划得来。而这 1.9 万元实质上就是滴滴的成本。

盈利赛跑：谁能领先？

尽管目前亏损严重，但陆正耀却坚信神州有着清晰的盈利模式。他多次声称："从我进入生意场第一天起，就在坚持一件事，阶段性亏钱可以，长期看必须赚钱。"而支撑这种自信的背后，是他在脑子里反复计算过的一套精密数学模型。他曾对外透露过一条计算公式：每个双班司机每天跑14单，工作11小时，20分钟完成一单，每隔17分钟接一次单，每人每班订单金额1 000元没有问题；半天行车成本90元，司机每天成本300元，加上油费总成本500多元，成本率在51%左右。

按照他的计算公式，即使在神州"充值100送100"的情况下也不会亏钱。但其实这只是"理想状态"，实际情况是：截至2015年第四季度，神州专车亏损达37亿元，折合每单亏损60～70元。神州专车司机约3.6万人，车辆（长租＋短租）共计约3万辆，日均订单23.18万单，每名司机／每辆车日均接单6.4单，距离"理想状态"下的14单还相当遥远。

对此，陆正耀似乎并不担忧。他认为，与滴滴、Uber相比，神州的亏损最少，也最有价值。因为在他看来，神州的亏损全部真正补贴在客户端，有利于培养客户的黏性，使得各项的指标朝着非常健康的方向发展。因此神州的补贴是最有效的、最有价值的，而且是最少的。据悉，Uber中国每年亏损超过10亿美元，滴滴2015年亏损42亿元人民币。① 根据罗兰贝格最新的《中国专车市场分析报

---

① Uber的数据来源于其首席执行官特拉维斯－卡兰尼克（Travis Kalanick），他曾对外透露Uber每年在华亏损超过10亿美元。滴滴的数据来源于其股权融资时，有媒体泄露的数据，参见http://oicwx.com/detail/831371。但也有媒体估计2015年滴滴的亏损额在100亿元人民币左右。

告》，神州的活跃用户平均次月留存率为 70% ，居行业首位。

同时，从公开披露的数据来看，神州付费用户和日均订单量也一直呈持续增长状态（见表 9 - 2）。陆正耀指出，随着业务规模的增长，在成本结构相对固定的情况下，公司将获益于规模经济效应的体现，逐步实现盈利。他对外称，如果剔除原来的满 100 送 100，神州专车 3 月已经实现盈利，如果把原来满 100 送 100 这部分消耗掉的话，神州专车第三季度有望实现全面盈利。

表 9 - 2　神州优车的运营数据

主要指标	2015 年 Q1	2015 年 Q2	2015 年 Q3	2015 年 Q4	2016 年 Q1
付费用户（万人）	104	220	378	495	555
季度总单量（万单）	338	1 108	1 880	2 133	
App 下载量（万次）	147	525	1 075	1 466	
日均单量（万单）	3.8	12.2	20.4	23.2	26
日均金额（元）	52	65	80	80	76

资料来源：神州优车公开转让说明书

业内人士对此持有不同看法。有人指出，神州当前订单的增长一定程度上依靠的是补贴的引流，一旦补贴力度持续减弱，神州的订单很难维持这一增速。实际上，从数据来看，神州的补贴效果并非像陆正耀所说那么有效（见图 9 - 2）。一方面，从 2015 年付费用户以及订单量的变化趋势看，平均每个付费用户使用频率是持续下降的；另一方面，从付费用户与 App 下载量的比例看，这一数据 2015 年从 71% 下降到 41.8% 、35%，第四季度继续降到 33.7% 。这说明，前期大额补贴甚至免费乘车策略吸引来的用户，大多数在需要自掏腰包支付明显高于出租车、其他快车、专车的费用的时候，选择了弃用。在他们看来，神州的目标人群为中高端个人、商务群体，补贴的策略与这种定位自相矛盾，很难带来真正的用户，不少在补贴吸引下带来的用户一旦补贴减少或结束，极有可能成为"僵尸粉"。

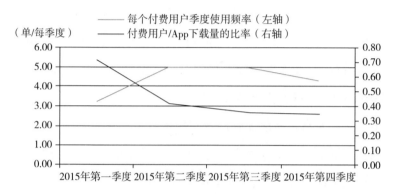

图9-2　神州专车补贴效果

资料来源：根据神州专车披露数据计算

此外，针对陆正耀提出的"规模效应"，易观国际分析师张旭亦持不同意见。他指出，在神州这种 B2C 模式下，随着规模增加成本并非固定，即使不算补贴，至少车辆租赁、司机工资会同步增加，因此很难短时间扭亏为盈，很可能亏损更大。根据神州租车披露的公告，神州专车在 2016 年的确有扩大租赁车辆的计划，公告显示，预计与神州租车租赁交易金额上限为 31.71 亿元，也就是说，神州专车有可能在今年车辆会增加一倍。

滴滴何时能走出盈利之困，同样令人担忧。自 2012 年成立以来，依靠一轮又一轮的补贴大战，滴滴稳居网络约车的头把交椅，其业务数据堪称漂亮。截至 2015 年年底，滴滴出行平台已覆盖全国330 多座城市，拥有 2.5 亿注册用户和 1 000 万注册司机。2015 年 12月，滴滴的平均日订单量达到 700 万单，2016 年 2 月，这一数据已经达到了 1 000 万单，增长迅速。同时，滴滴平台的活跃用户，由 2015 年 5 月的 900 万人增长至 2015 年 12 月的 1 700 万人，几乎倍增。①

但与之对应的财务数据却不乐观。2015 年滴滴净收入为 61.62 亿元人民币（约 9.46 亿美元），净亏损为 42.8 亿元人民币（约 6.57 亿美元）。据相关投资机构的一般性预计，滴滴的亏损还将持续几年，2016 年预计亏损 37.29 亿元。②

不少人认为滴滴当前面临的盈利困境，主要在于补贴模式。疯狂烧钱尽管带来了市场份额的领先，但也吸引了很多"价格敏感性"客户。在完全同质化的产品和服务面前，这些用户是没有"忠诚"可言的，唯一选择指标就看谁的补贴力度大，一旦停止补贴，市场份额就会快速下降。普华永道追踪了滴滴快的在 2014 年整年以及 2015 年前五个月补贴和司机注册数的关系发现，滴滴曾多次试图降低补贴额度，如在 2014 年 3—5 月，结果司机注册数下降迅猛，以至于不得不在 6 月重新开始补贴，才稳住了颓势。2015 年年初滴滴又进行了一次规模较大的补贴，但从数据来看，补贴的转化率已经无法与补贴力度所匹配。

尽管创始人程维多次声称，滴滴三五年并没有盈利的打算，也不准备上市。但资本的压力不可小觑，滴滴的投资人不可能让其无限制地烧下去。6 月底，有报道称，滴滴在多个城市悄悄调高了价格，乘客端价格似乎上涨了三分之一，司机端的补贴也被证实削减

---

① 滴滴的数据来源于其股权融资时，有媒体泄露的数据，参见 http://oicwx.com/detail/831371。

② 同上。

相同幅度。而进入 8 月，滴滴和 Uber 中国宣布合并，更引起了市场的轰动，资本的力量发挥了重大作用。不少人认为，合并后，占据市场近九成份额的滴滴优步，将可能利用其垄断地位，停止对乘客和司机的补贴，上调价格，从而尽快实现盈利。

估值：280 亿元人民币 vs. 280 亿美元

一直以来，滴滴的估值增长速度，可以用爆炸性增长来形容。从早期以 80 万元人民币起家，经过多轮融资后，到 2015 年 2 月与快的合并，公司的估值已经达到 60 亿美元。2016 年，滴滴又开展了几轮融资，先是苹果战略投资 10 亿美元，6 月又完成了高达 45 亿美元的融资。在与 Uber 中国合并前，滴滴的估值已达到了 280 亿美元（约 1 848 亿元人民币）左右。

表 9-3　滴滴打车融资情况

时间	轮次	金额	投资方	投后估值
2012. 7. 1	天使轮	12.6 万美元	天使投资人王刚	N/A
2012. 12. 1	A 轮	300 万美元	金沙江创投	N/A
2013. 4. 1	B 轮	1500 万美元	腾讯	N/A
2014. 1. 1	C 轮	1 亿美元	腾讯、中信产业基金	N/A
2014. 12. 9	D 轮	7 亿美元	淡马锡、DST、腾讯	40 亿美元
2015. 2. 14	滴滴出行（滴滴、快的合并）（合并后估值 60 亿美元）			
2015. 5. 27	E 轮	1.42 亿美元	新浪微创投	97.97 亿美元
2015. 7. 8	F 轮	20 亿美元	阿里巴巴、腾讯等	120 亿美元
2015. 9. 9	F 轮	30 亿美元	中投公司、中国平安等	160 亿美元
2016. 2. 24	G 轮	10 亿美元	北汽产业投资基金等	200 亿美元
2016. 5. 13	战略投资	19 亿美元	Apple、阿里巴巴等	250 亿美元
2016. 6. 16	战略投资	45 亿美元	招商银行、中国人寿等	280 亿美元
2016. 8. 1	滴滴收购 Uber（投后估值 350 亿美元，Uber 占 20%，5.89% 投票权）			

资料来源：根据互联网的公开数据整理

同样，神州的融资效率也非常惊人。自 2015 年年初上线以来，该年 7 月、9 月，分别完成了 A 轮、B 轮总计 8 亿元美元的融资规模。进入 2016 年 3 月，很快又开启了 C 轮融资，获得多家投资机构共 36.8 亿元的金额。其估值一路走来也水涨船高，从 A 轮的 12.5 亿美元上升到 C 轮的 287 亿元。

表 9 - 4　神州优车融资情况

时间	轮次	金额	投资方	投后估值
2015.7.1	A 轮	2.5 亿美元	华平资本、君联资本	12.5 亿美元
2015.9.16	B 轮	5.5 亿美元	兴业资管、中国诚通等	35.5 亿美元
2015.12.8	增资	1 250 万美元	Star Vantage (China) Limited	N/A
2015.12.18	增资	2.375 亿美元	君联茂林、君联名德等	N/A
2016.3.8	C 轮	36.8 亿美元	中信证券、云岭资本等	287 亿元
2016.4.27	增资	2.08 亿美元	员工持股计划	N/A
2016.5.20	增资	19.21 亿元人民币	浙银资本、致远壹号等	369 亿元人民币
2016.7.22	神州优车正式挂牌新三板			

注：阿里巴巴一开始参与了 C 轮融资，但据神州优车公告，其后来已把全部股权转让给云峰资本和云岭投资。

资料来源：神州优车公开转让说明书

在一轮接一轮的融资中，对于打车软件的估值虚实，也引发了市场的讨论。

有人通过估算每个持续活跃用户的价值，得出相对滴滴的估值，神州定价并不算离谱的结论。其计算的一个重要依据，便是第三方机构的数据统计。根据易观智库监测的 App 用户行为数据，截至 2015 年第四季度，中国专车服务装机量累计 5.4 亿次，移动端活跃用户 1.2 亿户。这其中，滴滴专车、Uber 和神州专车分别以 84.2%、17.4% 和 14.9% 的比例占据中国专车服务活跃用户覆盖率的前三名。

此前易观智库发布的《2015 年 Q4 中国专车服务市场监测报告》显示，2015 年第四季度，神州专车、滴滴出行和 Uber 分别以 68.3%、62.0% 和 57.2% 占据中国专车服务活跃用户平均次月留存率的三甲。

根据以上报告中提及的各项数据，结合最新估值，可计算出滴滴每持续活跃用户价值为 1 848 亿元/（1.2 亿人 × 84.2% × 62%）≈ 2 950 元；神州的这一数值为 287 亿元/（1.2 亿人 × 14.9% × 68.3%）≈ 2 350 元。由于此方法并没有考虑滴滴的其他业务（如顺风车、巴士、代驾）带来的价值贡献，所以实际上滴滴的单个用户价值应该低于 2 950 元，与神州的数值接近。换言之，以每持续活跃用户价值衡量，相对滴滴的定价，神州的估值也在合理范围内。

但投资人朱啸虎却认为，相对滴滴，神州的估值严重虚高。在他看来，神州不过是传统出租车加上了 App，并没有通过互联网提高系统效率，却要享受互联网共享经济的估值。退一步讲，即便按照互联网估值，神州估值也是虚高的。他以日订单指标来衡量，指出目前神州专车这一数据约为 26 万，还不到滴滴（1 000 万）几十分之一，但神州的估值却是滴滴的六分之一。此外，对刚刚挂牌新三板的神州来说，参照新三板的估值，神州也存在严重泡沫。2015 年神州亏损 37 亿元，相当于新三板第一亏损企业——福建国航 3.3 亿元亏损额的 10 倍，接近所有新三板亏损企业亏损额的总和。

争辩三：未来布局

切入对方阵营：神州"静观其变" vs. 滴滴"低调试营"

尽管目前神州和滴滴以各自的模式为荣，但实际上双方都有切入对方阵营的意图。

陆正耀曾对外透露，神州专车的C2C平台早就"搭建好了"，"会在合适的时间推出来搅搅局"。现在迟迟没有推出，主要基于两方面的考虑："一是政策法规不确定，C2C模式的平台随时可能遭受割喉死；二是补贴没有意义，等法规明确了，大家都不玩补贴了，我再推出一个免费的C2C平台。"

与此同时，滴滴也有向神州模式靠拢的倾向。2015年10月，交通部发布《网络预约出租汽车经营服务管理暂行办法（征求意见稿）》后，次月，滴滴低调上线自营车辆。其模式和神州颇为类似，即车辆从租赁公司等第三方租来，司机由平台招募、培训，或交给专业的第三方公司运作。也就是说，滴滴也在布局B2C。

布局生态圈：神州的"线下资源" vs. 滴滴的"线上流量"

除了相互切入对方阵营外，神州和滴滴近期在汽车金融、汽车电商，以及汽车后市场等领域，均相继开始部署，颇有殊途同归之势。

神州方面，2016年已陆续开始布局汽车金融、汽车电商及其他业务。3月，新设立全资子公司神州闪贷，计划开展汽车金融业务。4月，神州优车控股收购神州买卖车并建立汽车电商平台，计划开展汽车的线上线下销售业务。在陆正耀的计划中，到2017年6月，神州要在全国各地构建500家以上、规模和4S店类似的落地门店。预计到2017年，整个电商平台的销售量会在60万~80万台，包括新车和二手车。他对外透露，首期投入不会低于100亿元人民币。

此外，在被外界炒得沸沸扬扬"阿里撤资神州"事件中，尽管资本层面阿里最终将股份转让给了云峰投资和云岭投资，但在业务层面上，神州与阿里达成了战略合作，双方宣布未来将逐步在汽车电商、大数据营销、云计算应用、高精地图及出行大数据、智能汽车等方面推进合作。

陆正耀的战略构想是"要重构人车生态圈"，这其中，专车业务是"桥头堡"，线下资源（车辆和运营）是重型武器。在他勾勒的版图中，神州未来将会深度聚焦出行和汽车领域的全产业链和人车生态圈，通过业务运营和资本运作相结合的手段，深耕行业，将业务范围逐步延伸到保险、车联网、维修保养、智能汽车等领域。

在陆正耀看来，神州构建生态圈有着独一无二的优势。首先，可以借助线上和线下资源做到业务闭环；其次，神州的服务网络遍布全国，覆盖广，纵深深，可以弥补厂家渠道的不足；再次，神州可以提供全产业链的服务，将买卖车与租车、专车等业务进行有效的协同；最后，一个类似4S店的体系可以满足消费者多样化的需求。

图 9-3　神州优车的"人车生态圈"

滴滴方面，除了打造包括专车、出租车、顺风车、巴士等在内的一站式出行平台外，程维也在低调尝试其他业务。

2015 年的"双十二"期间，滴滴出行 App 端的"滴滴试驾"频道开始试水汽车电商。滴滴希望通过试驾切入汽车销售，解决汽车电商购车体验缺失的问题，并通过庞大的数据支持和平台打通厂商、经销商、用户之间的沟通障碍，实现信息的精准触达，并提升意向群体的购买转化率。

同年 12 月，滴滴还宣布将在全国多地开设车主俱乐部，依靠实体店面满足司机在滴滴平台的业务需求，并提供线下汽车后市场服务。滴滴将此举列为构建综合服务平台，拓展线下汽车后市场业务的新举措。

此外，2016 年 1 月，滴滴与招商银行联合宣布达成战略合作，双方将在资本、绑卡支付、金融、服务和市场营销等方面展开全方位合作。同时，招行和滴滴也将合作试水"汽车金融"，为滴滴司机提供分期购车服务。

事实上，早前滴滴总裁柳青曾公开表示，滴滴在打造平台的同时，会进入维护生态圈的状态。除了金融、保险上的合作，汽车后市场也会是重点关注领域。滴滴不仅仅会成为汽车后服务的入口，可能也会开展新车、二手车买卖和租赁等前端业务。

在她看来，滴滴未来会成为出行领域的淘宝和天猫，会是一个高频、满足多种需求的平台。她希望围绕出门后用户的需要去布局，例如司机乘客的保险、保证车况、贷款买车和汽车后市场等；同时滴滴也将致力于建设一个综合性的交通生态系统，在物流、保险和金融等汽车服务，以及地图技术和位置服务等领域去寻找更大的空间。

图 9-4 滴滴的未来计划
资料来源：由长江商学院案例研究中心制作

争辩四：共享经济

真共享 or 伪共享？

在以神州和滴滴为代表的 B2C 和 C2C 模式争辩之外，市场也进一步将讨论上升到"真伪共享经济"的主题上。

一种声音认为，滴滴的 C2C 模式是典型的共享经济，但神州的 B2C 模式算不上是共享。虽然陆正耀在多个场合强调，神州专车通过与神州租车进行车辆共享，能最大限度地发挥共享经济效应。但不少人却认为，与滴滴相比，神州的自营很难称得上是共享。滴滴投资人朱啸虎曾一针见血地指出，神州是一个"传统出租车＋App"的伪共享经济。在他看来，共享经济是如同 Airbnb、Uber 等可以将社会中闲置的资源与他人分享的一种方式，但神州专车是在拥有线下庞大的租车公司基础上建立起来的专车形式，显然并非共享经济模式。

另一种声音则持两种模式均是"伪共享经济"的观点。市场人士张翼轸指出，评价专车模式是否为共享经济，重要的不是 B2C 还是 C2C，而是闲余与否。在他看来，真正的共享经济是一部分人将闲置的资源拿出来与另一部分人分享。欧美盛行了几十年的"搭顺风车"就是典型的共享经济，还有包括用闲置的房间接待游客、拼车、P2P 租车等，这些因为盘活了闲置资源，使用者可以少付甚至不必支付费用，才称得上共享经济。而神州专车从租赁公司获得的车辆是重金购置的，不是闲置资源，驾驶员是职业司机，与共享经济的理念南辕北辙。滴滴专车使用的虽是社会车辆，但绝大多数司机不是上下班顺路载客，他们的车辆也不是闲置资源而是用来赚钱、跑运输的工具，很难做到少收费或不收费。所以，严格地讲两种模式都不属于共享经济。

此外，还有一种看法认为，两种模式都是共享经济。近期，原国务院发展研究中心副主任刘世锦阐释了对共享经济的看法。在他看来，共享经济不是"免费经济"，而应该是"高效经济"，是一种新的商业模式。按照他的理解，无论是滴滴还是神州，都是网约车的共享出行模式，均通过移动互联网技术创新提高了闲置汽车的利用率，对促进社会发展、改善民生及国家产业结构有着重大意义。

共享经济是否靠谱？

自 2011 年以来，国内外掀起了共享经济的浪潮，各个领域的"共享经济"创新如雨后春笋般出现，颠覆着传统的商业模式。在打车和住房领域，以 Airbnb、Uber 为代表，其不断刷新的估值纪录从一个侧面印证了市场对共享经济的认可。

　　然而，伴随其成长，对共享经济的质疑也从未间断。有人指出，在税收和监管方面，共享经济对传统经济构成不公平竞争。由于发展初期相关的法规尚未建立，共享经济事实上逃避了正规经济应该负担的税收、社保等义务，对正规经济从业者的利益造成了较大冲击，进而引发了一些社会问题。例如，2015 年 6 月法国多个城市爆发了针对 Uber 的抗议游行，导致大面积交通瘫痪，数十辆车受损，多名人员受伤。

　　还有人认为，共享经济对劳动者缺乏"安全网"的保障。大部分共享经济的"自由"从业模式，使得从业者没有养老保险、医疗保险、失业保险等保障。一旦发生严重的负面冲击，这部分自由劳动者将为"自由"付出较大的生存代价。此外，共享经济对消费者利益保障也不健全。例如很多专车平台并没有办理营运保险，一旦发生事故，消费者权益很难得到充分保障。

　　近期滴滴和 Uber 中国合并后，另一个问题也引发市场热议：共享经济导致行业垄断？由于共享经济企业的竞争力来自规模效应和网络效应，这种效应将使得其具有不断自我扩张或通过合并竞争对手增强自身市场份额的内在动力。此前滴滴与快的的合并便是如此。市场不少人士担心，这种垄断可能导致企业滥用市场权力，如为了加快盈利，滴滴可能很快提价，不再补贴司机和乘客。部分评论者甚至指出，这可能意味着共享经济在中国的结束。

　　此外，国内知名互联网人士还犀利地指出，实际上共享经济存在边界。他认为，有两方面的因素将导致共享经济很快就抵达它的边界：一是受益于共享经济，越来越多的人会更愿意购买资源的使用权，而不是购买资源的所有权，这将导致不再有可供分享的物质资源；二是人的趋利性导致职业化服务提供将逐渐挤出业余化服务提供，谋生者挤出分享者，在此过程中不断降低成本以获得最大化收益。

而共享经济之父，美国知名新经济学家杰里米·里夫金却在多个场合表示他对共享经济充满信心。他认为，虽然共享经济现在还只是个待成长的"小孩子"，但会慢慢脱胎，在未来将具有无限可能。他甚至在《零边际成本社会》一书中大胆预测，到 2050 年，这种新的模式很可能在全球大范围内成为主导性的经济体制，进而替代资本主义经济制度。

在系统梳理后，张帆拿起电话，对于神州和滴滴这两种模式，他和同行要深入探讨的问题还很多：这两种模式分别有何利弊？哪种商业模式能在中国行得通？未来究竟是滴滴独步天下，还是神州这匹黑马胜出？抑或两者在各自领域各占一席之地？共享经济是否靠谱？当前对其的质疑只是"成长的烦恼"，还是其无法回避的问题？共享经济未来是对传统经济模式的颠覆还只是补充……

教授启示

企业边界是企业理论中最古老又永恒的课题。滴滴和神州的模式之争又为这个古老的课题提供了新的元素。

为大众出行提供服务的出行行业有三大生产要素：车辆、司机以及叫车平台。滴滴出行改变了人们出行叫车的习惯，颠覆了整个出租车行业的运营，凸显了叫车平台的优势。但是，叫车平台与其他生产要素如何有机地结合、企业的边界该如何界定是一个新的命题。神州优车走的是"合"的模式，即"专业车辆、专业司机"，再加上叫车平台，其企业边界的定义囊括了上述的三大生产要素；而滴滴出行不同，借助私家车加盟共享，滴滴走的是"分"的模式，企业只专注于叫车平台的运营，而车辆与司机均由加盟的司机个人承担。因此，神州可以说是将三大类生产要素合并在一起的传统公司，而滴滴则是在传统公司里分拆出来的一种平台模式。

对这两种模式的比较实质上可以上升到公司的边界与估值探讨。理论上来讲，合并能产生协同效益、规模效应，且有助于降低风险，提升融资能力，从而增加企业价值；而分拆的好处也显而易见，不论是对员工还是对部门而言，赋予个人产权能让其自发产生更大的动力，进而提升价值。

以神州为例，合并的优势在于对车队和司机的管控，既能为客户提供专业化的服务，又能为自有叫车平台提供稳定的车队服务。对车队的管控力使得神州可以在滴滴快的合并基本垄断了叫车平台的先发优势下仍能闯出一条生路。反观滴滴，平台的优势来自垄断。面临从快的到 Uber 的挑战，只能通过烧钱加兼并来消除竞争。而兼并以后产生的垄断对消费者对司机对整个产业的潜在危害就毋庸讳言了。当然，专注地只做平台，让滴滴的平台不管从技术上还是规模上都遥遥领先。相对平台以外的另两个生产要素（车辆和司机），滴滴的"分"与神州的"合"也是各有千秋。滴滴的优势在于"盘活存量"，能极大地发挥社会上闲置车辆闲置人员的主观能动性，降低边际成本。而神州的优势在于"用好增量"，对于新增车辆，车队的规模效应让神州不管在购买还是维修车辆的成本上都有极大的资金和议价优势。

　　有趣的是，滴滴和神州都在向对方阵营切入，无人车的可行性更让两种模式合二为一。那么未来究竟是滴滴模式占优，还是神州模式胜出，抑或两者平分天下？让我们拭目以待。

第四部分

金融改革之镜鉴

"宝宝们"与中国利率市场化

指导教授：李伟　案例作者：谷重庆　案例截稿：2014 年 6 月

【案例主旨】　自 2013 年阿里巴巴推出货币基金余额宝之后，其规模一路飞涨，很快就超过了 5 000 亿元人民币的资产总额。在余额宝的成功激励下，各大互联网公司纷纷推出了相应的产品，比如百度百发。这些货币基金的主要投向是银行间市场的固定收益产品，由于这个市场的利率已经市场化，因此余额宝等产品的收益率也是随着市场的波动而波动。由于储蓄大量从银行流入这些货币基金，因此其脱离了中国央行设置的利率限制，被称为中国式的利率市场化。这些基金的规模目前还远不能与银行的资产相比，但从某种角度上来说，它们已经开始了一场金融业的"创造性破坏"。无论这些产品的未来是什么，其意义都将会铭刻在中国金融史上。

【案例正文】

如果有一天余额宝的利率和银行的存款利率并轨了，即便余额宝的使命真的终止了，它已经发挥了很好的作用。　　——马云余额宝，在一个大家不关注的领域，不关注的时机上，一举成为中国金融界 2013 年度最重要的事件之一。尽管和体量庞大的银行相比，余额宝只是一只小蚂蚁，但它在两个方面撼动了银行的优势地位。首先，余额宝将小投资者手中的零碎钱聚拢起来，在银行间市场中去"团购"银行的协议存款，这一市场中的利率已实现了自由定价，其利率往往高于官方控制的存款利率，但在以往，这一市场主要参与方为金融机构，小投资者没有能力参与其中；其次，余额宝通过互联网技术大幅提高了小投资者进行"低风险、高收益"投资的可能性。

余额宝创立于 2013 年 6 月 13 日，自诞生以来，其规模发展异常迅速。据 Wind 资讯的数据显示，余额宝 2014 年第一季度累计申购达 9 297.83 亿元，累计赎回达 5 738.5 亿元，总规模为 5 412.75 亿元，比 2013 年年底增长 1.92 倍，这使得天弘基金一举成为国内资产管理规模最大的基金公司。到第二季度末，余额宝的规模为 5 741.60 亿元，天弘基金规模则达 5 861.79 亿元（见图 10 – 1、图 10 – 2）。

截至 2014 年 6 月 30 日，余额宝用户数已突破 1 亿关口。[①] 余额宝用户的平均年龄为 29 岁，80 后、90 后用户占比合计 76%。人均持有金额 5 030 元，与 2013 年年底的 4 307 元相比，实现了 17% 的提升。从盈利方面看，虽然第二季度市场利率走低，但截至 2014 年 5 月 26 日，余额宝运营一周年共为宝粉创收 118 亿元，"相当于请全

[①] 2016 年 6 月 16 日，天弘基金对外公布了余额宝最新数据，截至 2016 年 6 月 12 日，余额宝用户数已超过 2.95 亿，相比 2015 年年底增长了 13.5%；三年期间，为用户赚取收益总计 572.93 亿元，成为全球用户数最多的单支基金。

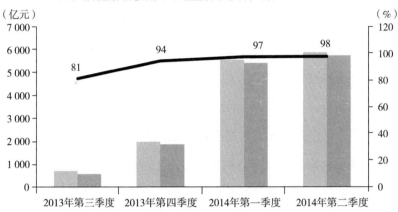

图 10 - 1　天弘基金申购份额

资料来源：Wind 资讯

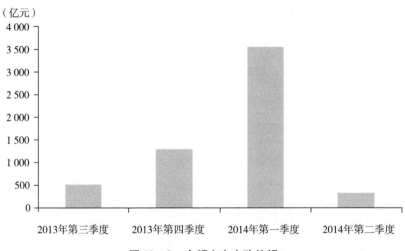

图 10 - 2　余额宝净申购份额

资料来源：Wind 资讯

国人民每人一份炸鸡和啤酒"，而截至 2014 年第一季度末，该数值

为 75 亿元。

据 Wind 资讯的数据显示，天弘基金 2011 年和 2012 年归属母公司股东的净利润分别为 -2 037 万元和 -1 536 万元，2013 年实现扭亏为盈，净利润达到了 1 093 万元。天弘基金从余额宝中分别取得管理费 1.039 亿元、销售服务费 0.865 5 万元。截至 2014 年第一季度末，余额宝收益达 57.09 亿元，暂列收益榜首位，排名第二位的是工银瑞信货币，仅为 7.06 亿元。

随着余额宝的成功，很多公司开始复制余额宝的模式，推出各自旗下的互联网货币基金。例如，自 2013 年 10 月起，百度理财平台连续推出了百度百发、百度百赚等产品；2013 年 9 月 9 日，汇添富联手网易推出了汇添富现金宝；2014 年 1 月 15 日，对接汇添富现金宝和广发天天红的苏宁零钱宝上线；同日，微信理财通平台试运行，后于 1 月 22 日正式上线；3 月 27 日，京东小金库面世，首批登陆"小金库"的两款货币基金产品分别为嘉实基金的活钱包和鹏华基金的增值宝。由于这些互联网货币基金的运作方式相似，因此它们被统称为"宝宝们"。[①]

借助于"宝宝们"的成功，中国基金业的资产管理规模实现了一次不小的突破。从 2013 年 6 月到 2014 年 7 月，基金市场总规模从 2.8 万亿元增长至 3.8 万亿元，增幅高达 34%，而货币基金占全部基金的比重也由 13% 升至 44%（见图 10-3）。

不过，对于银行的资产总量和利润额来说，"宝宝们"的体量仍然很小。根据 Wind 资讯的统计，截至 2014 年第二季度，所有可获

---

① 截至 2016 年 6 月，互联网宝类产品共有 139 款。

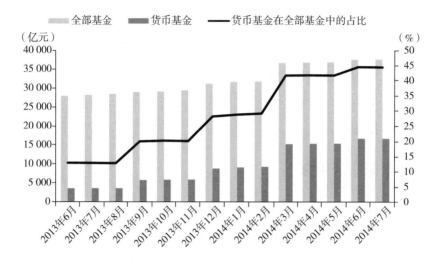

图 10 - 3　货币基金规模与占比

注：货币基金每一份额净值为 1 元。

资料来源：Wind 资讯

得数据的互联网基金，其资产总规模为 1.3 万亿元①，基金业整体资产
规模为 3.8 万亿元，而同一时间，银行业金融机构的总资产为 163 万
亿元，这相当于"宝宝们"总规模的 125 倍，基金业总规模的 43 倍。

再从利润的角度来看，截至 2013 年年末，银行业金融机构的
净利润为 14 180 亿元。同期所有可获得数据的互联网基金，其利
润加总仅为 177 亿元，基金业所有利润为 1 700 亿元。银行业金融
机构的净利润是"宝宝们"的将近 80 倍，而与全部基金的利润相
比，其比值也达到了 8 倍。

虽然"宝宝们"体量不大，但它们的出现给银行带来了相当大
的冲击。造成这种局面有两方面的原因，一是"宝宝们"代表了一

① 2016 年可获得数据的互联网货币基金总规模为 3.17 万亿元。

种新的理财方式，为老百姓提供了一条"高收益、低风险"的投资渠道，因此发展迅速；二是"宝宝们"以一种独特的方式显示出中国的存款利率市场自由化，这冲击了银行旧有的盈利模式。因此，虽然"宝宝们"势单力薄，但已经引起了全社会的重视，关于它的激辩也愈演愈烈。

余额宝的由来

2003年5月，阿里巴巴推出了C2C电商平台——淘宝网。为解决买家和卖家间的支付和信用问题，2004年12月阿里巴巴又推出了第三方支付平台——支付宝。买家和卖家在达成交易后，买家先付款到支付宝中，等收到卖家的货物后，支付宝再将款项支付给卖家。一般情况下，买家会在支付宝中存放一些资金以备购物所需。这样一来，就出现了资金沉淀的问题。由于淘宝网巨额的交易量，这笔沉淀资金的数目相当可观①。根据合规的要求，这笔沉淀资金为客户备付款，须由支付宝指定的商业银行进行托管，在托管期间产生利息收入。一方面该利息收入的归属问题一直备受争议②，另一方面随着沉淀资金数目的不断扩大，也为支付宝的注册资本金带来了压力③。为解决这个问题，2013年6月13日，余额宝正

---

① 据估计，该笔沉淀资金的数目达到近300亿元。

② 2013年6月7日，中国人民银行公告〔2013〕第6号文件正式发布并实施的《支付机构客户备付金存管办法》中，并没有对计提了风险准备金后的利息余额归属做出规定。

③ 根据央行《非金融机构支付服务管理办法》的规定，支付机构的实缴货币资本与客户备付金日均余额的比例，不得低于10%。其中，实缴货币资本是注册资本的最低限额；客户备付金日均余额则是备付金存管银行的法人机构根据最近90日内支付机构每日日终的客户备付金总量计算的平均值。

式上线。

　　余额宝是支付宝推出的一项余额增值服务，用户可以将存放在支付宝中的钱转入余额宝，直接购买一款由天弘基金[①]提供的名为增利宝[②]的货币基金[③]。由于与支付宝无缝连接，余额宝中的资金使用更为灵活，可以用于转账汇款、信用卡还款、水电煤气缴费、手机充值以及网络购物等。

　　从本质上看，余额宝即货币基金，主要投资于国债、银行存款等安全性高、收益稳定的金融工具，其中 2014 年第二季度末银行存款占比高达 84.13%。根据 Wind 资讯的统计，自 2013 年 6 月 13 日到 2014 年 8 月 6 日，余额宝 7 日年化收益率均值达 5.13%，而同期的银行活期存款利率最高仅为 0.385%，一年期的定期存款利率仅为 3.3%。值得一提的是，在余额宝刚推出的第 6 个月，即 2014 年年初和年中，银行间市场曾两次遭遇"钱荒"，在此期间利率大幅攀升（见图 10-4），使得余额宝的收益率也随之水涨船高，曾一度突破 6%，这在一定程度上，也增强了余额宝的"吸储"能力（见图 10-5）。到 2014 年 2 月底，余额宝份额占全部货币市场基金的份额在短短半年多的时间里上升到了 30%。

　　对于传统的货币基金和银行理财产品来说，余额宝拥有门槛低、

-----

　　① 2013 年 10 月，阿里巴巴出资 11.8 亿元认购天弘基金 2.623 亿元的注册资本金。此次增资扩股完毕后，天弘基金的注册资本从 1.8 亿元增加至 5.1 亿元，阿里巴巴则以 51% 的持股比例成为天弘基金的第一大股东。

　　② 2015 年 5 月 15 日，天弘基金发布公告称，于当日起将"天弘增利宝货币基金"更名为"天弘余额宝货币基金"。下文中"增利宝"现在皆指"余额宝"。

　　③ 其他的互联网货币基金也是类似的操作形式，例如，百度百赚对应的是华夏现金增利 E 货币基金，微信理财通对应的是华夏财富宝等 4 款货币基金等。

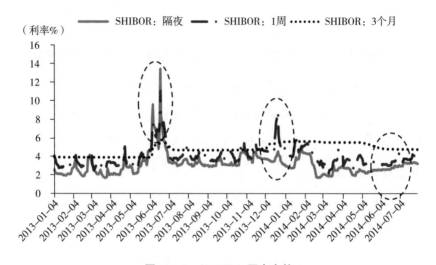

图 10 - 4　SHIBOR 历史走势

资料来源：Wind 资讯

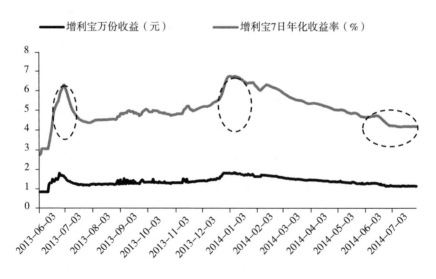

图 10 - 5　增利宝收益（率）

资料来源：天弘增利宝网站

操作简易的优势。例如，银行理财产品的起点大多为 5 万元人民币，在存续期内不可赎回，资金信托产品的认购起点为 100 万元，大多

数证券投资基金的认购起点为 1 000 元，而余额宝的开户额最低为 1
元人民币（汇添富现金宝为 1 分钱）。正因如此，余额宝平均每个账
户金额在 2014 年第二季度仅为 5 030 元，这远远低于传统货币基金
13.3 万元人民币的历史均值。

余额宝天天计息、红利自动转投资，每日均可在天弘基金的网
站上查看其前一日的 7 日年化收益率和万份收益。过去余额宝对所
有投资都实行当日赎回（T + 0）制度，自 2014 年 4 月 24 日起，余
额宝改变了上述做法。新规定对一部分资金的赎回采取了隔日赎回
（T + 1），对一些资金实行了隔两日赎回（T + 2），对一些资金仍保
留了 T + 0。

目前在移动端，余额宝的资金存取无手续费，与主流银行卡间
可以免费充值和取现①。与此同时，互联网渠道使余额宝的隐性交易
成本②大幅下降，小额资金的跨市场套利活动变得有利可图，从而降
低了金融市场的分割③。

---

① 手机余额宝转账免收手续费；在 PC 端，将余额宝的资金转到支付宝是不收取手
续费的。但是从余额宝转账至银行卡是需要手续费的（2 小时到账，服务费率 0.20%；次
日到账，服务费率 0.15%。最低下限为 2 元/笔，最高上限为 25 元/笔）。

② 根据安信证券首席经济学家高善文的解释，线下理财至少存在四项交易成本。第
一，学习成本。学习和理解货币基金、理财产品等知识需要花费必要的时间。第二，拜访
银行网点并办理必要的手续，需要付出成本。网上银行办理业务的成本也许很小，但其开
户等操作同样需要拜访银行网点。第三，拜访银行过程中可能存在等待成本。产品从交易
指令发出到实际到账也需要等待。第四，拜访银行产生机会成本。例如牺牲的闲暇，放弃
的工作时间等。这四大交易成本通过互联网渠道大大降低。

③ 高善文认为交易费用的存在，不影响大额资金的跨市场套利，但对小额账户套利
行为构成了制约，从而导致金融市场的分割。

银行与"宝宝们"的矛盾

随着以余额宝为代表的"宝宝们"的快速发展，争议、矛盾也接踵而来，尤其是"宝宝们"与银行间的明争暗斗，上演了一场旷日持久的拉锯战。

银行和"宝宝们"的矛盾与双方的运作模式相关。"宝宝们"的运作模式是汇集小投资者的"零钱"，然后到银行间市场去投资，其绝大部分的投资标的是银行的协议存款。在存款利率上，央行对一般单位和个人存款（普通储蓄存款）的利率设置了很低的上限，而银行间市场的协议存款利率早已市场化。这样，普通储蓄利率和协议存款利率形成了利率双轨制，且后者经常远高于前者，预留了一个利差套利的空间。

无论是协议存款，还是普通储蓄存款，其借款方都是银行，虽然中国尚未出台明确的存款保险制度（注：2015 年 5 月已出台），但是市场普遍认为所有银行都享有政府的隐性担保，也就是说，协议存款的安全性与普通储蓄存款并无差异。

另外，协议存款与普通储蓄存款相比还有一个关键优点，即提前支取不罚息，这是"宝宝们"安全套利的重要条件。具体来说，普通储蓄存款中，定期存款的利率高于活期存款[①]，但当储户提前支取未到期的定期存款时，利息将按照活期存款利率进行结算，此举会大幅降低储户收益，迫使储户在流动性和收益之间做出选择。但

---

① 利率差可参考：2016 年，五年期以上定期存款利率为 4.9%，活期存款利率为 0.35%。

"宝宝们"则不同，由于在银行间市场中存在提前支取不罚息的制度，当货币基金等投资机构提前支取借给银行的协议存款时，银行依然必须按照之前约定的利率给付利息，因此这一制度使投资机构在享受安全性的同时，还破除了投资标的流动性和收益之间"鱼和熊掌不可得兼"的问题。正因为如此，"宝宝们"普遍采取了 T + 1 或 T + 0 的交易制度。

这种利率套利行为导致相当一部分存款从银行流向"宝宝们"（见图 10 – 6），提高了银行的融资成本，直接损害了银行的利益，因此银行对此很快做出反应。自 2014 年 2 月 28 日起，工行将单日储蓄卡转至余额宝的上限调低至 5 000 元，每月限额为 5 万元，其意在直接限制资金流入余额宝。同时，工行还拉拢农行和交行也采取类似的限流手段。2014 年 3 月 7 日，工行确认不再接受余额宝的协议存款，与此同时工行还拉上其他两家国有大型银行一起加入此列，希望由此来迫使余额宝降低预期收益。到了 2014 年 3 月末，工行关闭了除杭州地区之外的所有快捷支付通道，进一步削减了余额宝的资金入口。随后一段时间，多家银行开始对余额宝和理财通等"宝宝们"的转账进行金额限制。

准备金与提前支取不罚息

在"宝宝们"引发的一系列争议中，有两点争议声音最大：一是是否需要对"宝宝们"征收存款准备金；二是能否改变上述提及的提前支取不罚息的制度。

如前文所述，"宝宝们"为老百姓提供了一个低门槛、相对安全、流动性好、收益较高的货币基金投资渠道。其中，较高的投资

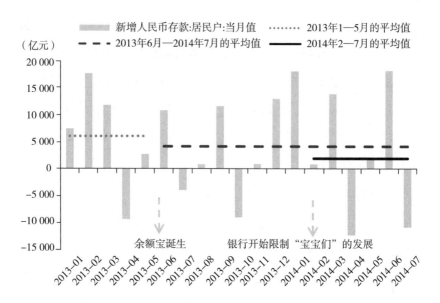

图 10 - 6　新增人民币存款

注：2013 年 1—5 月的居民新增人民币存款均值为 6 085 亿元，2013 年 6 月—2014 年 7 月的居民新增人民币存款均值为 4 167 亿元，2014 年 2—7 月的居民新增人民币存款均值为 1 933 亿元。

资料来源：Wind 资讯

收益不仅与前面提到的利率双轨制有关，也和缴纳存款准备金相关。根据政策规定，普通储蓄存款不但存在利率上限，还需要缴纳占其存款总额一定比例的存款准备金，2014 年大型金融机构和中小金融机构的存款准备金率分别为 20%[①]和 16.5%[②]。协议存款则受市场化的利率主导，且不用缴纳存款准备金。这种局面进一步扩大了"宝宝们"的投资收益。

如果余额宝购买的协议存款需要缴纳 20% 的存款准备金，那么

---

① 20% 为案例写作时数据（2014 年 8 月），2016 年最新为 16.5%。

② 16.5% 为案例写作时数据（2014 年 8 月），2016 年最新为 13%。

按照 6%①的协议存款收益率和 1.62% 的法定存款准备金利率计算，拥有 5 000 亿元资金规模的余额宝每年增加的成本约为 42 亿元，这意味着余额宝的收益将会下滑 1 个百分点左右②。

另外，"宝宝们"的高流动性来自协议存款提前支取不罚息的规则。这一规则起源于 2011 年，当时为了争夺存款，各家银行为动员货币基金将其旗下资金存入银行，接受了货币基金提出的提前支取不罚息的要求。2014 年 3 月 24 日，央行提出"不允许存在提前支取存款而不罚息的合同条款"。③ 央行的本意是保护银行利益，但银行为揽存，事实上在面对货币基金时几乎没有议价能力，提前支取不罚息的条款在货币基金与银行的协议存款合同中是必写项；否则基金公司不会与银行达成相关合同。因此在银行业市场中，央行的这一政策很难实行。

不允许提前支取不罚息的政策现实中很难执行，而对于"宝宝们"是否应该缴纳存款准备金的问题，各方也是意见不一。

有人认为"宝宝们"需要缴纳存款准备金，其理由如下：

第一，存款准备金可用于应对大规模集中赎回所带来的风险。历史上各国建立存款准备金制度的初衷就是防止因大规模赎回而引

---

① 2014 年 6 个月至 1 年的期利率。

② 该段引用中国人民银行调查统计司司长发表的文章《什么是存款准备金管理？》中的分析。

③ 事实上，在 2014 年 3 月央行表态之后，又有过数次对商业银行的窗口指导，明确指出商业银行不允许再签可提前支取却不罚息的存款协议，但由于没有正式下发文件，所以以余额宝为首的一些互联网型货币基金仍明确坚持"不罚息"的操作。但直至 2016 年 6 月，央行再次发声，称"把线下金融业务搬到线上的，必须遵守线下现有的法律法规，必须遵守资本约束。不允许存在提前支取存款或提前终止服务而仍按原约定期限利率计息或收费标准收费等不合理的合同条款"。对此，有经济学家和基金人士分析，这意味着之前基金公司投资银行协议存款享受着"提前支取不罚息"的政策红利即将结束。

发流动性风险，维护银行体系的稳定。虽然"宝宝们"目前投资主要为流动性较高的货币市场产品，平均期限较短，而且也建立了赎回行为预测等应对机制，风险相对较小，但这并不能完全排除大规模集中赎回的风险。

第二，控制货币供应，提高货币政策的有效性。存款准备金的另外一个重要目的是通过控制银行可贷资金的规模，调控货币供应。"宝宝们"募集资金的增加意味着银行受准备金管理的普通储蓄存款的减少，这些资金可以无限创造新的货币供给，从而影响货币政策的有效性。

第三，保证市场公平，压缩监管套利空间。由于不受存款准备金的限制，"宝宝们"可以在不考虑复杂投资组合的情况下，将95%左右的资金配置在协议存款上并享受近乎无风险的投资收益，即以基金之名行存款之实。非存款类机构存入存款类机构的同业存款本质上就是存款，其合约性质与一般存款并无不同，理应按照统一原则监管，因此协议存款也应缴纳存款准备金。

第四，促使"宝宝们"的资金更多地投向直接融资工具，保障金融市场的完善和发展。包括"宝宝们"在内的货币市场基金的本质是通过市场进行直接投、融资，因此在美国等发达国家，货币市场基金主要投资于短期债券。而在中国，"宝宝们"主要投资于银行存款，资金并未真正"脱媒"，这在一定程度上影响了金融市场的效率。如果存放银行需要缴纳准备金，那么"宝宝们"的成本将增加，收益会下降，这样一来，"宝宝们"可能更多地投向短期债券等直接融资工具，回归基金本质，促进金融市场的完善和发展。

但市场中也有人提出了截然不同的看法：

第一，从银行的角度来说，其肩负着利用资产负债表为储户制造流动性的功能。换句话说，银行短融长投，随时会面临储户取款的可能，但又必须在流动性危机时能抵御挤兑的冲击，因此必须留一部分资金作为应急，即缴纳存款准备金是必要的。

而同银行的储蓄存款相比，以"宝宝们"为代表的货币基金的投资标的主要为短期高流动性资产①，期限错配问题比较轻微。虽然T＋0机制可能导致集中性赎回风险，但可以通过增加赎回限额加以调控。因此，货币市场基金流动性风险已经受到严格的监管限制，再对其计提准备金就没有必要了。

第二，回应"宝宝们"如不缴纳准备金可能对央行货币供应调控产生负面影响，反对的声音则认为，当前我国货币基金资产配置中协议存款占比高达95%以上，而协议存款主要是为了满足银行的流动性管理需要，而非用于发放贷款，对货币乘数的贡献有限。

另外，很多金融工具都有创造货币的功能，从央行的角度来说，它需要首先评估这些金融工具对货币存量的影响，然后做出相应的政策调整②。央行前副行长吴晓灵在2014年3月指出，对"宝宝们"的存款要征收存款准备金的考虑，应该考虑各类非银行金融机构，它们在银行的存款在货币创造中有什么作用，而非专门针对"宝宝们"。

---

① 除证监会《货币市场基金暂行管理规定》中要求的存款期限1年以内、个券剩余期限397天以内、平均剩余期限不超过180天等规定外，各家基金公司在此基础上有更严格的规定。实际操作中，同业存款的期限主要集中在6个月以内。

② 事实上，央行已经在做相关工作。央行副行长潘功胜在2014年4月表示，不断涌现的新金融产品使中国货币供应量统计工作的难度加大，这些变化影响了货币供应量计量的准确性、完整性和科学性，监管机构将设法完善统计方法，以更好地支持金融宏观调控和系统性金融风险的防范。

第三，为了保证市场公平，如果对"宝宝们"征收准备金，银行间市场配置协议存款的其他主体也应该征收，比如保险资金、其他债券基金等，这必然推高协议存款的利率，这对银行恐非利好。

另外，就货币基金来讲，目前的监管套利来自利率双轨制。货币基金能跨市场套利的根本原因在于银行有揽储的需求，货币基金在客观上为银行提供了重要的资金来源，而征收准备金会减少货币基金可贷的资金，并进一步推高银行的揽储成本。也就是说，征收准备金表面上是希望压缩套利空间，但实际上很可能会事与愿违，从而进一步扩大普通储蓄存款和协议存款之间的利差，增加银行的经营压力。从这一点出发，简单地向货币基金征收准备金可能会遭遇较大的执行难度。

第四，"宝宝们"的确在银行间市场配置了很多协议存款，但解决问题的办法并非是向"宝宝们"征收存款准备金。目前，中国的直接融资市场并不大，没有足够多的优质短期票据，例如，根据 Wind 资讯的统计，2011 年、2012 年和 2013 年 AAA 级债券的净融资额分别为 8 605 亿元、8 853 亿元和 7 081 亿元，因此很多资金流向了银行的协议存款。有经济学家认为，解决此问题较为合适的方法可能是包括央行、银监会和证监会在内的各监管机构的协同推动。具体来说，目前对货币基金配置协议存款的比例没有限制，未来证监会可以对此做出调整，慢慢加码，降低协议存款所占的比例，与此同时，推动直接融资市场的发展，满足货币基金的投资需求。

综上所述，可以发现，"宝宝们"的崛起不但让存款搬家，也使银行最优质的短期贷款进入了票据市场，存贷双方都脱离了银行体系，实现了金融脱媒。存款搬家是因为其在货币基金中可以进行安全、高流动性和高收益的投资，而贷款搬家是因为优质公司在市场中发行的短期票据可以获得更低的融资成本。

由此，货币基金的运作方式在于它是能够以比银行更高的利率去揽储、比银行更低的利率去发放，几乎没有违约风险的短期贷款。尽管它的存贷利差低于银行，但仍能存活。也就是说，这种盈利模式可以长期存在，推动直接融资市场的发展。

余额宝是吸血鬼吗？

2014 年 2 月 21 日，央视证券资讯频道执行总编辑兼首席新闻评论员钮文新在自己的新浪博客上发表了《取缔余额宝!》一文。其主要观点为余额宝及其前端的货币基金将 2% 的收益放入了自己兜中，将 4% ~6% 的收益分给了余额宝用户，拉高了全社会的融资成本，是趴在银行身上的"吸血鬼"。由于余额宝干扰了利率市场、干扰了银行的流动性、拉高了企业的融资成本、加剧了金融和实业之间的恶性循环、严重威胁到了中国的金融安全和经济安全，因此应该予以取缔。

实际上，钮文新在博文中犯了一个技术性的错误。根据公开信息披露，天弘增利宝基金对余额宝用户收取 0.3% 的管理费、支付宝收取 0.25% 的销售费、银行收取 0.08% 的托管费，因此余额宝用户的收益中只有 0.63% 流向了这三方机构，这和钮文新所说的 2% 不符。

但此言论一出还是立刻引发了各方激辩，大家纷纷从不同的立场发表自己的观点。

天弘增利宝的基金管理人王登峰在 3 月接受采访时认为这种批评因果不分。正是因为银行拆借①利率高，所以余额宝才介入银行拆借市场，余额宝资金的进入，反而压低了拆借利率，不存在抬高市场利率这个问题。

利率的高低主要是受央行发放货币多少的影响，而非其他。目前央行实行紧缩政策，货币发放量少，因此银行利率上升，整体利率水平也被提高。余额宝资金进入会在一定程度上降低利率水平。余额宝和整个拆借市场相比，规模相对很小，还不足以左右市场利率。

在 4 月的一个论坛上，前招商银行行长马蔚华表示："不应该单纯地说抬高市场利率。如果从利率市场化的角度来看，目前银行的利率是低的，这部分可能是欠客户，应该返还给客户的，将来一旦利率市场化以后，不合理的低的利率，肯定还要提高。"另外，"现阶段由于储蓄存款的利率非市场化，银行不能高息揽储，余额宝的吸引力在于以高出银行活期存款 10 倍的利率揽储，而 90% 的吸纳资金又返还给银行，银行再放给用户，相当于绕了个圈把利息返还给用户。从这个意义上说，余额宝倒逼银行提高利率，其实是加速了利率市场化的进程，使市场回归实际"。

央行前副行长吴晓灵也表示，余额宝的高息是银行自己给的，商业银行当初不惜血本地高息揽存，怪不得"宝宝们"。

---

① 同业拆借是指银行为融通资金向其他银行借款的行为。

PayPal **镜鉴**

谈到"宝宝们",一个广泛引用的例子就是美国版的余额宝——贝宝(PayPal)。

PayPal 是一家总部在美国加州圣荷西市的网络第三方支付服务商,允许以电子邮箱来标识身份的用户之间转移资金。2002 年 10 月,全球最大拍卖网站 eBay 以 15 亿美元收购 PayPal,此后 PayPal 便成为 eBay 最主要的支付途径。在美国互联网经济最繁荣的那段时间,PayPal 发现自己手上已积攒了大量客户资源。为了开拓新的利润增长空间、提供更多的服务和吸引消费者,PayPal 开始为客户建立储蓄账户,涉足货币基金市场。按照约定,只要客户同意,任何客户在 PayPal 支付账户(类似支付宝)上的余额都可以投入这一储蓄账户(类似余额宝),并获得货币基金投资带来的利息。

2000 年,PayPal 储蓄账户的年回报率高达 5.56%,远高于当时美国一般银行储蓄存款的回报率,这使 PayPal 版货币基金在推出的初期阶段异常火爆。2001 年美国互联网泡沫破灭,投资者信心大幅下滑,美联储一再降息刺激经济,而 PayPal 版货币基金的收益也迅速走低。2001 年、2002 年、2003 年和 2004 年其收益率分别为 2.86%、1.85%、1.16% 和 1.37%。但 PayPal 版货币基金并未就此消失,随着房地产的兴起,美国经济逐渐复苏,2005 年和 2006 年其收益率分别为 3.27% 和 4%,2007 年更是重新站上了"5"字头。

2008 年金融危机爆发后,PayPal 版货币基金的收益率再次掉头向下,2008 年和 2009 年的收益率分别为 2.61% 和 0.23%,投资者开始大规模赎回基金。在这种情况下,该基金又艰难地维持了一年多。2011 年，PayPal 宣布结束储蓄账户的运作，PayPal 版货币基金就此完结。

对于 PayPal 兴衰的解读，有人认为货币基金生存艰难的重要原因是它的投资范围受到了较大限制，只能投资评级高的短期票据和债券等投资标的。在利率市场化的环境下，面对包括银行高息存款在内的各种理财产品的强大竞争，货币基金很难取得有足够吸引力的收益率。另外，由于定位于现金管理工具，因此基金公司很难从中提取较高的管理费用，经营成本又很难降低①。2009 年至 2011 年，美国投资者从货币基金中撤资达 1.1 万亿美元。同样，对于中国的货币基金，如果今后各大银行进一步推出高息理财产品与"宝宝们"抗衡，抑或股市走牛，那么余额宝今日的风光还能持续多久，着实难料。

也有一种观点认为美国利率的走势对 PayPal 的兴衰影响很大。具体来说，自 1971 年以来，美国仅有的两次平均利率明显低于 2%，其中美国基础利率在 2011 年 9 月被美联储降到 0.08%。当基础利率很低时，评级最高的企业很容易通过稍高的利率进行融资，这样货币基金就失去了利润空间，而银行仍然可通过对更广泛的客户贷款而盈利（见图 10 – 7）。

换言之，只要利率不是太低，互联网货币基金就有生存的空间。进一步说，只要中国经济不急剧下滑，那么基础利率被降到远远低于 2% 的可能性就很小。因此，PayPal 货币基金的关闭，未必是中国"宝宝们"的未来。

---

① 当 PayPal 关闭货币基金时，该基金扣除费用后仅支付 0.04% 的回报。而即便是为了实现这微不足道的收益率，PayPal 还是要进行补贴。因为该基金短期投资利率已经降至 0.25%，而该基金之前的年费率大概是 0.75%。

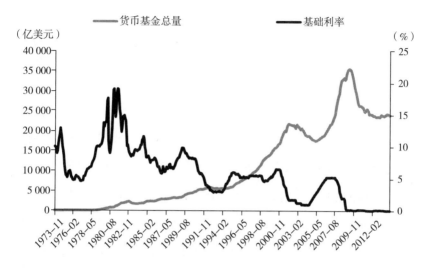

图 10 - 7   货币基金总量及基础利率变化

注：数据截至 2014 年 1 月。

资料来源：美联储

新的挑战与压力

在经历成立早期的狂飞突进后，"爆得大名"的"宝宝们"开始感受到了新的挑战与压力。

以余额宝为例，这个中国最大的货币基金在 2014 年第二季度以5 741.6亿元的规模雄踞榜首，但随着银行间市场的利率不断走低（见图 10 - 4），收益率的问题开始给余额宝施加了越来越大的压力。2014 年年初，余额宝的 7 日年化收益率曾接近7%，但到 7 月底，这一数字只略高于4%（见图 10 - 5）。而且相对于其他的互联网货币基金，余额宝在收益率上也进入了乏善可陈的地步。例如，根据Wind 资讯的统计，在 62 支互联网货币基金中，2014 年 1 月 1 日至 7月 31 日，余额宝的 7 日年化收益率均值为 5.3%，列居第 23 位，而在所有的 357 支货币市场基金中，余额宝仅列居第 68 位。[①]

实际上，哪怕是排名第一位的互联网货币基金——工银瑞信 60 天理财 B，其 2014 年 1 月 1 日至 7 月 31 日的 7 日年化收益率均值仅为 6.11%，而在同样的时间内，排名第一的货币基金——易方达双月利 B，其 7 日年化收益率均值也仅为 6.15%。宽松的货币政策对货币基金造成的收益率压力在目前来看，是一种广泛的现象。

由于收益率的下滑，再加上银行理财产品等对手的激烈竞争，货币基金的总规模在 2014 年 3 月之后出现了裹足不前的局面（见图 10-8）。需要注意的是，余额宝在 2014 年第二季度的净申购金额增速虽大幅下滑，但其绝对值仍在增长，而其他互联网货币基金的日子就更难过了，以华夏财富宝为例，虽然收益率较余额宝更高，但其在 2014 年第二季度出现了近 200 亿元的净赎回，这导致华夏财富宝的规模由 2014 年第一季度末的 822 亿元降至 2014 年第二季度末的 622 亿元。

面对节节下滑的收益率和客户流失，"宝宝们"提升收益率以挽回投资者的急迫性变得日益强烈。2014 年 7 月 25 日，英国著名财经杂志《经济学人》发表文章称，2013 年第三季度，余额宝 71% 左右的资金投资于 60 日之内的产品，而到了 2014 年第二季度，该数值变为了 44%。在 2014 年第二季度，余额宝期限超过 90 天的产品在其资产配置中所占的比例飙升至 34%，而在 2014 年第一季度，该数字仅为 3.18%，前者相当于后者的 10 倍以上（见图 10-9）。由此

---

① 截至 2016 年 7 月 5 日，余额宝 7 日年化收益率已经降至 2.40%，在所有的 486 支货币市场基金中，排名第 317 位。

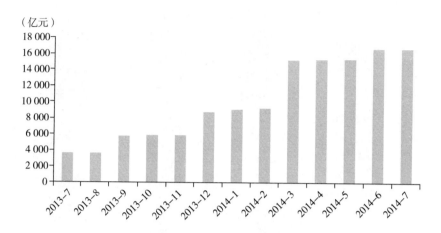

图 10 − 8　货币基金截止日总份额

资料来源：Wind 资讯

看来，为了继续提供高收益，余额宝已经开始出现期限错配的迹象，而这也正是金融不稳定性的重要原因。①

另外，文章还认为，余额宝开始越来越多地投资带有回购协议的资产，中国银行业经常通过这种结构投资一些高收益的表外贷款产品。2014 年第一季度，该类产品在余额宝投资组合中的比例为 3.5%，在第二季度升至 9%。因此，联昌国际银行（CIMB）分析师崔沃尔·卡尔契奇（Trevor Kalcic）评价称，余额宝"越来越像影子银行了"。

但余额宝并不认同这种看法，天弘增利宝的基金经理王登峰对此有三点回应。

第一，银行的买入返售是指银行买入非标等资产，在约定时间赎回的一类金融工具，属于影子银行的范畴，而货币基金季报中的买入返售金融资产主要是指银行间的质押式回购交易，交易对手是

① 截至 2016 年第一季度，余额宝剩余期限比例可参见表 10 − 10。

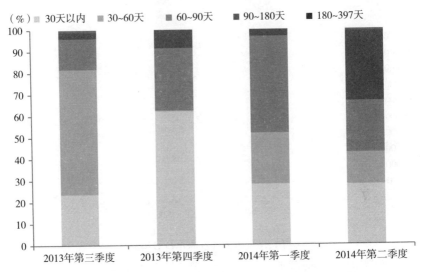

图 10 – 9　天弘增利宝基金各期限投资产品在投资组合中的占比

资料来源：天弘增利宝基金各季度财务报告

银行间市场以银行为主的交易机构，交易是有抵押的，一般是国债、金融债和中高等级的信用债，抵押品有折扣，而且相对较低。银行间市场的违约率较低，即使出现违约，也有较低折扣的抵押品来弥补风险。天弘增利宝货币基金没有涉及任何非标资产，和传统意义上的影子银行是不同的。

第二，货币基金是根据赎回配置资产到期的，也就是说预计未来有多少赎回，就配置多少资产到期，这与期限错配的概念有些距离。投资组合久期（指货币基金持有的债券、票据等产品距离到期日的平均剩余期限）长，并不能得出流动性风险大的结论，关键是要对赎回有正确的判断。根据短期资金市场及基金本身赎回情况的变化调整组合久期，是基金经理必做的资产配置工作。余额宝 2014 年第二季度的投资组合平均剩余期限为 75 天，低于同行平均 90 多天的水平，也远低于证监会 120 天的上限要求（见图 10 – 10）。

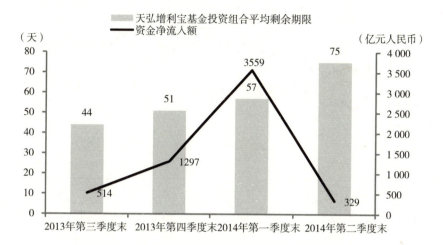

图 10 – 10　天弘增利宝基金投资组合平均剩余期限
资料来源：天弘增利宝基金各季度财务报告

第三，2014 年 6 月市场的资金面较为宽松，但天弘增利宝基金预计下半年央行还会保持稳健宽松的货币政策，除新股申购、季末等因素扰动外，资金价格会维持在一个相对较低的基础上。在最近几个月里，6 月是相对较好的建仓机会，因此增利宝基金适当拉长了久期，以给投资者创造稳健可靠的回报。余额宝是基于淘宝系平台的货币基金，大部分赎回都是由客户购物需求产生的，有很强的规律性，月底偿还信用卡、"双十一"大促销都已考虑在内。基于对未来种种因素的考虑，增利宝基金做了足量的资产到期配置，因此不会加大流动性风险。

面对《经济学人》和余额宝各执一词的局面，一位国内基金公司固定收益部门的负责人认为，余额宝最大的问题是规模太大，一旦出现流动性问题，没人能够救它，只能自救，因此余额宝的投资

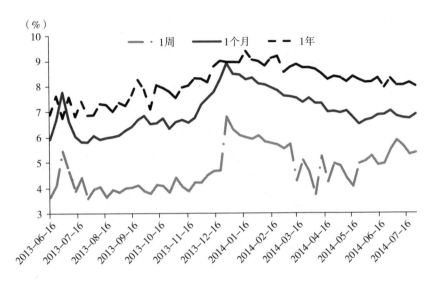

图 10 – 11 银行理财产品预期年收益率
资料来源：Wind 资讯

风格必须趋于保守。"我个人认为，余额宝 30% 左右的资产配置在 30 天内到期，应该可以应付客户赎回。余额宝的客户主要是散户，一天之内 10% 的人赎回都是很难发生的事情。而为了提高收益，适当配置 90～180 天的短融产品是可以理解的，现在这种产品流动性很好、很容易出手。"

另一位国内大型基金固定收益的负责人表示，久期的拉长属于一种正常的配置，短期看应该不会影响流动性。但余额宝最大的问题是收益率已经没有办法和银行理财产品相比较了（见图 10 – 11），一旦投资者转向，余额宝会面临真正的流动性问题。

利率市场化与"宝宝们"的未来

虽然"宝宝们"自诞生以来，经历了"大获全胜"到"步履蹒珊"的阶段，但业内并没有简单地从规模与利润的角度去评价它。相反，在探讨"宝宝们"的状况时，很多人都会将其与中国的利率市场化联系在一起。从美国过去几十年的经历看，这种看法确有道理。

20世纪70年代，美国股市低迷，大量资金找不到投资渠道，而当时美国银行法规定银行活期存款账户不得支付利息，同时Q条例（指美联储按字母顺序排列的一系列金融条例中的第Q项规定：禁止联邦储备委员会的会员银行对吸收的活期存款支付利息，并对定期存款规定了利率上限。后来，Q条例成为对存款利率进行管制的代名词）限定了其他银行存款账户的利率上限。

在利率非市场化的背景下，第一支叫"储备基金"的货币市场公募基金于1971年应运而生。由于基金在银行体系外发行，因此不受Q条例的制约，可以提供比银行存款利率更高的收益，同时也不需要向美联储交纳准备金。"储备基金"刚发行时只有30万美元的规模，三年之内飞速扩展到3.9亿美元。到1974年年末，货币基金总量为2.6亿美元，占美国存款机构总存款量的0.78%。

让美国货币基金腾飞的因素有两个。

第一个因素是券商加入了货币基金行业，带来了金融创新。美林证券，作为美国证券业的创新先锋，于1975年推出了货币基金的支付服务，允许货币基金的持有者开支票和偿付信用卡。此举让货币基金拥有了银行存款者最需要的两大功能：支付和安全的利息收入。这些功能的开发对商业银行震动巨大，银行界大声抗议，认为冲击了金融体系的稳定。但在当时金融自由化的浪潮下，美国政府没有采取任何遏制措施。

第二个因素是利率非市场化带来的商机。20世纪70年代末到

80 年代初，美国的市场利率不断抬升，1981 年 6 月，美联储基础利率甚至达到了惊人的 19.1%，而此时商业银行的活期存款账户仍然不能支付利息，其他账户的利率上限在 5% ~5.5%。市场利率和银行利率的巨大反差，加上货币基金对于存款者来说已经具备了银行最重要的功能，促成了货币基金的真正飞跃。

这个飞跃让人瞠目结舌。到 1978 年年末时，货币基金总额为 9.3 亿美元，占存款总额的 1%；到 1979 年年末，货币基金总额为 443 亿美元，占存款总额的 6%；到 1989 年年末，货币基金总额为 4 328 亿美元，占存款总额的 30%；到 1999 年年末，货币基金总额为 1.48 万亿美元，占存款总额的 63%。至此，货币基金已与银行分庭抗礼（见图 10 - 12）。

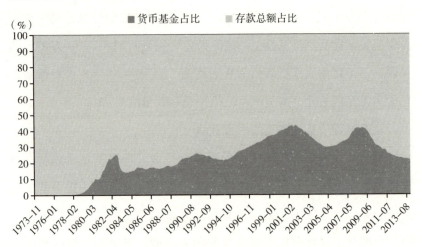

图 10 - 12　货币基金占比

注：货币基金占比 = 货币基金总额/（货币基金总额 + 存款总额）。
存款总额占比 = 存款总额/（货币基金总额 + 存款总额）。
资料来源：美联储

中国的货币基金市场诞生于 2003 年，增长并不快，至 2011 年年末还不到 1 500 亿元。到 2013 年年末这个数字达到 8 830 亿元，两年翻了近 6 倍。促成这个爆炸性增长的原因有两个。一是余额宝为客户提供 T + 0 至 T + 2 的取现服务，以及转账和支付服务。如同美国一样，这些功能使货币基金成为支付市场利率的活期存款，而银行的活期存款利率还不到 1%。二是资金紧张。具体表现在 2013 年多种因素下的钱荒，造成市场利率攀升，进一步加大了市场利率和银行活期利率之间的利差。犹如 20 世纪 70 年代末的美国，利差加大带来了在利率双轨制下，货币基金爆炸性增长的商机。即便没有互联网金融，只要政策允许，货币基金的成长也是迟早的事。

因此，有经济学家认为，只要政府不干预，中国货币基金市场未来完全可能达到 30 万亿 ~ 50 万亿元的规模。而美国的发展史证明，货币基金本身的生命力就可能达到这个结果，互联网则大大加速了这个过程。

无疑，从美国货币基金的发展史来看，"宝宝们"正在挑战银行的既得利益，而且其在两种利率之间的套利行为增加了维持利率双轨制的成本，在某种程度上促进了中国的利率市场化。

因此，监管层对于"宝宝们"的态度呈现出一种矛盾的心态，其表态经常也是左右摇摆。例如，2014 年两会期间，面对媒体的不断发问，央行行长周小川表示肯定不会取缔余额宝等金融产品；央行副行长易纲表示，要支持和容忍余额宝等金融产品的创新行为，同时也将适当采取措施对可能产生的市场风险加以引导和防范；另一位央行副行长潘功胜表示，互联网金融的发展在满足微小企业融资、增加百姓投资渠道、提高社会金融服务水平、降低金融交易成本、推进利率市场化等方面都发挥了积极作用。互联网金融要鼓励创新与发展，但同时要完善和规范监管。

然而，另一事件却表明央行对"宝宝们"的快速发展还是心有忌惮的。2014 年 3 月 11 日，阿里巴巴旗下支付宝称，将联合中信银行推出网络虚拟信用卡，首批将发放 100 万张。同一天，腾讯与中信银行合作推出微信信用卡的消息也得到确认。两张信用卡都可以为用户提供在微信或支付宝平台上"即申请、即发卡、即支付"。

中信银行信用卡中心负责金融支付产品的开发，为两张信用卡用户提供与传统信用卡客户同等的金融服务，包括信用卡授信及额度调整、支付结算、账单生成及寄送等工作，同时，还提供线下商户资源和消费信贷等全方位金融服务。与传统信用卡相比，数字信用卡同样具有信用卡的基本要素，如 16 位卡号、有效期、信用卡安全码等，具备信用卡透支消费、免息期、在线支付等基本功能。

然而，在两天后的 13 日，央行下发紧急文件，叫停支付宝、腾讯的虚拟信用卡产品，同时叫停的还有条码（二维码）支付等面对面支付服务。

关于叫停的理由，央行表示，虚拟信用卡突破了现有信用卡业务模式，在落实客户身份识别义务、保障客户信息安全等方面尚待进一步研究。而目前将条码（二维码）应用于支付领域有关技术、终端的安全标准尚不明确，安全性尚存质疑，存在一定的支付风险隐患。

但有媒体表示，央行叫停的原因可能并非安全因素那么简单。目前，线下支付领域的收入来源主要是商户刷卡的手续费，这笔收入由收单机构（银行或第三方支付企业）、转接机构（只能为银联）、发卡机构（银行或第三方支付企业）按 2：1：7 的比例分成。银联作为唯一的转接机构，提供收单机构和发卡机构的数据转换、联通服务，并收取 10% 的刷卡手续费。

随着移动支付技术的发展，无论线上还是线下支付，第三方支付和银行之间的清算完全可以不需要通过银联。现实中第三方支付企业的大部分线上业务已经不走银联通道，如果扫码支付和虚拟信用卡快速铺设推广，银联在线下市场将被银行和第三方支付企业绕过，银联失去的不仅是线上支付的新增蛋糕，甚至线下支付的原有主导地位也将岌岌可危。互联网金融的强大爆发能力已使银联深刻感受到了威胁的紧迫感。因此，"央行暂停扫码支付和虚拟信用卡除了安全因素外，或许仍有蛋糕将被分食的因素可循"。

2014 年 3 月 11 日，央行行长周小川表态"存款利率放开肯定是在计划之中。我个人认为，很可能在最近一两年就能够实现"。由于中国的贷款利率已经放开，因此存款利率的放开普遍被认为是利率市场化最具标志性的一步[①]。

根据经济学家高善文的研究，在存款利率放开之后，银行的存款利率将明显上升，银行存款会大幅增加，这提升了银行的资金成

---

① 不出所料的是，央行在放开存款利率浮动上限的进程中不断迈出重要步伐。在贷款利率管制完全放开的前提下，央行于 2014 年 11 月 22 日、2015 年 3 月 1 日和 5 月 10 日先后宣布，将存款利率浮动上限扩展至基准利率的 1.2 倍、1.3 倍和 1.5 倍。金融机构存款利率有所分化，存款利率已初步形成分层。此时已有存款利率可能会完全打开浮动区间，这就意味着存款利率市场化已接近完成。2015 年 8 月 25 日，央行宣布放开一年期以上（不含一年期）定期存款的利率浮动上限，活期存款以及一年期以下定期存款的利率浮动上限不变。这标志着我国利率市场化改革又向前迈出了重要一步，中国利率市场化即将"水到渠成"。同年 10 月 24 日，人民银行不再对金融机构设置存款利率浮动上限，这样就实现了利率管制的基本放开，很多官员、学者和金融从业人士都表示这是一个值得铭记的日子。2016 年 7 月 4 日，中国央行货币政策委员会 2016 年第二季度例会表示，将进一步推进利率市场化改革，我国的金融市场资产配置效率将不断提高。

本，但也增加了银行的可贷资金量。由于贷款利率已经市场化，贷款利率由银行可动员的存款数量和实体经济的信贷需求共同决定，因此银行动员的存款量越高，假定信贷需求、银行信贷投放结构不变，那么均衡贷款利率将越低。对于银行来说，短期内其利差将显著缩小。"宝宝们"提高了银行揽储的成本，揭示了更接近市场的资金价格，从某种意义上说，"宝宝们"早在存款利率市场化出现之前就已经开始推动银行面对利差缩小这种情况了。

"宝宝们"的野蛮生长在很短的时间内就冲击了现有的利益格局，这是天时、地利、人和综合的结果。但面对如此错综复杂的局面，决策者又将何去何从呢？也许央行前副行长吴晓灵的看法可资借鉴：监管当局出台政策不是着眼于动了谁的奶酪，而是着眼于对社会、资金安全有什么影响，对投资者、客户有没有很好的保障。

放眼未来，以"宝宝们"为代表的互联网货币基金也将得到更严密和系统的监管。"宝宝们"的风险和收益会受到影响。但综观全局，中小投资者将会有更多的投资选择，同时对于金融监管者来说，他们将面对一个规制更健全、更加市场化的金融系统，这将对我国货币政策的制定和实施带来深远的影响。

教授启示

金融业是为实体经济中供给可贷资金的储户和使用资金的企业、政府和居民提供中介服务的，金融机构天生就是在双边市场中提供服务的平台。在平台的一边，各金融机构要在竞争中吸引可贷资金，竞争的策略包括为储户提供更好的服务体验和更优的理财产品。在平台的另一边，各金融机构要在竞争中将可贷资金有效地配置到实体经济中需要资金的投资项目里。所以，有这样一个关系：

储户理财收益率＝实体经济投资回报率－金融业中介费用。

在中国，金融业是一个进入壁垒很高的产业，加上金融监管在制度上限制了金融机构和市场上的竞争，中国的金融中介费用一直较高，即金融业的毛利率较高。金融牌照的含金量在中国是不菲的，进入金融业是民企企业家梦寐以求的。

在2013年，一个叫"余额宝"的金融产品诞生。其规模随即迅速猛增，很快就超过了5 000亿元人民币，成为中国最大的一支基金。在余额宝的激励下，各家互联网公司纷纷推出了相似的产品，如百度百发。

余额宝是嫁接在阿里巴巴旗下的支付宝上的一款金融产品，它可以让客户将支付宝内的钱款存入一支叫作"天弘增利宝"货币基金中生息。天弘增利宝货币基金在银行间市场大量投资银行所发行的协议存款，由此获得比储蓄存款更高的收益。该基金能够获得较高收益的原因在于中国金融市场的分割：在普通的储蓄市场，央行实行了压低利率的政策，但在银行间市场，利率是市场化的，后者一般高于前者，但后者对投资者的资金实力有较高的要求。现在余额宝将小储户的钱聚集起来存入银行，这让小储户也可以获得过去只有大机构才能获得的收益。余额宝给中国主要是为大机构服务的金融市场带来了一丝"创造性破坏"，为小储户带来了实实在在的利益，这在中国的金融现代史上必然会留下浓墨重彩的一笔。我国在金融监管方面的逐渐开放，包括利率逐渐市场化，也为余额宝的发展提供了在政策层面套利的机会。

对于半路里杀出来的这个"程咬金"，监管层会如何对待？

中美国债市场的两重天

指导教授：李伟　案例作者：谷重庆　案例截稿：2014 年 6 月

【案例主旨】　　国债市场在任何市场经济国家都是一个非常重要的金融市场。国债是为政府融资的市场，其收益率对其他金融产品有着巨大的影响，因此国债市场的结构与运作就显得极为重要。中国的国债市场目前已发展至相当大的规模，但论及流动性等方面，其表现则比较低迷。造成这种现象的一个原因在于作为国债发行者的财政部，其在发行过程中较多地考虑了国债的发行成本。相对来说，美国国债市场作为世界上最大的国债市场，在国债的发行过程中，政府不会因为国债利率的高低而改变发行节奏。从中美两国的国债市场对比可以看出，中国的国债市场仍带有太多的计划经济色彩，这导致参与者的数量有限；美国则完全形成了市场化的运作方式，因此赢得了投资者的青睐，甚至导致中国持有 1 万多亿美元的美国国债。这其中的差别和教训的确值得人们深思。

【案例正文】

2014 年 4 月 11 日，《中华人民共和国财政部公告 2014 年第 20

号》公布，2014 年记账式附息（七期）国债（以下简称本期国债）已完成招标工作。本期国债为一年期附息债券，票面利率为 3.63%，高于中债估值 31 个基点（1 个基点为 0.01%，31 个基点为 0.31%），计划发行 280 亿元，实际发行面值金额仅为 207 亿元。

此次国债发行是自 2009 年以来关键期限国债的首次流标[①]，且流标比例占计划发行量的 26%。"一石激起千层浪"，众多市场参与方纷纷对此发表观点。包括路透社在内的多家海外媒体和众多海外投资者普遍表现出对中国经济增长放缓的担忧。他们认为国债部分流拍[②]增加了政府风险——中国政府必须付出更高的代价来筹资，折射出银行对于投资风险趋于谨慎，同时要求财政部支付更高的收益率。[③]

然而，以兴业银行首席经济学家鲁政委为代表的多数中国市场人则认为此次流标属于技术性流标，问题的关键在于招标规则的设计：投标剔除、中标剔除和投标价位差等规则的设计，直接导致本期国债在认购倍数达 1.68 倍的情况下出现流标。[④] 此外，也有观点认为，由于 1 年期国债发行量少，二级市场成交稀少，导致中债估值曲线定位不准，即较低的估值导致市场产生分歧也是此次流标的重要原因。[⑤]

---

①　流标指投标人不足三家，或所有投标都被否决。

②　在买卖活动中，买卖双方不能达成协议，使得买卖行为无法成功进行，或对其拍卖的标的得不到想要成交的数额。

③　《中国经济步步惊心：经济数据不佳，国债发售一年来首现出流拍》，华尔街见闻。

④　《如何看待一年期国债出现流标》，金融时报，2014 年 4 月 14 日。

⑤　同上。

此次国债流标之后，又出现多支国债流标。财政部的公告显示，6月11日财政部发行的14附息国债11（一年期国债）再次流拍，计划发行280亿元，实际发行量仅为252.8亿元，票面利率为3.32%，高于中债估值14个基点；[①]7月18日计划发行280亿元的14附息国债15（两年期国债），实际发行量仅为233.9亿元，票面利率为3.99%，高于中债估值12个基点。[②]

2014年国债发行频频流标，引发了市场对中国国债发行制度的争论和反思。从全球范围看，在发达经济体中，政府对一级市场的管理目标是建立"高效率、低成本"的国债发行市场。一般而言，国债发行人希望实现两个目标：一是完成国债发行计划，筹集所需资金；二是在既定的发行条件下，降低发行成本，减轻财政负担。从中国国债发行的实际情况看，国债票面利率在高于中债估值的情况下，却连续出现流标，其原因何在？从国债发行的目标来看，目前中国的国债发行制度与市场应该如何评价？与发达经济体相比，中国国债市场有何不同？

1987—2004：中国国债制度的曲折演进

1987年之前，中国的国债都处于既无一级市场也无二级市场的初级阶段。1988年，国债发行量从60亿元增加到90亿元，为拓宽发行渠道，政府尝试通过商业银行和邮政储蓄的柜台销售方式发行实物国债，这为国债发行一级市场的形成奠定了基础。同年，由于

---

① 《中华人民共和国财政部公告2014年第35号》。
② 同上。

通货膨胀较为严重①，政府债券实际收益为负值，于是部分人将手中的国债以较低的折扣价格偷偷卖给"投机者"。这样一来，一个完全没有任何政府监管的"柜台上交易"债券的二级市场悄然诞生，这也是真正意义上中国的第一个债券"场外市场"。②

1991年后中国国债制度出现一系列重大突破。1991年财政部组织了首次承购包销活动，共有70家证券中介机构参与。承购包销的引入标志着中国国债一级市场的形成。③ 与此同时，1990年伴随着上海和深圳两大证券交易所的建立，为了扩大自身融资需要，财政部开始在交易所发展二级市场。就此，国债发行形成了场内、场外两个交易场所并存的格局。

1995年是国债历史上的一个巨大转折点。1995年8月，国家停止了一切场外交易，证券交易所成为中国唯一合法的国债交易市场。不过，当年财政部发现了一个可以增加国债发行的方案——国债拍卖，并在承销商中首次举行维克里式拍卖。④ 此举减轻了财政部的融资负担，同时也为10年以后债券市场的发展打下了基础。⑤

1998年，中国人民银行决定商业银行全部退出上海和深圳交易

---

① 当年通胀率高达18.5%。

② 卡尔·沃尔特，弗雷泽·豪伊. 红色资本：中国的非凡崛起与脆弱的金融基础. 东方出版中心，2013：102.

③ 高坚. 中国债券资本市场. 经济科学出版社，2009：107.

④ 维克里式拍卖又被称为单一价格封闭式拍卖，标书是封闭的，发行人按投标价从高到低选取（在收益率报价中，按收益从低到高选取中标人）。拍卖结束后，债券将以统一价格出售给所有投标人。该统一价格是第二高的竞标价格，因此维克里式拍卖也称为第二价格密封拍卖。维克里式拍卖法的优点是投标人都愿意直接参与竞标，而不是通过一级自营商间接参与。

⑤ 卡尔·沃尔特，弗雷泽·豪伊. 红色资本：中国的非凡崛起与脆弱的金融基础. 东方出版中心，2013：103.

所的债券市场，建立全国银行间债券市场，保险公司和基金等机构投资者也陆续进入银行间市场。此后，银行间市场逐渐成为中国国债市场最主要的交易场所，交易所债券市场日渐萎缩。[①]

2000年以后，招标发行再次回归。从2004年开始，财政部开始跨市场发行国债，即同时在股票交易所和银行间债券市场发行国债，实现了跨市场发行。至此，中国国债的发行制度和市场结构基本趋于稳定。

现阶段中国国债的发行制度和市场结构简述

经过几十年的政策演变，中国目前已经形成了较为稳定的国债发行制度和相对完整的市场结构。首先，在国债的发行规模上，中国实行的是"余额管理"原则，即财政部每年向全国人大常委会做预算报告，报告本年度预算赤字和年末国债余额限额，全国人大常委会予以审批，一般情况下年度预算赤字即为当年年度新增国债限额（见图 11-1）。在年度预算执行中，如出现特殊情况需要增加年度预算赤字或发行特别国债，由国务院提请全国人大常委会审议批准，相应追加当年年末国债金额限额。当年年末国债余额不得突破其限额。国债借新还旧部分由国务院授权财政部运作，财政部每半年向全国人大相关委员会书面报告一次国债发行和兑付等情况。每年第一季度在中央预算批准前，由财政部在该季度到期国债还本数额内合理安排国债发行数额。

国债发行主要采用公开招标的方式，承销团成员通过"财政部

---

① 高坚. 中国债券资本市场. 经济科学出版社，2009：108.

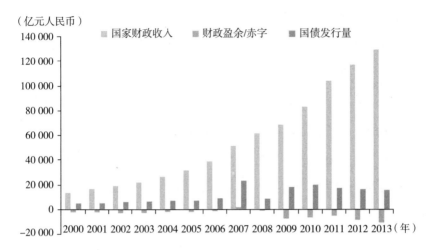

图 11 – 1　年度国债发行量及财政盈余/赤字

资料来源：国家统计局

国债发行招投标系统"远程终端进行投标，通过投标人的直接竞价确定发行价格（或利率水平）。中国国债发行招标规则的制定借鉴了国际资本市场中的美国式、维克里式招标规则，并发展出混合式招标方式，招标标的为利率或价格。

　　银行间债券市场和交易所债券市场是两个高度分割的市场。在交易主体方面，作为国债主要投资者的商业银行被禁止进入交易所市场，造成交易所市场以非银行类机构和个人交易为主，银行间市场以商业银行的交易为主。商业银行类的机构投资偏好雷同，投资行为接近，两个市场缺乏足够跨市场交易的品种。[①]

　　在定价机制上，银行间债券市场目前实行的是"做市商"的制度，一般由一定数量的核心主力投资者担任，各自对所负责的券种

---

① 马永波．我国债券二级市场分层问题研究．证券市场导报，2015 – 08 – 01.

进行要约式的报价，每日向市场连续报出真实的买卖双边价和数量，并对接受条件有意成交的全部对手方承担成交义务。[①] 国债柜台市场同样实行"做市商"制度。

交易所债券市场采用"竞价"机制，所有投资者向交易系统发出买卖指令和买卖报价，交易系统对所有报价按照"价格优先、时间优先"原则撮合成交。对于大宗国债交易，买卖双方可以按照协商的数量和价格，通过同一证券席位向交易系统报单，并达成交易。[②]

美国国债市场简述

与中国类似，美国最早的国债发行始于建国之初（1776）。与中国不同的是，美国最早发行国债的原因并非为了经济建设，而是偿还独立战争的债务。美国第一任财政部部长 Alexander Hamilton（亚历山大·汉密尔顿）坚持认为美国不仅要偿还大陆议会的债务，还要为各州因独立战争而产生的债务承担责任。他认为债务是自由的代价。此外，他认为投资人在世界市场上有很多投资选择，任何对美国政府是否会遵守偿还义务的怀疑，都将提高未来的借贷成本。有了 Hamilton 这样良好的开端，美国财政部也就从来没有发生债务违约。

Hamilton 当时所要偿还的国债是 7 500 万美元，约占 GDP 的

---

① 王平. 中债登王平：银行间债券市场运行机制解析. 金融时报，2013 – 05 – 13.
② 上海证券交易所上海证券课题组. 交易所国债市场和银行间国债市场定价比较研究. 第 7，12.

36%——平均每人不到 20 美元。① 根据美国财政部的数据，截至 2013 年年底，美国国债余额总计 173 520 亿美元，约占 GDP 的 103%。②

美国国债大部分是可流通债券，包括短期、中期和长期国债。此外也有少量不可流通债券，如美国储蓄债券。可流通国债由美国财政部在一级市场上发行后，便开始在二级市场上交易，而不可流通的国债则不在二级市场上交易，但可由财政部赎回。可流通国债的期限从 13 周到 30 年不等。

美国财政部通常按照一个十分规律的时间表发行新的可流通国债，发行方式采用单一价格招标方式（即维克里式招标）。该招标过程涉及联邦储备银行，尤其是纽约联邦储备银行的参与。尽管美国财政部的国债拍卖通过 Treasury Direct 系统向数以千计的证券交易商和经纪商甚至是个人开放，但参与者通常仅限于小部分的交易商，这部分交易商被称为一级交易商。一级交易商由纽约联邦储备银行选择，作为公开市场操作的对手方。这些交易商被要求大量参与二级市场的公开市场操作以及财政部的国债拍卖，并向美联储提供与政策相关的信息。目前，美国一共有 22 家一级交易商。③

一般在国债发行的前几天，美国财政部就会宣布即将发行国债的各项事务，其中包括发行总额及日期等。美国国债发行实行的是"预发行制度"，在拍卖被宣布但尚未开始的这段时间里，投资者便开始在预发行市场交易待发行的国债，并在新国债发行日予以兑现。预发行市场使得新国债高效地分发给投资者，为潜在的竞价人提供

---

① WeiLI. Foreign Ownership of U. S. Treasury Securities, business case. 2005（10）：2.

② 截至 2015 年年底，美国国债余额为 14. 29 万亿美元，约占 GDP 的 101%。

③ 资料来源：美国财政部。

了与新国债价格相关的有用信息，有利于实现财政部通过提高市场透明度促进竞争性拍卖的目标。

在拍卖日，报价被提交至美联储或其分行、财政部公债局（Bureau of the Public Debt），或直接通过财政部竞价申请官方网站TAAPSLink 提交至国债证券自动交易处理系统（Treasury Automated Auction Processing System，TAAPS）。所有的实体均可自行提交报价，存款机构及注册的证券经纪商、交易商也可代表客户参与报价。

美国国债每天 24 小时在世界各地的金融中心（如伦敦、东京和纽约）交易，不过在这些海外市场，美国国债的流动性没有在美国市场上表现得那么强。在海外市场，美国国债的交易商发布的买卖差价区间更宽，按报价买入或卖出的国债数量也更少。此外，无论美国国债交易在世界的哪个角落发起，最终的结算一般都在纽约进行。

由于拥有美国政府完全的信用支持，以及美国政府本身具备的提高税收和印制货币的能力，可流通的美国国债被认为是所有投资标的中最安全的产品。它们被认为没有"违约风险"，即基本可以肯定美国财政部将按时支付利息及本金，同时也是目前世界上流动性最强的资产。[1] 根据美国证券业协会的数据，2013年，美国国债的日平均交易额高达 5 454 亿美元[2]，占同期美国所有交易债券日平均交易额的 67%。与之形成对比的是，根据

---

① "Foreign Ownership of U. S. Treasury Securities", business case, prepared by Wei Li, October, 2005, p. 4.

② 截至 2015 年，美国国债日平均交易额缩减至 4 920 亿美元，占同期美国所有交易债券日平均交易额的 63%。

纽约证券交易所的数据，2013 年纽约证券交易所每天的交易量约为 356 亿美元。

中美国债制度比较："形似而神不似"

中国国债自 1981 年恢复发行至今已有超过 30 年的历史，从目前的现状来看，发行数量大大增加，市场参与者尤其是机构投资者的数目已经达到相当大的规模，市场上的产品种类也达到较多的数量，① 但市场参与者大多都承认与美国国债的发展程度相比，中国国债市场仍处于比较原始的阶段。

"原始"这个词不是指缺乏必要的基础设施，中国的国债制度在构建时，也借鉴美国和其他发达经济体的架构。在一级市场上，从国债的品种、期限、可流通性到国债承销团制度、国债发行的招标方式，再到 2013 年建立的国债预发行制度，在二级市场上，从大力建设以"银行间债券市场"为核心的场外交易市场，到建立"做市商"制度，推出了一系列措施改善国债的流动性等，我们都可以从中看到美国国债制度的影子。

中国国债制度的"原始"并非指发行或交易方式，而是指中国国债的发行制度和流通市场缺乏其他主要国际资本市场所拥有的必要市场要素。这个市场要素就是由市场对风险进行衡量，并且将评估出的风险量化融入资产价格计算的能力。从市场的角度来说，风险就意味着价格，然而在中国，决定无风险融资成本的是政府，而

---

① 卡尔·沃尔特，弗雷泽·豪伊. 红色资本：中国的非凡崛起与脆弱的金融基础 [M]. 东方出版中心，2013：96.

非市场。政府做决定的依据是银行的融资成本，也就是一年期银行存款的利率。[①]

为了实现市场对国债的风险定价功能，美国国债在发行制度上设置了单一价格招标方式，将发行利率交由市场决定（一级交易商拍卖得出）。而从中国国债的发展史看，国债发行制度在诞生之后很长时间内都充满了行政意味，从早期的行政摊派到后来政府主导的承购包销，再到现在的公开招标，我们都能看见政府掌控价格的影子。

自 1996 年以来，国债在发行方式上向市场化迈进了一步，发行方式逐步改为通过公开招标进行，目前记账式国债已经全部采用公开招标的方式发行。但是目前的公开招标方式在市场定价方面仍存在很大缺陷。

首先，中国对国债拍卖参与者的资格限制比较严格，规定只有银行间债券市场和交易所债券市场的国债承销团成员，才有权参加记账式国债拍卖，包括竞争性投标和非竞争性投标。社会个人及其他机构投资者只能购买凭证式国债，或向参与国债投标的承销商认购国债，不能直接参加国债投标。[②] 这导致了参与记账式国债投标的群体较为集中和固定。以 2010 年记账式国债认购情况为例，商业银行是记账式国债的认购主力，认购量占当年记账式国债发行量的84%，其中全国性商业银行更是占到了主导地位，其认购量占比就

---

① 卡尔·沃尔特，弗雷泽·豪伊. 红色资本：中国的非凡崛起与脆弱的金融基础. 东方出版中心，2013：97.

另外，截至 2016 年 7 月，一年期银行存款利率已跌至 1.1%，一年期银行贷款利率为 4.3%。

② 《中国国债的发行机制研究》，第 1 页。

高达53%（见图11 –2）。

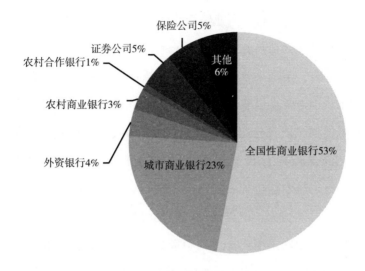

图11 –2 记账式国债认购组成

资料来源：中国金融信息网

而在国债发行比较成熟的国家，对国债拍卖参与者的资格限制都比较宽松。以美国为例，尽管拍卖参与者以一级交易商为主，但美国政府规定任何居民、机构投资者，既可以向自营商购买国债也可以直接向美联储购买；既可以亲临购买也可以邮购；既可以参加竞争性投标也可以参加非竞争性投标。这既丰富了参与者的数量和种类，也扩大了市场对美国国债的需求量。①

其次，除了对承销团有严格的标准限制外，财政部在招标过程中一系列具体规则的设立也为国债发行利率市场化打了折扣。最典型的是招标价格的确定不尽规范。中国目前对关键期限国债采取的是在混合式招标基础上实行投标剔除和中标剔除，这导致一旦市场

---

① 《中国国债的发行机制研究》，第1页。

对收益率认识存在较大差异时，就会出现大量报价被剔除的情形，从而导致国债发行流标。兴业银行的鲁政委认为，2014年4月11日记账式国债的流标正与此有关。[1]

相较而言，美国采取的是单一价格招标，拍卖方将竞价（在国债拍卖报价中通常是以收益率报价）由高到低排列，然后按照价格由高到低的顺序依次分配数量。两种拍卖的截止价格都是能将全部国债售完的最低投标价格，所有成功的竞价者是按照同一个价格——中标价或中标价加一定百分点进行支付。这种价格确定方式尽管波动性可能很大，但更能反映市场价格，而且避免了国债发行流标。此外，中国国债招标过程中最高、最低投标量的限制以及对自营商基本承销额的规定，也给国债拍卖的市场化加上"笼子"。

最后，二级市场与一级市场有所不同。二级市场的资产定价是根据投资者的市场需求来确定的，如果承销商所购入的国债在一级市场中被人为地压低价格[2]，那么当其在二级市场上出售这些国债时，将很有可能出现亏损。正是这个原因，每天在债券市场上交易的中国国债数量非常有限。以2014年12月19日为例，当日国债交易额为224亿元，而金融债交易额为871亿元，短期融资券为241亿元。交易量不活跃，市场定价自然也不会客观准确。[3]

国债一、二级市场之间的利差，一方面，会削弱机构参与发行的积极性，缺乏卖空机制和对冲工具，导致一些资金实力较弱的中

---

① 如何看待一年期国债出现流标. 金融时报. 2014 – 04 – 14.

② 如前文所述，政府在衡量国债发行成本时参照了相同期限的银行存款利率，而这些利率恰恰是政府人为压低后的利率，因此国债的收益率也被人为压低。

③ 卡尔·沃尔特，弗雷泽·豪伊. 红色资本：中国的非凡崛起与脆弱的金融基础. 东方出版中心，2013：98.

小机构直接在二级市场买卖国债，而非去参与一级发行市场，即使一级市场参与主体呈现集中同质性；另一方面，由于二级市场的利率水平长期高于一级市场，且前者的交易量远远小于后者，因此这也削弱了承销商参与二级市场的动力。对于承销商来说，如果将承销的国债放入交易账户或可供出售类的账户里，则会带来实际或估值亏损，而且二级市场流动性不足，也会导致在出售国债时面临流动性困难。为避免亏损，承销商选择将大部分国债放入持有到期账户里，而不是在二级市场上交易，此时二级市场的流动性和价格发现功能都会出现问题。[①]

降低国债的发行成本

除了保持市场稳定的考虑之外，中国政府降低国债融资成本的措施也是造成目前格局的重要原因。

无论是理论上，还是实践中，降低国债的融资成本都是各国发行国债时的重要目标，但在如何实现这一目标上，各国之间的想法和做法差异巨大。以美国为例，美国国会和总统负责对税收、政府支出以及公共债务的规模做出决策，而财政部则负责如何以最佳的方式融资。对于这个问题，美国财政部的目标很明确："满足联邦政府的融资需求，同时在长时间内实现最低的借贷成本。"

为了实现长期最低发债成本的目标，美国财政部致力于以规律、可预见的方式发行各种国债。这种规律性和可预见性为投资者提供了一种确定性，市场参与者因此养成了使用美国国债来做定价、对

---

① 《机构在国债发行中面临的问题与风险》，第 3 页。

冲和现金管理的习惯。从长期看，这种确定性比任何一种利用市场时机①的做法都能更好地降低国债的融资成本。虽然这种做法偶尔会带来不方便或较高的成本，但其换取的确定性带来了长期发债成本的节省。②

前美国财政部助理部长布莱恩·罗斯伯勒表示，理想的情况是财政部希望能永久地锁定发行日程表，但在现实中这是不可能的。最大的限制来自未来融资需求的不确定性。为尽力减少这种不确定性，财政部竭力去预报未来可能的融资需要。当未来的情况不符合预报时，财政部会设法提前声明其将如何改变借贷模式。

除了保持一级市场的高度可预期性外，美国财政部还希望通过国债在二级市场充分的流动性来降低美国国债的长期融资成本。为了实现这一目标，财政部向市场供应了充足的不同期限国债。一个具有深度、流动性和弹性的二级市场能鼓励市场参与者在一级市场更积极地竞价，从而实现降低国债长期发行融资成本的目的。

总而言之，美国政府的想法是尽力建设一个运行良好的市场。这个市场会吸引更多的投资者来参与，而这将加大市场对美国国债的需求，从而在长时间内实现最低的借贷成本。相比之下，中国政府的思路和做法则大为不同。

---

① 例如，在市场利率低的时候临时推出事先没有安排的国债拍卖等以降低政府借贷成本。

② 为了尽量避免国债发行不确定性对市场的影响，美国财政部仅能凭借短期国债发行的季节性变化以及使用现金管理短期国债（the use of cash management bills）的方式，做出少数偏离平时规律的国债发行，以熨平政府现金余额上的变化。如果融资方式需要更大的调整，财政部会使用定期季度再融资公告的方式来解释变化。这样对于任何具体的市场供应变化，市场参与者都可以提前相当长的一段时间获知，从而做出自己的选择。

第一，中国国债市场的开放度不足。前文已经说过，中国对参与国债招标的机构有严格的限制。另一个典型的例子是中国的国债市场向外资开放的力度很小，外资在国债市场上扮演着可有可无的角色；反观美国，其国债市场对外资完全开放，大量海外资金投资美国国债，其投资额在美国国债余额的占比近年来持续攀升（见图11-3、表11-1）。

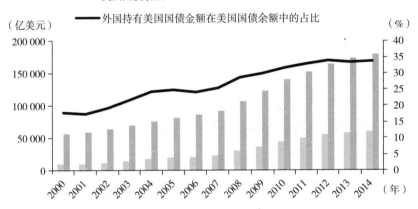

图11-3　外国持有美国国债余额及占比

注：2014年的数据截至10月。

资料来源：美国财政部

表11-1　前10大持有美国国债的海外经济体

	持有美国国债的余额（亿美元）	各国持有美国国债的金额 在美国国债余额中的占比（%）
中国大陆	12 527	6.98
日本	12 224	6.81
比利时	3 481	1.94
加勒比海银行中心	3 249	1.81

	持有美国国债的余额（亿美元）	各国持有美国国债的金额在美国国债余额中的占比（%）
石油出口国	2 818	1.57
巴西	2 617	1.46
瑞士	1 843	1.03
中国台湾	1 729	0.96
英国	1 713	0.96
卢森堡	1 625	0.91

注：数据截至 2014 年 10 月。

加勒比海银行中心包括巴哈马、百慕大、开曼群岛、荷属安的列斯群岛、巴拿马和维尔京群岛。

石油出口国包括厄瓜多尔、委内瑞拉、印度尼西亚、巴林、伊朗、伊拉克、科威特、阿曼、卡塔尔、沙特阿拉伯、阿拉伯联合酋长国、阿尔及利亚、加蓬、利比亚和尼日利亚。

资料来源：美国财政部

第二，在中国的国债市场上，主力机构投资者都是国企，机构同质化，需求没有差异，流动不起来，很多机构买了国债，基本放在银行账户里，交易账户量很少，换手率很低。[1] 这方面，中美之间的差距完全是天壤之别，以 2013 年为例，中美国债的换手率分别为 0.7 次和 11.7 次[2]（见图 11-4）。

第三，中国的国债发行量不足，再加上国债换手率低，因此中国国债市场的深度非常有限，这也阻碍了一个高流动性市场的形成。这方面有一个指标可以典型地表现出中美之间的差距——国债余额占 GDP 的比例。以 2013 年为例，中、美两国国债余额占 GDP 的比

---

① 张宇哲. 开放再曝国债市场缺陷. 新世纪周刊，2012-03-12.

② 截至 2015 年，中国和美国国债换手率分别为 0.91 次和 10 次。

例分别为 15%、103%① （见图 11 – 5）。

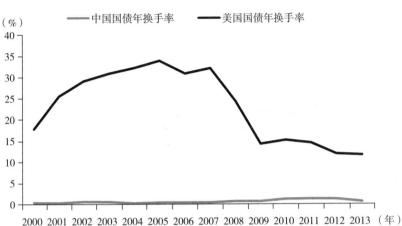

图 11 – 4　中、美国债年换手率
资料来源：Wind 资讯、美国证券业协会

　　第四，中国财政部为降低融资成本而择时发行国债。有市场人
曾言："国债利率应完全市场化，但财政部往往选择最有利于它的利
率发行时间，达不到它的要求就不发，即便这样还经常流标，而且
连基本会计制度、税收问题都没解决。"② 在这一点上可以清晰地看
出，中、美两国财政部的思路和做法是截然对立的。

　　综上所述，我们可以看到两种截然不同的监管国债市场的思路
和做法。一种是像中国那样，尽力保持政府对市场的控制，这里面
包含了大量的微观层面的控制手段。政府希望借此保持市场稳定，
并降低融资成本。另一种是像美国那样，开放市场，尽力提高市场
的透明度和可预期性，尽可能多地让市场发挥作用以营造一个良好

----

　　① 　2015 年中美两国国债余额占 GDP 的比例分别为 15% 和 101%。
　　② 　张宇哲. 开放再曝国债市场缺陷. 新世纪周刊，2012 – 03 – 12.

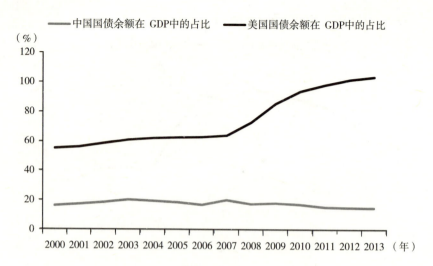

图 11-5 中、美国债余额在 GDP 中的占比

资料来源：Wind 资讯、美国财政部

的市场秩序。

中国的做法导致国债市场容量小、流动性低，是一个"原始"的市场，而美国的金融市场则会不时地出现大的危机，例如，2008年金融危机（尽管当时出问题的不是国债市场）。两种做法孰优孰劣，可能会是不同的市场参与方未来长期争论的话题。

教授启示

各国的国债都是重要的金融产品，在有的国家，国债甚至是金融市场的核心产品。当我们比较不同国家的国债发行管理时，会看到其背后的观念及其所造成的结果。中国当今的国债市场已发展到非常大的规模，但探讨其运作的市场，我们就会发现该市场存在一些较为明显的问题。首先，财政部在发行国债时当然应该尽可能地降低成本、为纳税人节省开支。但财政部应不应该利用其在国内金融市场中的市场势力（market power）来赚取超常利润？假如一个超大的商业银行利用其市场势力在金融市场中谋取垄断利润，监管层理应介入以保护市场中势力较弱的参与者，只有这样才能保证市场的有效性和公平。但财政部既是市场参与者又是市场的监管者，它如何管理国债才符合财政部和纳税人的长期利益？

以财政部2013年发行150亿元273天期限的记账式国债为例，按照财政部2016年以前的招标发行规则，这支国债将采用多重价格招标方式。标的为利率时，全场加权平均中标利率为当期国债票面利率，中标机构按各自中标标位利率与票面利率折算的价格承销；标的为价格时，全场加权平均中标价格为当次国债发行价格，中标机构按各自中标标位的价格承销。

由于中国没有发行时交割（when issued）的国债市场，各参与投标的承销商对于这只国债上市二级市场后的价格预期有较大的不确定性，如果投标价高于市场价，或投标利率低于市场利率，承销商中标就意味着亏损。在中国资金市场出现钱荒的宏观背景下，各承销商自然会对投标持谨慎态度。

2013年6月的招标果然不理想。假如财政部按照既定的发行规模发行，财政部就必须付出远超出预期的利率，选择让这只债券流标的确是一个权宜之计。虽然财政部在短期似乎减少了自己的损失，保护了国有财产，但这样做伤害了承销商和市场参与者的利益，因为中标的承销商必须以高于市场的价格（或低于市场的收益率）承销国债。

从技术层面分析，流标的原因之一可以算在多重价格招标方式上，中国缺乏发行时交割国债市场也是一个原因。2016年国债发行规则取消了多重价格招标方式，是国债管理逐渐完善的举措，值得点赞。

但从国债管理层面分析，财政部应不应该选择在利率高时少发国债，利率低时多发？应不应该在短期利率较低长期利率较高的时候多发短期国债，少发长期国债？假如财政部这么做了，短期看上去很聪明，但长期看来，效果会是什么样呢？财政部短期盈利是在损害国债市场需求方利益的基础上实现的，如果需求方有其他投资渠道，自然会在优化资产配置时考虑财政部国债管理行为，其结果有可能就是降低对国债的长期需求。这正好和财政部国债管理的目标——以长期最低的成本发行国债——相悖。